中国・北朝鮮脅威論を超えて

東アジア不戦共同体の構築

進藤榮一
木村　朗　編著

はじめに

今年（二〇一七）年一月二〇日に米国で発足したトランプ新政権は、移民入国禁止など相次ぐ衝撃的な大統領令などで国際社会に大きな波紋を呼んでおり、世界各国は新たな対応を迫られている。その中でも特に注目されている重要課題の一つが、ドナルド・トランプ氏が大統領選中に行った「NATOは時代遅れ」「日本の安保ただ乗り」発言などにみられる、軍事・安全保障分野における世界的規模での米軍の海外展開と同盟国との関係の在り方を見直す新しい動きである。

このトランプ政権の登場は、「パックス・アメリカーナ（米国中心の世界平和）」の衰退を意味する。日本にとっては対米自立の好機でもある。日本が今なすべきは、対米従属を深めることによる日米同盟の強化ではなく、対米自立による主体的な平和外交の実践、すなわち東アジア諸国との連帯と共生の実現だ。海兵隊をはじめとする在日米軍の撤退を中長期に見据えた上で、力によらない新たな安全保障構想が求められる。

パックス・アメリカーナの衰退は、世界的規模で資本主義が行き詰まり、民主主義との両立がきわめて困難になってきていることを示している。こうして民主主義が危機に直面する中で、安倍政権は民主主義からファシズムへの移行、平和・民主国家から戦争・警察国家への転換という戦前回帰の危うい選択をしようとしている。それを物語っているのが、三権分立を否定する秘密保護法や集団的自衛権行使を可能とする「戦争法」の制定、さらに「共謀罪」創設法案の強行採決や緊急事態条項を含む憲法改正への動きだ。

中国や北朝鮮を敵視する安倍流の価値観外交は、アジア諸国との緊張をいたずらに高め、この地域に再び戦火を招きかねない性格を秘めている。今年になって相次ぐ北朝鮮によるミサイル発射実験で東アジア地域において緊張が高まりつつある。米韓両国で高まっている対北朝鮮先制攻撃論に同調するように日本国内で急浮上している対敵基地攻撃能力保有論は、最悪の場合に朝鮮半島を中心に数百万人の犠牲者が出るような悪夢を再び現実にする恐れがある。しかし、このような被害が予想されるにもかかわらず、テロ対策を口実とした共謀罪新設に続いて緊急事態条項を最優先した改憲を一挙に実現するチャンスとして朝鮮半島危機を政治的に利用しようとしているのがいまの安倍政権であろう。

一方、日中関係に目を転じれば、これも緊張をはらんだ不安定な関係になっている。従来から両国関係の懸案であった靖国公式参拝や歴史認識問題に加えて、尖閣諸島問題や南シナ海問題をめぐる緊張や対立が表面化しているからである。ある意味で戦後最悪の関係になっていると言えよう。米国のトランプ政権も南シナ海問題をめぐって「航行の自由」作戦を再開しており、対北朝鮮制裁問題での消極的対応を理由とした中国への経済制裁を示唆する動きを見せており米中関係にも新たな摩擦と対立が生じているからだ。

戦争とファシズムの時代状況が迫るなかで、沖縄は平和と民主主義を守る戦いの最前線となっている。いま沖縄では、安倍政権によって民意を踏みにじるかたちで高江でのヘリパッド建設や辺野古新基地建設が強行されている。それに対して、沖縄内外の人々がそれこそ身体を賭けた命がけの闘いを続けている。本土の大手メディアは沖縄での抗議行動をそのまま伝えず、「土人」発言や沖縄ヘイトスピーチを許容する空気まで生まれている。山城博治議長らの不当逮捕・長期拘束にみられる高江や辺野古で起きている異常な事態は、まさに緊急事態条項導入と共謀罪創設の先取りといってよい。こうした安倍政権による法の支配を根源から否定する無法かつ理不尽な動きに抗する反対勢力や市民の声・動きは沖縄以外の日本本土ではあまりに小さく弱い。メディアの劣化と議会の翼賛状況も目を覆うばかりである。このままでは侵略戦争とファシズムが一体化した暗黒社会の到来するのを阻むことはますます困難となりつつある。

このような状況の中で、自己決定権を求める声が沖縄ではますます高まっている。またこの沖縄の自己決定権との関連で全国的な注目を集めているのが、特に最近沖縄で急速に波及しはじめている琉球（沖縄）独立論である。沖縄の忍耐もぎりぎりのところまで来ているのが現実である。その一方で、沖縄は、その非武の島としての歴史・伝統、開放的な文化と豊かな自然などから、二一世紀における東アジアの連帯と共生、あるいは東アジア地域における平和と安定を実現していく上での平和創造の拠点として重要な役割をはたしていく可能性を秘めているといえる。そして、東アジア地域において再び戦火を招かないためにも沖縄を軍事の要から平和の要に転換し、そこから東アジア不戦共同体の構築を進めていくことがいまこそ求められている。

二〇一七年八月一五日——七二回目の敗戦記念日を迎えて

共編者　木村　朗

目次

第2部　切迫する北朝鮮問題と東アジアの平和

第3部　激動する東アジア情勢の中での沖縄

序言　東アジア不戦共同体と沖縄
――中国・北朝鮮脅威論の虚妄性を超えて

鳩山友紀夫

『我が国を取り巻く安全保障環境は、一層厳しさを増している。』

この言葉は日本の外交・防衛政策を論じるときの常とう句となっています。そしてその言葉にしたがって、日米同盟が強化され、辺野古への米軍基地作りが強行され、高江にはオスプレイが飛び交い、ミサイル防衛を強化すべく沖縄への自衛隊の配備が着々と進められようとしています。

現実に二〇一七年度予算の防衛費（米軍再編関連費用を含む）は過去最大の五兆一二五一億円となり、前年度比一・四％増で、五年連続の増加となり、北朝鮮の弾道ミサイルへの対応策の強化や、中国を念頭にした南西諸島の防衛を重点としています。さらに、自民党の安全保障調査会は日本の防衛費について、厳しい安全保障環境を踏まえ、十分な規模を確保すべきだなどとする提言の案をまとめました。この中でも、北朝鮮の核、ミサイル開発について、「新たな段階の脅威となっている」としています。

でもこれは事実なのでしょうか。本当に日本を取り巻く安全保障環境は深刻化しているのでしょうか。

東西冷戦構造の時代には、キューバ危機に代表されるように、確かに一触即発の危機は存在していました。しかし冷戦は終焉しソ連（ロシア）の脅威は現実のものではなくなりました。その頃から北朝鮮は脅威だ、いや、軍備を増強している中国のほうが脅威だと騒がれ始めたようです。

では北の脅威とは何なのでしょうか。北朝鮮は公然と核開発を進めています。また、頻繁にミサイル発射実験を繰り返しています。最近ではＩＣＢＭ（大陸間弾道ミサイル）に成功したからアメリカも射程内に入ったと自信を深めているように見えます。

北朝鮮指導部の最大の関心は現在の国家体制を維持することにあります。ご承知の通り、未だに南北間は戦争が終結してはおらず、休戦協定が調印されているにすぎません。したがって北朝鮮としては、アメリカとの交渉力を高めるために核開発を行い、ミサイル発射実験を繰り返しているのです。日本に戦争を仕掛けようという目的ではありません。その意味では北朝鮮は日本の直接的な脅威ではないのです。

これに対してアメリカや日本は経済制裁を始めとする北朝鮮を封じ込める政策を取ってきましたが、核やミサイルの開発を阻止できていないという点で殆ど効果がありませんでした。経済制裁などは敵対感情を高めてしまい、相手の軍備増強を招くのでしばしば逆効果なのです。日本は北は脅威だとして、弾道ミサイル防衛システムを導入して対応しようとしていますが、そもそもミサイルをミサイルで全て撃ち落とすことは無理です。そのため北朝鮮のミサイル基地を直接叩く能力を保有すべきとの議論も浮上していますが、ミサイルは車で自由に移動できますので、完全に捕捉することはできません。

北朝鮮が日本に戦争を仕掛けるつもりはないにも拘わらず、日米同盟が強化されれば、何らかの弾みで米朝戦争が起こると、北朝鮮の在日米軍基地への攻撃が誘発される懸念が生じます。米朝間の戦争はソウルを火の海にするばかりでなく、沖縄の米軍基地や、横須賀、横田、厚木など米軍基地が存在する首都圏も火の海になりかねないのです。さらに北朝鮮のミサイル基地を叩くことなどを行えば、例えば原発施設が狙われ、日本全土が焦土と化す可能性すらあるのです。お分かりのように、日米同盟が強化されれば日本の安全が高まるという単純な論理は通用しないのです。

ならばどうすれば良いのでしょうか。それは要するに、日本に向けてミサイルが発射されるような事態が生じないような仕組みを考えて、この地域を安定化させるしかないのです。そして私は北東アジアの安定のために最も有効な仕組みは東アジア共同体構想の実現であると信じています。

それでは中国は日本にとって脅威なのでしょうか。中国の脅威として必ず挙げられるのは、軍事費の急増、尖閣諸島を巡る紛争、そして南沙諸島問題です。

中国は経済が急成長するのに伴って、軍事費は二ケタ台の伸びを続けました。ただ、かつては日本も高度経済成長時代には防衛費は二ケタの伸びを示していましたので、中国には日本の軍国主義の復活と映ったことでしょう。しかし実際には高度成長によって財政規模も拡大しただけであり、日本の防衛費はＧＤＰ比一％以下に抑えられていたのです。中国の軍事費の伸びも同様であり、現在ではＧＤＰ比一・三％程度に低下しており、アメリカやロシアに比べてかなり低い比率と言うべきでしょう。オーストラリアの国防白書には、中国の軍事費の伸びは経済成長に伴う自然で正当な結果と書かれています。そのように捉えることの方が正しいのではないでしょうか。

尖閣諸島の領有権問題は二〇一二年に石原都知事（当時）が米国ヘリテージ財団での講演で、東京都が尖閣諸島を購入すると発言し、野田首相（当時）が尖閣の国有化を主張したことに対し、中国側が猛反発したことに端を発しています。それまでは、日中国交正常化交渉や日中平和友好条約締結交渉の際に、尖閣諸島問題は事実上棚上げすることで合意がなされていたのです。したがって尖閣問題は両国の立場を損なわない形で、再び棚上げという政治決着をさせることは決して不可能ではありません。

棚上げされていた問題を日本政府が棚から下ろしてしまった結果、中国側としても、尖閣に対する領有権の主張をしないわけにはいかなくなりました。そのため、それまではほとんどなかった中国船の東シナ海での領海への侵入がしばしば起きるようになりました。中国公船の領海侵犯が起こるたびに、メディアが報じるので、あたかも中国は今にも尖閣を奪うのではないかとの懸念が日本に広がっていることは事実です。ところが高野孟氏の調査によって、中国公船の領海侵犯は月に三回、一回につき三～四隻と決まっており、必ず一時間半後に領海の外に出ること、さらには事前に日本側に通告していることが分かったのです。中国側の事情でやらないわけにはいかないのですが、日本にも知らせて危険が生じないように穏やかに規則正しく行っているのです。決して尖閣を乗っ取る意図を以って行動しているのではないのです。日本側も冷静に対処することが望まれます。

ところが安倍政権ではことあるごとに、アメリカから、尖閣諸島は日米安保第五条の適用範囲であるとの言質をとり、尖閣諸島問題で日中が衝突をした際には、アメリカは日本と共に戦うようなイメージを振りまいています。言うまでもなく尖閣諸島は日本が実効支配していますので、日米安保第五条が適用されるのですが、アメリカは尖閣の領有権に関しては日中間で決めるべきと中立の立場です。第五条でも「憲法に従い共通の危険に対処」とあり、米軍の出動には議会の承認が必要となります。米国議会が何の利益もない岩のような島の問題で中国と戦争をすることを認めるはずはないのです。

このように考えた時に、尖閣問題は日中両国にとって死活的利益に関わる問題ではありません。したがって両国が大局的見地に立って冷静に管理して行くべき外交問題です。四〇年ほど前の賢人たちの智恵を見習うべきでしょう。

中国の海洋進出に関してですが、中国の関心は東シナ海、南シナ海など近接した海に限定されています。しかもその海域でもアメリカを排除できるとは考えていませんしそのつもりもありません。米中は表で争っているように見せながら、実際には閣僚レベルで米中戦略対話を恒例化しています。米中の海軍はさまざま合同で演習をしています。この海域で中国が排他的な海洋支配を試みていると見るのは杞憂です。

南シナ海の領土問題は時間をかけて当事者間で解決の努力をすることです。南沙諸島問題で昨年仲裁裁判所が一つの判断を示しましたが、フィリピンのドゥテルテ大統領は賢明にも直後に習近平主席と会談し、二国間で解決することに同意しました。南シナ海問題に関しては、二〇〇二年にＡＳＥＡＮ諸国と中国との間で「南シナ海行動宣言」が謳われています。ただ、この宣言は法的拘束力がありませんので、拘束力のある「南シナ海行動規範」に発展させることが必要です。今その方向で動きが出てきていることに注目すべきでしょう。

即ち、中国脅威論を形成しているそれぞれの問題は、十分に話し合いによって解決できる問題であり、声高に脅威と呼ぶほどのものではないのです。それにも拘らず、中国脅威論を声高に叫ぶのは、日米同盟を強化し、沖縄における米軍基地や自衛隊基地の必要性を正当化するための格好の道具だからなのです。

私は日本にとって北朝鮮や中国は全く脅威ではないと申し上げているのではありません。最低限の自衛力を持つべきことは当然です。ただ、だからと言って、日米同盟を強化したり沖縄の離島に新たに自衛隊を配備したりすることは、徒に彼らの日本に対する脅威を高め、お互いの抑止力の増強合戦となり、一触即発の事態を招きかねず、けっして望ましい結果をもたらさないことを理解すべきなのです。武力で真の平和を導くことはできないのです。

そこで私は日本が中国や韓国ともっと協調し、対話によってあらゆる困難を乗り越えることが可能となるように、日中韓三カ国にＡＳＥＡＮ一〇カ国が核となって東アジア共同体を形成することを提唱しています。そして北朝鮮にも参加を呼び掛けることが肝要です。共同体への道を切り拓くために、常設の会議体を設置して、文化、教育、経済、環境、エネルギー、インフラ、医療、福祉、安保などあらゆる問題を話し合うのです。そのことを通じて、各国間の信頼醸成を図っていくのです。そしてＥＵのように東アジアが不戦共同体となることを目指すのです。私はその会議体を是非沖縄に置きたいと考えています。沖縄は琉球時代に平和な島でした。この島を再び平和な島に戻すために東アジア共同体会議を沖縄に設置することは、周辺諸国にとっても喜ばしいことと、受け入れられるのではないでしょうか。

本書が東アジア不戦共同体の必要性をより精緻な議論により証明し、日本が対米従属による軍事的大日本主義の頸木から解放されることを大いに期待します。

序章　中国・北朝鮮〝脅威〟論を検証する

進藤　榮一

「これほど大きな国内問題に直面している国が、簡単に対外的軍事衝突に出たり、世界支配に出たりはしない。……中国は、自らの国家的命運を自国自身で解釈し、それを追求し、その経済を発展させ、アジアとそれを超えた広大な利益を追い求め続けるだろう。しかしそれは、第一次大戦に至った軍事衝突を予期させたり命じたりする類のものではない」

Henry Kissinger, *On China*, The Penguin Press, 2011

「現代の国際秩序の決定的問題は、中国と米国がツキジデスの罠を抜け出すことができるかどうかにある。……古代ギリシャでアテネがスパルタに挑戦し、一世紀前にドイツが英国に挑んだように、勃興する大国は現存覇権国家に挑戦することになる。……米国と中国との戦争は、単に可能なだけでなく、その可能性は今日考えられているよりはるかに高い」

Graham Allison, "The Thucydides Trap" *The Atlantic*, Sep. 24, 2015

「ウクライナ、リビア、イラクはいずれも自主的に、または圧力下に、自国の核兵器開発を放棄した。その結果、ウクライナはロシアに、イラクは米国に、リビアは米国と欧州諸国に侵略され、フセインとカダフィは放逐された。北朝鮮はそうした命運を避け、……金正恩がこの教訓を見失っていない訳はない」

Richard Haas, *Project Syndicate*, July 30, 2017

一　はじめに――「ツキジデスの罠」という言説

「米中戦争は起こる」――。トランプ政権登場後、この手の議論が盛んになっている。トランプの選挙参謀を務め、トランプ新政権の戦略顧問に就任した経済学者、ピーター・ナヴァロ（カリフォルニア大学教授）は、『米中戦争もし戦わば』（邦訳、文藝春秋社、二〇一六年、原著二〇一五年）を刊行し、ベストセラーになった。『朝日新聞』書評欄では書評担当の東大教授は、「安全保障と国際関係の基礎を理解する」最適の本と位置付け、同書を高く評価する。

ナヴァロの理論的根拠は、ハーバード大学ベルファーセンターの共同研究に基づき、同センター初代所長で高名な国際政治学者グレアム・アリソン教授が展開する「ツキジデスの罠」論に求められている。

アリソンによれば、一七世紀中葉のウェストファリア体制成立以来、勃興する大国が興隆した時、現存する覇権国と軍事的危機に陥った事例は、一六例あって、うち実際に戦争に転化した事例は一二例ある。すなわち、米中戦争が勃発する可能性は、一六分の一二の高い可能性を持っていると説き、米中戦争への備えを、米国政府政策担当者に具申し続ける。

勃興する大国の興隆を恐れ、現存覇権国が対抗し、戦争に突入せざるを得なくなる。その歴史的先例を、アリソンらは、紀元前四世紀の台頭するギリシャと、恐怖したスパルタとの覇権戦争、ペロポネソス戦争に求める。その戦史を著わしたアテネの歴史家ツキジデスにちなんで「ツキジデスの罠」と呼ぶ所以である。

しかも、新旧覇権国の交代と興亡が、世界戦争を勃発させ、新しい国際秩序への露払いとして機能するという〝理論〟を、国際政治学者、ジョン・ミヤシャイマー（シカゴ大学教授）は、ネオリアリズム理論として理論化している。その意味で、「ツキジデスの罠」論は、ネオリアリズム理論に歴史実証性と政策決定論の跡付けを与えたものといえる。

「三つのG」の中で

確かに、冷戦終結以後の一九九〇年代中葉にも、「やがて中国との闘いが始まる」といった議論が一時、米日の論壇やメディア、外交界をにぎわせた。しかし今回の中国脅威論は、当時と違って学会主流派のお墨付きを得た上、トランプ政権中枢からも発せられている点で、はるかに政策への迫真性が高く、米国を中心とする政策担当者やメディアに多大な影響を与えている。

たとえトランプ政権内で、二〇一七年八月、オルト・ライトのスティーブ・バノン国家戦略官が辞任し、バノン派が「凋落」し（『フォーリン・アフェアーズ』誌、二〇一八年八号）、ナヴァロの政策形成影響力が相対低下しているにしても、影響力はなお少なくなく、潜在的に増大し続けているともいえる。

そのことは、トランプ新政権が「三つのG」からつくられている事実からも説明できる。ゴールドマンサックスのG、ジェネラルズ（将軍たち）のG、それにギャジリオネア（兆万長者）のGである。

換言するなら、政権がアパラチア山脈西側の鉄さび（ラストベルト）地帯の貧困な白人中間層を選挙基盤にしていたとはいえ、政権中枢を支える、大金持ちたちや金融ウォール街、そして何より軍部・軍需産業界にとって、東アジアの緊張緩和や平和よりも、軍事危機や戦争のほうが、はるかに好ましい政策の選択肢だからだ。その意味で「ツキジデスの罠」論や中国・北朝鮮がつくる〝脅威〟論は、彼らの本源的な利益に沿ったものなのである。

尖閣危機から北朝鮮ミサイル危機へ

日本の場合、二〇一〇年九月菅内閣下での中国漁船衝突処理事件以来、中国軍事侵攻のシナリオが喧伝される。いわく中国は、尖閣諸島から琉球列島奪取の機を狙い始めたと。同じころから大手メディアは、中国海軍大国化の脅威を喧伝し始める。加えて、南シナ海での中国軍事進出の脅威を強調する。

いわく中国は第一列島線内の制圧をねらい、第二列島線を超えて海外戦略を展開し始めた。いわく二〇一一年中国は、ウクライナから買い取った船を改修し、初の空母、遼寧号の建造に乗り出した。二〇一七年には中国初の国産空母二隻目の建造に着手した。いわく中国は南沙（スプラトリー）諸島を支配化におき、南シナ海のいわゆる〝九段線〟内を事実上の領海に変えようとしている。しかも拡大する海軍勢力を、東シナ海にまで及ぼし、沖縄周辺の諸島の侵略態勢を準備し始めた。

加えてその中国脅威論は、リビアやシリアの危機を契機に展開する、北朝鮮核ミサイル脅威論の噴出によって迫真性を高めている。

実際、北朝鮮は二〇一一年以来核実験を繰り返し、今やグアム米軍基地から米国本土をも射程に入る、ＩＣＢＭ（大陸間弾道ミサイル）の実験開発にまで至った。その北の核ミサイル危機に対し日本政府は、緊急避難警報（Ｊアラート）システムを法制化し、地方自治体や学校に、核の飛来と落下の危機に対する避難訓練すら実施させている。

いったい私たちは、これら中国・北朝鮮脅威論をどう捉えるべきなのか。そしてそれにどう対応すべきなのか。

この景色は、いつか見た景色と重なる。いわゆるデジャヴュ（既視感）である。

今から三〇数年前、米ソ冷戦華やかなりし一九八〇年代――ちょうど冷戦雪解けが本格化し始める前後に見たのと同じような景色が今、私たちの眼前に広がっている。

あの時は、ソ連（ロシア）が日本に侵攻してくるというソ連脅威論だった。今は、中国や北朝鮮が日本に攻めてくるという脅威論だ。

台頭する「中国脅威」論

ただ違うのは、かつての潜在的主敵（ソ連）と、今日の潜在的主敵（中国）とが、世界経済で占める比重に、圧倒的差があること。かつての米、ソが世界経済で占める比率が、五〇対三でしかなかったのに、今日の米、中が世界経済で占める比率は、二四対三〇。中国がほとんどあらゆる産業分野で米国を凌ぐに至っている。

そしてかつての主敵への日本の貿易依存度が一％にも満たなかったのに比し、今次の潜在的敵、隣邦への日本の貿易依存度が（香港経由を含めて）、すでに二〇一三年段階で二三・四％――対外貿易総量の四分の一――にまで達している違いだ。

しかも日本側が、巨大メディアを中心に「中国の脅威」論に傾斜しているのに、米国側は「台頭する中国」に対して、もっとしたたかで輻輳した対応を見せているという違いが加わる。

一方で「ジャパン・ハンドラー」たちが中国脅威論を喧伝しているのに、他方で米国政府と国防総省は、早くも『四年毎の国防見直し（ＱＤＲ）二〇一〇年版』の中で、強い中国が、米軍とともに「国際公共財」を構成すると、次のように確言している。

「アメリカは、強くて繁栄し成功した中国が、もっと大きなグローバルな役割を果たしていくことを歓迎する。アメリカは、中国とのより緊密な協力関係から生まれる積極的な利益を歓迎する」（ＱＤＲ、六〇頁）。しかも二〇〇六年以来、米中二国間の軍事・経済対話を毎年複数回持ち合い、強化し、米中戦略対話の流れは、トランプ政権も踏襲しようとしている。

その好例を、トランプ政権が駐中国大使に任命した、ブランスタッド元アイオワ州知事に見ることができる。氏は、一九八三年に習近平青年が農業研修生としてアイオワ州にホームステイして以来、三〇年来の親交を深め、アイオワ州産の農産物を巨大中国市場に輸出し州財政を潤している。

「進貢国」ニッポンの場合

それに比して覇権国家アメリカは、日本には徹底した「進貢国」戦略を進めている。それを、ズビグニュー・ブレジンスキーは次のように示唆する。世界には三種類の国――敵対国と同盟国と進貢国――があって、日本は帝国に貢ぎ物をする国である。「進貢国に対しては、従順で帝国の保護を受ける状態を維持することが、帝国の地政戦略できわめて重要である」（『ブレジンスキーの世界はこう動く』邦訳、日本経済新聞社、一九九八年、六〇頁）。

一方でジャパン・ハンドラーら対日イデオローグたちと連携して彼らを使って（あるいは泳がせ）、中国（もしくは北朝鮮）の「潜在的脅威」を強調している。そして普天間基地を温存させ、巨額の対米「思いやり予算」の実質増と五年間固定化の合意を旧民主党政権に求め、安倍第二次政権下でも、辺野古基地建設を求めながら、オスプレイをはじめとする巨額の新型兵器群の売り込みを続けている。

実際、二〇一一年大震災後に米国は、被曝地福島に八〇〇〇万ドルを投入し、米原子力空母ロナルド・レーガンによる大規模な「トモダチ作戦」を展開した。そしてその米国側の〝厚意〟に応えて、一一年三月三一日、国会は賛成絶対多数で「思いやり予算の特別協定」を可決し、年間約一八八〇億円の対米予算を、従来の三年間から五年間にまで期限延長させていた。

八〇〇〇万ドル（六七億円）を寄付して、見返りにその一二〇倍、九四〇〇億円を手に入れる、錬金術師もどきの外交戦術だ。

それに比べて米国は、中国に対して「人権」と「元切り上げ」の外交武器を巧みに使い分けながら、米中協商（アンタント）を演出し続けている。そして米国にとって、より実質的な利益を――小麦など年間四五〇億ドル（約三兆七千億円）やボーイング一五〇機などの購入契約を――中国側から引き出している。

ペンタゴン発の中国脅威論はその意味で、「黄昏の帝国」アメリカが、日韓双方の軍事基地を温存させ、米国の軍事プレゼンスを維持恒久化させて覇権を強めながら、勃興する中国と、日韓との間に楔を打ち込む、「権力の言説」といってよい。

実際、その言説によって、一方で日中韓三国の連携化に歯止めをかける。他方で、コメや酪農品からサービスや保険、金融、医療に至る巨大アジア市場参入――と日本市場切り込み――をはかろうとする。その二重の目的が、米国発グローバル金融危機後の景気雇用回復をはかるべく、二〇一〇年に五年間輸出倍増計画を打ち出したアジア政策と軌を一にしていた。以後、米オバマ政権が展開することになるＴＰＰ（環太平洋パートナーシップ協定）にそれが集約されていた。

ＴＰＰという一石で、東アジアにおける米国市場参入と、米軍プレゼンスの覇権維持と、日中韓ＦＴＡやＲＣＥＰ（東アジア包括的経済連携）など東アジア地域統合の促進策を阻止する。〝一石三鳥〟を狙う巧みな外交戦略である。[1]

漂流する日本外交

かくて日本外交は、戦略思考を欠落させたまま漂流し、巨大メディアがそれに棹さし、中国（もしくは北朝鮮）脅威論を煽り続ける。それが、かつての脅威論と今日の脅威論を比較したとき見えてくる第三の違いである。

確かにかつての脅威論の場合、大手主要メディアは脅威論に同調せず、その虚構性を衝き続けていた。

だが今次の脅威論の場合、大手メディアは中国脅威論の大合唱に与みし続けている。尖閣諸島事件以後、極東の軍事バランスが中国優位に崩れ、中国が軍事膨張主義へ転換していると論難し続けている。いったい真実、中国が軍事膨張主義外交へと転換し、日本の安全保障を危殆にさらしているといえるのか。海軍力であれ核戦力であれ、中国軍事力は、どれだけ極東の軍事バランスを崩し、日本への脅威と化しているといえるのか。まずは、中国の軍事力増強の現在を検証することから始めてみよう。

「脅威」とは、軍事的侵攻に関わる「意図」と「能力」との掛け合わせとして、次いでそれを「戦略環境」によって除したものとして算定できる。以下、中国の軍事的「能力」の実態を、「中国脅威」論の根拠とされる軍事費と海軍力と核兵力を中心に明らかにしてみよう。

二　中国の軍拡をどう読み解くのか

中国軍事費の虚実

中国の軍事費増について。確かに、人民元単位で国防費は、一九五〇年代平均五五・九億元、一九六〇年代八〇・二億元、一九七〇年代一七三億元、一九八〇年代一九七億元から、一九九〇年代六一三億元、二〇〇〇年代平均二六六〇億元をへて、二〇一七年一兆二一一億元へと、加速度的ともいえる伸びを示している。

だが、財政支出に占める国防費比率で見るなら、逆に低下し続けている。すなわち、一九五〇年代の二六・一%、一九六〇年代一八・五%、一九七〇年代一六・八%、一九八〇年代一一・六%、一九九〇年代九・八%、二〇一七年代五・三八%と、一九五〇年代の四分の一まで漸減している。ちなみに日本の場合、防衛費は五兆円の大台を超え、五兆一二五一億円、財政支出に占める比率は、五・二五%（二〇一七年）になる。

さらに対GDP比で見るなら、一九五〇年代から七〇年代まで中国の国防費は、平均六・三五％を記録していたのが、一九八〇年代には二・三％へと急減し、一九九〇年に一・四％、二〇一〇年一・三六％へと漸減した後、漸増を見せ、二〇一七年一・九三％へと二％以下に止めて、NATOの二％枠水準に近似している。[2]

そこから読み解くことができるのは、中国の国防費の伸びが、対前年比で二桁台を示したのは、中国の急激なインフレと高度経済成長のためだという現実である。けっして『防衛白書』が強調するのと違って、「一九八九年以来、二一年間連続二桁台の伸びで軍拡してきた」のではない。インフレ物価上昇率を差し引くなら、二〇〇三年以降（二〇〇五年を除いて）ここ一〇年間は一桁台の伸びに止まっている。

国防費増大を読み解く

ただ中国の国防費の伸びに関する特異性については、次の二つのことが指摘できる。

第一。中国の経済成長が、かつての日本と違って、さらに二〇年内外続くと想定するなら、国防予算の伸びもまた、一九九〇年代バブル崩壊以降頭打ちになった日本と違って、さらに伸び続けると想定されること。

しかも、人口規模が日本の十倍以上ある中国の潜在経済力の未来予測を前提にするなら、おそらく中国の経済成長が鈍化し、人口漸減傾向に入る二〇二〇年前後までは、さらに国防費は漸増しながら、国防費の対GDP比伸び率は漸減し続けると予測できること。仮に、中国国防費の対GDP比伸び率が一％台の枠内に止まったとしても、二〇二〇年時点で、日中間の軍事費総額はおよそ一対四の比率で中国優位に傾いていくと予測できること。[3]

その予測は、中国人民解放軍（PLA）に占める兵員数の圧倒的多さのために、軍事費に占める人件費比率の高さからも正当化できる。

実際、兵員数は、一九四九年当時の四〇〇万人から、三度の軍備縮小を経て、今日二二八・五万人に縮小削減されているとはいえ、インフレ経済下で、膨大な数の軍人と退役軍人に給与や年金を払い続けるだけで、(元切り上げに加え)いっそう多くの軍事費を予算に計上しなくてはならない。ちなみに、中国国防費に占める人件費の比率は、今日までほぼ三〇%台後半で推移している。[4]

加えて中国が陸続きの一万キロ以上の国境線を持ち、一五カ国と国境を接する地理的特異性をもまた指摘できる。

今私たちが直視すべきはむしろ、日本のＧＤＰの伸び率がさらに低下し続けるにもかかわらず、隣邦中国が成長を維持し、ＧＤＰを持続的に伸ばし続ける、日中逆転の不可逆的な現実である。疑いもなく中国は、その増大し続けるＧＤＰに比例して、予算規模もまた増大し続け、日本の三倍から四倍の軍事総予算を計上するに至る。その現実の中で私たちは、日本の国益をどう最大化していくのかという外交課題に直面する。

求められているのはだから、その外交課題に応えるべく、勃興する中国を軸に、インドや韓国、台湾、アセアン諸国を含む、広大なアジア地域と共生する「日本の覚悟」だ。日本の対米輸出依存度(二〇一六年)六・九%であるのに対して、対中輸出依存度は二一・五%、対アジア輸出依存度は五〇%に近似している現実が、その覚悟のかたちを明らかにしている。

第二。この外交課題とともに、私たちが直視すべきもうひとつの現実は、増大する中国軍が、日本の同盟国――にして覇権国――米国のそれと比べるなら、小規模なものに止まり続ける現実である。たとえ中国が今後も高成長率を維持し、二〇二〇年前後に米国のＧＤＰを凌駕したとしても、軍事費に関する限り中国のそれは米国の三分の一以下であり続けることだ。

中国海軍〝脅威〟論の場合

それではいったい、近年報道される中国海軍力の増強はどう捉えられるべきか。

日本の大手メディアは、ＩＩＳＳ（国際戦略研究所）資料を基礎に、日本『防衛白書』のデータをそのまま引用して、中国海軍の〝膨張〟ぶりに、激しい警鐘を鳴らす。

たとえば早くも、二〇〇九年秋、『朝日新聞』特集大型企画記事（一〇月五日）の中で、日中海軍力を次のように比較対峙し図解する。すなわち日本は、兵員一三・二万、戦艦数一四八隻、四三・五万トン、戦闘機四三〇機。対する中国は、兵員一六〇万（プラス海兵隊員一万）、戦艦数八九〇隻、一三二万トン、戦闘機一九八〇機。総じて中国は、日本の数倍から十数倍の海軍力を擁していると指摘する。しかも、上記の日本側海軍力に加えて、同盟国米国の在日米軍兵力一・八万人、戦闘機一四〇機や、米国第七艦隊（戦艦数二〇隻、三三・四万トン、戦闘機六〇機）を加算してもなお、アジア太平洋の海軍力バランスは、（日米側でなく）中国側の圧倒的優位下におかれるに至ったと強調する。[5]

二〇一〇年九月の尖閣諸島事件後、同紙は、「検証・中国の戦略」特集記事（二〇一〇年一二月二七日）を組んで、中国海軍力増強の〝実態〟を敷衍する。すなわち日本の場合、潜水艦一六隻、護衛艦五隻、戦闘機四三〇機しか保有していないのに、中国の場合、潜水艦六五隻、フリゲート艦五〇隻、駆逐艦二八隻、戦闘機一九八〇機を擁している。加えて、日本の保有しない空母二隻の建造に乗り出し、最初の空母は「二〇一四年完成を目指し」、平和的な「リゾートの島」海南島南端の三亜が、空母軍事基地に様変わりし「南シナ海に影響力を行使するための拠点となる」と報道する。[6]

そしてこれら一連の軍事情報が、尖閣沖での中国側漁船の〝暴挙〟――と中国海軍〝膨張〟――の文脈の中に位置づけ、中国〝脅威〟論に連動する。いったいこうした中国海軍〝脅威〟論を、私たちはどうとらえるべきか。

まず戦艦数について。中国人民解放軍の海軍が、一〇五四隻の艦船を持ち、米国のそれの二倍に達するまでに急増したと警告する。しかしその中国側の艦船数は、監視艇も海洋探索船もタグボートも、さらにはクリーク船も含んだ数字であり、これら艦船は、実戦で戦闘力として役立たない。しかも、実戦戦闘に役立つとされる主要艦船の甲板は、近代化されたとはいえ、その大半は（沿岸航海用の）旧式甲板である。

しかし軍事バランスの要諦は、単に艦船数や爆撃機数の数合わせではなく、兵器の攻撃能力の質的比較に拠らなければならないのである。[7]

米国防当局の現実認識は、日本の主流派メディアや防衛当局と違って、はるかに冷静で客観的である。たとえば二〇一〇年五月三日ゲーツ国防長官は、米海軍連盟講演会で次のように講演し、米国海軍力の圧倒的な強さを明らかにしていた。米国は「巨大な空母群に加えて、五七隻の核駆動の攻撃用潜水艦と巡航ミサイル潜水艦を保有し、……米国戦艦の排水総量――それは艦隊戦闘能力に等しい――は、少なくとも米国以下の一三カ国の海軍すべての排水総量（戦闘能力）をしのいでいる、と直近の評価で結論される」。[8]

列強の空母群の中で

次いで空母について。確かに中国は、空母建造計画を進めているが、それは、米国の巨大空母群とは、比較しようがないほど貧弱な代物である。

すでに米国は、一一隻の超巨大空母を保有就航させ、規模と攻撃力の双方で比肩できる海軍は、地球上どこにも存在しない。実際、米国は、ニミッツ級（一〇万二千トン）一〇隻と最新鋭のエンタプライズ級（八万九六〇〇トン）一隻からなる空母群を擁し、そのすべてが原子力空母だ。

その米国以外に、原子力空母を持つのはフランスだけだが、わずか一隻。それ以外に空母を現有する国は、英国、ロシア、イタリア、スペイン、インド、ブラジル、タイの九カ国で、（イタリア二隻以外）夫々一隻保有しているだけで、いずれもディーゼルエンジン駆動の攻撃力の脆弱な空母である。

他方、中国の空母「遼寧」は、旧ソ連ウクライナから買い取り修理改装したディーゼルエンジン駆動である。いったいそれが、なぜ日本や東アジアの安全保障に〝脅威〟なのか。「心配無用、中国初の空母は単なるクズ鉄だ」と米国ＷＩＲＥＤ誌（『人民日報』二〇一一年六月一〇日）で揶揄される所以だ。

戦略環境の巨大な格差

第三に戦略環境について。米国は、全世界に九〇〇以上の軍事基地を持ち、海軍兵力三二万九千人、海兵隊二〇万二千人（兵員数だけでも中国側海軍兵力の二倍以上）を、海外一三五の国々とその周辺海域に配備している。

そもそも海軍は、沿岸からの支援のないところで戦闘行為を展開できない。海外で基地も兵站の利も享受できず、海洋上に基礎を持つ空軍やミサイル、銃火砲を利用できない艦隊は、戦闘力を発揮することも、現実の戦闘行為に出ることも不可能なのである。まさに米海軍提督ラフヘッドのいうように、「米国とアジアの同盟諸国は、米国海洋覇権の優越性に自信を持って、枕を高くして眠ることができる」のである。[9]

すでにふれたように、脅威とは、〈侵攻する〉意図と〈侵攻する〉能力の掛け合せを、戦略環境で除したものによって算定される。であるなら、侵略の意図と能力によってだけでなく、その戦略環境の違いを無視して論ずる、中国〝脅威〟論は根源的な陥穽を持っているといわざるをえない。その陥穽が、いわゆる列島線戦略概念の展開をめぐる中国〝脅威〟論にあらわれている。

列島線戦略概念の意味

確かに、中国人民解放軍内には、海軍を中心に海洋重視派〈ブルーウォーター派〉が、中国経済のグローバル化の下で潜在的力を拡大させ、海軍を中心に中国軍拡の動きを蠢動させている。その端緒が、米ソ冷戦華やかなりし一九八五年、党中央軍事委員会の劉華清副主席が描いた新海軍戦略である。

朝鮮戦争当時、米国務長官アチソンが描いた共産主義封じ込め戦略の米国海軍戦略概念を借用して、劉華清は、一九八〇年代、レーガン主導下の反共封じ込め戦略を次のように描いていた。

すなわち、共産側の接近を拒否する〈アクセス・デナイアル／2A〉防衛線を、日本列島から台湾をへてフィリッピンまでとして第一列島線とし、その列島線上に位置する横須賀と沖縄とフィリッピン・クラークに米海軍基地をおいて堅固化し、米第七艦隊の拠点とした。

次いで、自由主義陣営が自由に航行し、共産側の領域支配を峻否する〈エリア・デナイアル／AD〉防衛線として、北はアリューシャン列島から、太平洋上の小笠原諸島とグアムをへて、南はサイパンやパラオなどの南西太平洋諸島までの海域を画する軍事防衛ラインを第二列島線とした。

劉華清は、この米国第七艦隊の防衛戦略を、中国側から構想し直した。そして中国海軍の中心的役割は、米国海軍による接近を拒否できる直近海域の限界線を第一列島線とし、次いで米国海軍による領域制覇を拒否できる中距離海域の限界線を第二列島線と位置付けた。

そして西側諸国の対中進攻を阻止し、接近を拒否できる海軍力を（二五年後の）二〇一〇年までに構築し、次いで、中国船舶が航行不能になるのを防ぎ、西側陣営の海域支配を拒否できる海軍力を二〇二五年までに構築する。さらに、アリューシャン列島から南極海までを第三列島線として、その列島線を防御できる海軍力を二〇五〇年までに構築する。今日から見ても実に〝膨張主義〟的な青写真だ。

ただ、私たちが注意すべきは、この新海軍戦略概念が、当時の中国政府内の総意ではなく、その合意を得たものでもなかったことである。あくまでレーガンの反共封じ込め戦略に対応し、中国人民解放軍内部の海軍固有の軍官僚制利益から出た、観念上の戦略概念を出るものでしかなかった。

今、中国のグローバル通商経済大国化の中で劉華清流の新海軍戦略構想が、歴史の棺から引き出され、政策論議の対象に上げられ始めた。その意味で、劉華清流の新海軍戦略構想は、中国のグローバル通商経済大国化と裏表の関係にあったといってよい。

ただ注意するべきは、その海洋戦略論議から来る中国〝脅威〟論もまた、米中間の巨大な海洋上の戦略環境の格差を捨象した戦略論議にすぎなかった現実である。その巨大な軍事格差を無視した中国〝脅威〟論は、中国の〝膨張しない〟核戦力と〝攻撃しない〟核戦略の実態によりいっそう明らかにされる。

〝膨張しない〟核戦力

そもそも中国の核兵器廠は、米ロに比べて極端に小さく、その百分の一以下でしかなく、英仏と比較しても、弱小で未熟な開発段階に止まり続けている。

中国は、一九六四年の核実験以来、核弾頭を、最初の一〇年間で七五個しか持たず、その後、中ソ対立激化の過程で一五〇個に増やし、今日二五〇個――英、仏のほぼ半分――に止まっている。しかも六四年から九六年――包括的核実験禁止条約（CTBT）に調印した年――まで三二年間に四五回しか実験せず、米、ロの核実験総数の三％でしかない。

加えて米国がCTBTに調印しながらも批准せず、逆に未臨界実験の実施によって、事実上のCTBT違反を繰り返しているのに、中国の場合、今日に至るもCTBTを正確に順守し続けている。

その上、中国は、核兵器も核技術もともに幼稚な段階に止めたまま、核軍事トライアド（三本柱）体制――陸上、海上、空中配備の核三軍体制――の開発にいっさい着手しようとしていない。核運搬手段は幼稚で、敵（米国）からの核攻撃に対しては脆弱なままである。いったいなぜ中国は、米国からの核攻撃に対して脆弱で小規模な核戦力で満足しているのか。

M・T・フラヴェル（MIT）らが強調するように、中国の核軍事力を巡るこの一見奇妙な行動は、中国固有の核軍事戦略論――確証破壊戦略――に依拠していることから来ている。[10]

すなわち中国は核兵器を保有するけれども、最小限度の防御的な反撃力（第二撃）に止める。たとえ敵から核攻撃（第一撃）を受けても、一発でも二発でも確実に敵本土に向けて核報復できる最小限の報復力としての核戦力を持てばよい。そのミニマムな核報復能力を持つなら、たとえ中国のような核小国でも第二撃（報復）行使の脅しによって、第二次大戦終結時に日本を襲ったヒロシマ、ナガサキの悲劇を回避できる。中国流核戦略思想における確証破壊戦略による核兵器の位置付けである。[11]

近年、中国がようやくにして陸上移動型で米国本土に届く新型の二種類のＩＣＢＭ（大陸間弾道弾）兵器――ＤＦ31とＤＦ31Ａ――開発に着手したのも、その第二撃能力の非脆弱性を強めるためである。同じことは、金正恩下の北朝鮮が、グアムから米本土に届くＩＣＢＭの実験開発に賭けた「国家／体制生き残り」戦略論についてもいえる。

その意味でそれは、軍事的膨張主義の表れというよりむしろ、中国が伝統的な確証破壊戦略を頑固に守り続けていることの逆証ととらえるべきだ。同様のことは、中国が開発着手すると公表した対艦弾道ミサイルＤＦ21Ｄについてもいえる。圧倒的劣位にある中国核戦力の対米抑止力を――特に米日韓共同開発配備のミサイル防衛システム（ＭＤ）への抑止力を――確保し担保するためのものにほかならなかったのである。さらには、米国が韓国に配備を進めるＴＨＡＡＤ（高高度ミサイル迎撃兵器）に対する、中国側からする最小限度の抑止力を確保するためのものだ。

同様のことは、冒頭のエピグラフでハース（ＣＳＩＳ所長）が強調した、北朝鮮の対米核戦略についてもいえる。

二〇〇三年イラクのフセインが、二〇一〇年リビアのカダフィが、二〇一一年シリアのアサドが辿ったのと同じ命運を辿ることを、金正恩主席は徹底して回避し、対米核抑止力を懸命に開発し続けているのである。[12]

非核兵器群について

加えて中国は、国連が決議した核先制不使用宣言に対しても、一九九九年、早々と署名調印し、今日までそれを忠実に墨守している。ちなみに、日本はいまだ調印せず、米国の場合は調印もせず、逆にその核先制使用の権利を担保し、未臨界実験を強行し続け、通常兵器の先制使用による〝斬首作戦〟を、イラクやアフガン、リビアやシリアで実践し続けている。

それに米国は、一九九〇年代末以来、バルカン東欧から極東まで、攻撃的兵器に容易に転じうるミサイル防衛（ＭＤ）システムを展開し、中国の第二撃能力の確実性（クレディビリティ）を脅かし、軍拡ゲームを煽り続けている。そして対敵地揚陸作戦の海兵隊輸送兵器オスプレイ一五機を、日本に購入配備させ、対北朝鮮向けにＴＨＡＡＤを韓国に配備展開し続けている。

いったい東アジアや中東で地域安全保障に対する脅威は、どちらの側が、どれだけつくり出しているというべきか。

歴史の教訓

それにしてもいったいなぜ中国は、核戦力を〝膨張〟させず、防御主義的核戦略を墨守し続けるのか。Ｍ・Ｓ・ガーソン（海軍分析センター）らの実証研究を基礎にした時見えてくるのは、中国が、米、ソ、日、三カ国の歴史から、三つの「歴史の教訓」を学んでいるためだと、要約できる。

第一に、核軍事大国化によって国家崩壊を自ら招いた旧ソ連史の教訓。

第二に、国家財政の三〇％内外を国防軍事費に向け対外戦争を、第二次大戦以来、七〇有余年戦い続けて財政破綻に見舞われ、国力を萎えさせている米国史の教訓。

第三に、第二次大戦敗戦後、半世紀以上にわたり軍事費をＧＤＰ比一％枠に抑え、戦後復興を見事に成し遂げ、平和的発展を実現させた現代日本史の教訓である。

それら三様の歴史の教訓が、「戦わざるをもって最上の兵法となす」という孫子以来の伝統的軍事戦略文化によって支えられているのである。

その上で中国は、鄧小平以後、習近平に至るまで、人民〝解放革命〟戦争以来の伝統的な毛沢東戦略である「世界戦争不可避論」を放棄するに至っていた。すなわち、世界戦争はもはや不可避ではなく避けうるものだ。少なくとも先進国相互間で戦争は起こりえなくなっている。諸国家間の相互依存が深化した「不戦の世紀」の到来を前提に、鄧小平以来の外交戦略がつくられていたのである。

その戦略下で中国は、民族解放戦線による人民戦争論と陸軍中心の毛沢東戦略から、限定的な地域戦争を軸とした鄧小平戦略をへて、グローバル化に呼応した通商貿易国家化への転換をはかる。その戦略転換の基軸に、多国間主義的な平和的発展論の外交戦略をすえ始めている。

三　グローバル（全球）化の海の中で

通過儀礼としての軍現代化

それにしてもいったい、そうした軍事戦略の展開は、中国外交全体の文脈の中でどう位置付けることができるのか。

結論を先取りするならその動きは、グローバル化――中国語でいう「全球化」――の進展する中で、世界第二のＧＤＰ大国として急成長した現代中国の国力と、その外交通商政策をいわば基盤的に支える中国軍の〝現代化〟の一連の動きであったことだ。グローバル通商経済大国化に伴う、いわば通過儀礼と呼んでよい。

それら一連の事実は、中国がもはや〝大陸国家〟としてではなく、海洋貿易と対外投資によって国益を最大化していく〝陸海両棲国家〟もしくはグローバル通商経済大国へと変貌した事実を意味する。

同時にそれは、中国が一万八千キロ（！）の長大な海岸線を持ち、急速な経済発展を進めながら、全貿易量の九割（！）を海上輸送に依存するに至った新しい現実を示している。その現実が、上海から大連まで、中国主要七大港湾のすべてが、世界コンテナ貨物取扱港湾トップ一〇位内にランクインし、海外の資源と物流輸送の中心へと化している現在にあらわれている。[13]

かくて、グローバル通商経済超大国化への変貌が、陸上兵力としての人民軍の削減を求めながら、海軍力の強化を軸に軍現代化を促し続ける。その動きが、多元化した中国政策決定過程における、巨大な中国人民解放軍内の軍官僚制利益と重合し、その速度を早めていたのである。

軍官僚制利益の中で

その時私たちが眼を向けるべきは、官僚制政治モデルの力学である。すなわち冷戦終結後、グローバル化の中で芽生え始めた、中国政策決定コミュニティ内の海軍力拡大路線と海軍力限定路線との潜在的対立が、国際関係の動きと連動し合う力学である。

その力学が、大陸国家から陸海両棲国家化への変貌と符合し合って、今、巨大な利益集団、ＰＬＡの軍官僚制利益を後ろ盾としながら、海軍力近代化とグローバル軍事外交戦略の展開に乗り出している。その展開が今日、対外（特に対日）関係の展開と微妙な相関性を持ち、（尖閣衝突事件での船長逮捕に見られる）対外危機の勃発を契機に、排外的ポピュリズムの台頭を促している。

もちろん私たちは、そうした外交戦略の背後に、二つの現実があったことを想起すべきだ。

第一に、二二〇万人以上の人民解放軍という名の巨大利権職業集団の存在と台頭があって、その台頭が、対外関係の展開と相関性を持ちながら、尖閣諸島危機以来、確実に促されていたこと。

第二に、アジア太平洋海域において、特にイラク、アフガン戦争以来、米国による覇権主義的な海軍力のアジアシフトが進められていたこと。それが、国連海洋法体系（一九八二年調印され一九九四年発効した国連海洋法条約を軸とする国際法秩序）にいまだ批准せず逸脱行動をとり続ける米国の海軍軍事行動によって強められていたこと。[14]

国連海洋法条約（ＵＮＳＬＯＣ）によれば、ＥＥＺにおける域外国の自由航行権は認められているけれども、域外国の軍による測量等の行動は、沿岸国と無関係に行なうことができない。しかるに米国が二〇〇九年三月潜水艦イムペッカブル号によって中国ＥＥＺ内で、秘密裏の海中探索活動を行っていた事実を注記しなくてはならない。[15]

中国流軍産複合体の胎動

確かに、中国流軍官産複合体が、遅れた自国軍の兵器体系の近代化を進め、萌芽的な形であれ登場している。その登場が、一方でグローバル化された中国の政治的経済的プレゼンスの拡延と海洋通商路保護のための空母建造論を連動しながら、他方で、米海軍による東アジア太平洋海域における一連の軍事演習や、中国ＥＥＺ（接続水域）内における米海軍による海中探索活動の展開に見る軍事覇権主義的な行動と連動しながら、東シナ海や南シナ海をめぐる中国側のナショナリスティックな軍事行動と連動する。

そして中国は、グローバル通商経済大国化の過程で、過剰とも見える資源開発外交を展開してきた。先ず、一九八〇年代から一九九〇年代中葉にかけて中国は、南シナ海で南沙（スプラトリー）諸島と西沙（パラセル）諸島を巡って強引とも見える資源獲得行動に出て、次いで二〇一〇年代以降、中国は再び〝膨張主義的〟で強権主義的な行動に出ていた。

しかしかつての場合、二〇〇二年に中国は、ＡＳＥＡＮ諸国との間で「南シナ海行動宣言」に署名し、領有権の解決を平和的方法に委ね、航行の自由を保障し、共同探査を進めることに合意した。そして二〇一一年バリ島におけるＡＳＥＡＮ中国外相会議で、「南シナ海宣言」の実効性を高めるためのガイドライン（指針）協定を結ぶ合意に達し、南シナ海問題への資源共同開発への道筋を明らかにしていた。

かくて中国の対外膨張主義的動きは、時に対外関係の緊張化によって前面に出ながらも、その動きですら、中国外交政策決定過程における多元化構造の中で相対化されている。ベイツ・ギル（ＳＩＰＲＩ前所長）がつとに強調するところだ。

南シナ海進出の力学

南シナ海問題についても、同じ文脈の中で、次の三つのことは確認しておかなくてはならない。

第一に、南沙諸島と西沙諸島とはともに、一九五二年の日華平和条約第二条で、日本が中華民国（台湾政府）に対してその領有権を放棄し、中華民国の主権下におかれていたこと。従って、一九七一年、国連の中国代表権が、台湾政府から北京政府に移管されることによって、それら諸島はいずれも、中国の主権、領有権下に置かれた事実。

ちなみに、上記日華平和条約で「台湾及び澎湖諸島」とともに、日本が放棄した「新南群島及び西沙群島」とは、今日の南沙諸島（英文名スプラトリー諸島）と西沙諸島（英文名パラセル諸島）のことである。

第二に、南シナ海のいわゆる九段線内の諸島嶼の埋め立てと開発に中国が初めて本格的に乗り出したのは、一九九二年、米国クレストン・エナジー会社の働きかけに始まっていたという事実。

呉子存の浩瀚な歴史研究によるなら、すでにそれ以前、一九七〇年代から八〇年代にかけて、ベトナム、フィリッピン、マレーシアが、岩礁埋め立てや滑走路建設、軍による占拠実効支配を始動させ、その動きは、ベトナムの場合二九島嶼、フィリッピンの場合九島嶼、マレーシアについては六島嶼に及んでいた。

第三に、二〇一六年七月の比中間の国際仲裁裁定によって、フィリッピン側の主張が認められたけれども（中国は仲裁裁定に不参加）、その後、習・ドゥトルテ会談に始まるＡＳＥＡＮ首脳会談を通じて、紛争島嶼の共同資源開発によって、南シナ海を「共同の庭」にすることで、合意に達するに至っていた事実[16]。

多元主義的外交へ

かくて強権主義と協調主義、軍事的行動と外交的行動、単独主義的行動と協力主義的行動――これら相矛盾し合うかに見える二つの行動を、巧みに使い分け、既成事実を可能な限り積み上げながら、周辺諸国と国際合意を取り付け、国益の最大化をはかる、中国流交渉術の巧みさといってよい。中国海軍強化の動きもまた、そうした多元主義的外交と、中国流交渉術の文脈下に位置づけ直すこともできる。

それは、けっして一部の研究者――ロバート・ロス（ボストン大）ら――のいうマハン流の海軍至上ナショナリズムとして単純化できるものではない。むしろＭ・Ａ・グロズニー（米国防大）や楊明傑（中国現代国際問題研究所）らのいう、戦略環境のグローバル化に対応する「海軍パワープロジェクション（投入）能力の限定的拡延」という文脈下で捉えるべきものである。[17]

平和的発展を超えて

しかも中国は、習近平登場以前に、すでに「和平崛起」論と多元主義的な「調和外交」路線の狭間で揺れ動きながらも、周辺大国――ロシアやインド――と領土問題を順次解決させていた。まず二〇〇四年、ロシアとの間で四三〇〇キロ（！）に及ぶ国境線を確定し、一九六七年中ソ衝突以来の領土問題を解決していた。次いで翌二〇〇五年、インドとの間で、一九六二年中印国境紛争以来、懸案となっていた領土画定交渉を進めて原則合意に達している。中国はシッキムの、インドはチベットの、それぞれの主権を相互承認し、三四〇〇キロ（！）に及ぶ国境紛争ラインを三段階で解決する工程表に合意し、双方の実効的支配線域に関しては、大型軍事演習の相互抑制に合意した。

そしてそれら、ロシアとインドとの領土問題の解決合意と前後して、一連の通商投資協力を深化させる戦略的パートナーシップを取り交わしている。軍事力の相互支援協力を基軸とした軍事同盟路線とは異質な国家間協定だ。

そしてその戦略的パートナーシップ協定の輪を、上海協力機構とASEAN中国FTAを軸に、一九九〇年代初頭以来、ブラジルから、米国、韓国、日本、EU、ASEAN、パキスタンへと広げ、グローバルな経済政治的協力関係の強化を進めていた。

一見〝膨張主義〟的様相を呈しながらも、シャンボーやギルが実証したように、内実、軍事的〝膨張主義〟

とは距離を置いたグローバル中国の多元主義的な多国間外交の道である。

もうひとつの道を求めて

中国外交を議論する時に私たちは、あたかも「ツキジデスの罠」論に沿うかのように、中国外交の現在を、第一次大戦前の帝政ドイツや第二次大戦前の大日本帝国の外交行動になぞらえて、中国の〝膨張主義〟の脅威を説く。

しかしそうした言説に立つ限り私たちは、中国外交の多元的な現実を見ることもできず、日中和解の道を切り開くこともできない。眼を向けるべきはむしろ、中国外交のしたたかな多元主義外交の展開なのである。

換言すれば、中国外交の現在を、かつての戦前日本帝国に引きつけてとらえて、私たちの側が展開している（尖閣から竹島、北方領土に至る）一九世紀流テリトリー・ゲームに免罪符を与えることではない。

今求められるのは、中国脅威論の陥穽から抜け出ること。そして日米間や米韓間の、軍事同盟主義の落し穴から脱却することである。

その上で、勃興するアジア新興諸国と、経済的政治的なウィンウィンの相互依存と相互補完の絆を強めて制度化していくことに、外交の叡智を注ぐことだ。その道は、トランプ政権登場後の混沌を極める世界にあって、二一世紀情報革命下で日本がとるべきアジア地域協力の制度化の道を指し示している。すなわち、ポストTPPとして浮上するRCEP（東アジア地域包括的経済連携）構築の道である。

併せて、AIIB（アジアインフラ投資銀行）や「一帯一路」構想に積極的に関与し、その実現に向けて、EUやロシアなどと連携協力する道である。それを、明治以来の「脱亜入欧」から、「連欧連亜」への転形といいかえることもできる。

それが、ヒロシマ以後七〇有余年を経て今、フクシマが私たちに突きつけている日本の覚悟である。その日本の覚悟が、虚構の中国・北朝鮮〝脅威〟論を超えて、新しい「この国のかたち」と地域協力のあり方とを求めている。

【注】

1 拙著『アジア力の世紀』岩波新書、二〇一三年、第三章。

2 *SIPRI, Military Balance*, 各年度の資料。及びDavid Shambaugh, *Modernizing China's Military*, Univ. of California Press, 2004, pp.190 - 191.

3 J. Lind, "Pacifism or Passing the Back?", *International Security*, Summer 2004.

4 Shambaugh, *ibid.*, p.190.

5 「中国、海軍大国への胎動」『朝日新聞』グローブ創刊一周年記念「中国特集①軍力」二〇〇九年一〇月五日。

6 「検証・中国の海洋戦略・泳ぎ出る巨龍九つの門」『朝日新聞』二〇一〇年一二月二七日。同紙四頁特集記事「リゾートの島、空母基地へ」。また同紙、二〇一〇年一二月三〇日朝刊一面トップで「中国軍が離島上陸計画」、同紙、四頁トップ特集「南シナ海『核心的利益』」。

7 James R. Holmes and Toshi Yoshihara, "When Comparing Navies, Measure Strength, Not Size", *Global Asia*, Winter 2010, p.27.

8 二〇一〇年七月一〇日付、米国防総省ウェッブサイト。

9 *Global Asia*, Winter 2010, p.27.

10 M. Taylor Fravel and Evan S. Medeiros, "China's Search for Assured Retaliation" *International Security*, Fall 2010.

11 Michael S. Gerson, "No First Use: The Next Step for U.S. Nuclear Policy", *International Security*, Fall 2010.

12 Michael Mandelbaum, *Mission Failure*, Oxford University Press, 2016.

13 ちなみに、一九八〇年日本トップ神戸が世界四位にランクインしていたのに、二〇一四年には一〇〇位以下に転落、日本トップの東京がかろうじて世界二九位、名古屋が世界五六位にランクインするに止まる。今日、百位以内にランクインした日本の港湾は、東京と名古屋しかない。「海洋国家ニッポン、今いずこ」だ。「失われた三〇年」の帰結というべきか。

14 国連海洋法条約（ＵＮＳＬＯＣ）によれば、ＥＥＺにおける域外国の自由航行権は認められているけれども、域外国の軍による測量等の行動は、沿岸国と無関係に行なうことができない。

15 「中国軍近代化への視座Ⅰ、目撃されている現象」『核兵器・核実験モニター』、二〇一一年三月一五日号。

16 呉子存『中国と南沙諸島紛争』花伝社、朱建榮訳、二〇一六年、矢吹晋『習近平の夢』花伝社、二〇一七年。

17 *Global Asia*, *International Security* 誌上の各論文。Gill, *The Rising Red Star*, Brookings Institution Press, 2012（邦訳、進藤監訳『巨龍・中国の新外交戦略』柏書房、二〇一五年）。D. Schambaugh ed., *Power Shift*, Univ. of California, 2009.

第1部

台頭する中国脅威論と東アジアの平和

1　ベトナム戦争の二一世紀への教訓
――知られざる中国の「参戦」と今日的な示唆

朱　建榮

ベトナム戦争は「北爆」に象徴される全面戦争からは五〇年以上、ベトナム人民軍による「サイゴン解放」からは四〇年以上経った。かつての対立構図はすっかり変わり、「不倶戴天の仇」だった米国とベトナムは国交樹立し、今や南シナ海問題で中国に対して暗にスクラムを組むようになった。しかし底辺では五〇年前と今日がつないでいるものがある。当初はあのような、第二次世界大戦後の最大の熱戦に発展することをだれも予想しなかったが、今日も、ほとぼりがいくらか冷めているとはいえ、南シナ海問題をめぐる対立は依然、米中衝突、中越衝突など深刻な事態を招く危険性を抱えている。その意味で、ひと昔前のベトナム戦争とそのインプリケーションを再検証することは、二一世紀の今日にとっても重要な意味を持つものである。

一　国際関係は当初の予想と裏腹の方向に行きがち

国際関係は「水もの」で、本当の成り行きは往々にして予想と異なる方向に向かいがちである。我々は自分の願望にとらわれすぎないように、常に様々な可能性に備える心構えと冷静な観察力を身に着ける必要がある。

一九七五年のベトナム戦争の終戦直後、社会主義陣営側の勝利、米国の敗北という影響が特に強調された。筆者が翻訳した沈志華著『最後の天朝　毛沢東・金日成時代の中朝関係史』（岩波書店、二〇一六年）によると、ポルポトの率いる「クメール・ルージュ」がプノンペンを奪還し、サイゴン陥落が目前だった一九七五年四月中旬、北朝鮮指導者金日成《キムイルソン》が軍事代表団を連れて急きょ北京に乗り込み、彼は中国側が催した四月一八日の歓迎宴で次のように演説した。

「今日、帝国主義の植民体系は全面的に崩壊中であり、南朝鮮での米帝国主義の植民地支配も決して平安無事ではいられない」「ひとたび南朝鮮で革命が起これば、我々は南朝鮮の人民に対する支援を惜しまない。我々は同じ民族として高みの見物をするわけにはいかない。もし敵が公然と戦争を起こすなら、我々は戦争をもって断固やり返し、侵略者を徹底的に消滅する。この戦争で我々が失うのは軍事境界線であって、勝ち取るのは祖国の統一であろう[1]」

著者沈志華氏は、金日成のスピーチは「殺気に満ちた言葉の連続」と表現し、「中国に対し、再度大規模な援助を要請し、朝鮮問題への重視を促し、朝鮮と肩を並べて戦うことを望んでいたことは間違いない」と分析した[2]。金日成が再度の「祖国統一戦争」を発動しようとしたのは、一九五〇年からの奇襲攻撃が失敗したのは米軍（を中心とする国連軍）の介入によるものだったが、ベトコンがサイゴンを攻略しても米側は何もしなかったため、米軍はおそらく朝鮮半島出の再度の戦争にも介入しないだろう、との見立てに基づくものだったと考えられる。

ところが、ベトナム戦争の終結からわずか数年後、国際関係は予想しない方向に転じた。インドシナ全域の制覇を求めるベトナムはそれに対抗するカンボジアの間で戦争が勃発し、プノンペンを直接占領した。直後、中国は「自衛反撃戦」と称してベトナムとの国境戦争を発動し、中越国境地域の戦争状態はその後一〇年以上続いた。中国と旧ソ連の間の一触即発の緊張状態も続いた。ベトナム戦争は東西両陣営間の熱戦だったため、社会主義陣営内部の対立がその間、覆い隠されていたが、その終戦後、中越ソの間の怨念のマグマが一気に噴出したのである。

ベトナム戦争直後、意気阻喪し、一時期内向きに転じた米国と対照的に、旧ソ連は一九七〇年代末から一九八〇年代前半にかけて、急速に追い上げ、両超大国並立の時代に突入したかのように見えたが、軍事拡張に狂奔したことは皮肉にも、ソ連の高度に集中した政治・経済体制に亀裂を作り出すきっかけとなった。そこにもベトナム戦争の陰が付きまとっていた。一九七九年末、ソ連赤軍がアフガニスタンに侵攻したニュースに接すると、米国カーター政権の大統領補佐官を務めたブレジンスキーは大統領に書簡を送り、「今度はソ連人にベトナム戦争（の泥沼）の味を味わってもらおう」と進言し、ビン・ラディンを含むイスラム極端主義勢力を育成し、アフガンで対ソゲリラ戦を発動した[3]。

二一世紀に入った今、「ポスト冷戦」時代の新しい国際情勢が注目され、「新しい国際関係と国際秩序」が多く語られ、オバマ大統領が二〇一六年五月にハノイを訪問し、米越が協力して南シナ海における中国の「拡張」を牽制する動きが現れるなど、ベトナム戦争は人々の記憶から薄れ、その影響も色あせたかのように見えている。

しかし米国にとって、あの忌まわしい戦争について今日に至ってもあまり語りたがらず、心のトラウマはどこかに依然残っていること、第一次湾岸戦争まで、大規模な地上戦に巻き込まれたくないという「ベトナム戦争の教訓」を守ったこと、ところが「九・一一」事件後、怒り狂ったジュニア・ブッシュ大統領は圧倒的な軍事力を背景にイラク戦争を発動し、再度泥沼に陥ったが、それは再びベトナム戦争のケースに比較されたこと[4]、など、影響が消えたわけではない。今、「冷戦史研究」は各国学者の間ではホットな学問になっており[5]、前出した沈志華教授は中国・華東師範大学冷戦史研究センター主任に就任し、ワシントンDCにあるウィルソンセンターなどと並んで、冷戦史研究の中心的存在になっている。その意味で、ベトナム戦争に関してその影響とインプリケーションが再検証されることも時宜に合っていると言える。

二　知られざる中国の大規模な「参戦」

筆者は二〇〇一年、『毛沢東のベトナム戦争』という著書を東京大学出版会で出したが、特にベトナム戦争の知られざる一側面、中国の大規模な参戦の実態、思惑とその影響について検証を行った。その後も、次々と出てくる新しい史料に基づいてこの研究を続けているが、筆者の研究を読んだ多くの人は「中国もベトナム戦争の主役？　知らなかった」との感想を漏らした。その史実が十分に解明されていないゆえに、そこから引き出される歴史的教訓も十分に総括したとはいえず、何よりも、その過程に凝結された中国外交の本音、特徴を総括せずして、二一世紀の中国外交の行方も見極められないと思われる。

そのため、本章は主にベトナム戦争による中国への影響に焦点を当て、そこから見える二一世紀の中国外交へのインプリケーションを見出したい。

一九六五年にベトナム戦争がエスカレートした後、参戦した米地上軍はピーク時に五四万人に達したが、実は中国ものべ三二万人、ピーク時には一七万人の正規軍を北ベトナムに送り込んだ。中国側の後の統計によると、その「戦果」として、北ベトナム上空で米軍機を一七〇七機撃墜し、ほかに一六〇八機に損害を与え、四二人の米空軍パイロットを捕虜にした。後方支援の面ではのべ八〇〇キロ以上の鉄道を新設、再敷設、空爆後の補修などで工事し、一四〇〇キロ以上の通信線路を修復または敷設した。[6]

米当局は、中国はベトナム人民軍が南方に出動できるように、北ベトナムの防御と後方支援を引き受けた（ほかに旧ソ連なども参加）ことを把握していたにもかかわらず、様々な理由により公表しなかった。中国軍のプレゼンスは、戦局の推移ないし戦争の最終結果に大きな影響をもたらした。中国はベトナム戦争の最も重要なプレイヤーの一つであり、米当局は後に、常に中国の反応を念頭にこの戦争を進めたことを認めている。

しかしベトナム戦争に対する中国のかかわり方の真相解明は米国や旧ソ連の介入に比べ、大幅に遅れている。その一因は、中越関係の後の悪化であった。ハノイ側は一九七九年の国境戦争を経て、一時期にしろ、対米闘争における中国の役割を完全に否定し、中国を「最大の裏切り者」と批判した。その後、関係が改善されているとはいえ、それに関する史実を進んで公表するのに躊躇が残っているようだ。一方、中国自身は一九七〇年代後半から、「恩知らず」のベトナム当局への批判として出兵の事実とその全体的規模、犠牲者数を公表し、一九九〇年代に入って、関係の資料・証言・回想録および研究成果を出しているものの、特に首脳部の情勢判断、介入に至る政策決定と損得勘定、およびそれと内政・外交全般との関係、とりわけ最高指導者毛沢東がその過程で果たした役割について、積極的に資料公開をしようとしていない。それは政策決定の非規範的状況、文革による資料の紛失と破壊などの要因にもよるが、関係の研究はこれまで公表された方針・政策との矛盾、現在の諸外国との関係に影響が生じかねないという配慮があるからだと思われる。

三　中国自身にもたらされた五つの方面の影響

この戦争は中国の内政と外交に対して、当初の思惑、予想から外れ、ひいては反対の方向へ状況が動き出す、という重大な影響を与えた。これらの影響に関して筆者は自著『毛沢東のベトナム戦争』の中で一応検証し、整理したが、ここで中国の「参戦」によるインプリケーションを五つの方面で、新しい研究動向に触れながら再度要約しておく。

1　中越関係への影響

一九六四年までの十数年間にわたって、中越関係は一定の問題と摩擦を抱えていたものの、①歴史上最も親密な交流があり、②友好協力は両国関係の各分野、各レベルに幅広く深く及び、③中国からの圧倒的な支持・支援を背景に、中越間のパイプは、ソ連を含めたあらゆる第三国との関係を大きく超えていた。

だが、「トンキン湾事件」後のベトナム戦争激化の過程を通じて中越関係には以下のような変数が現れることになった。

第一、中越両国とも、自国の安保と外交政策における相手の位置付けを見直した。米軍の圧力に面して北ベトナム側は中国を巻き込もうとすると同時に、ソ連からの最大限の支援も取り付けようとした。それに対し、中国はソ越の接近に不快感があるとともに、ベトナム戦争の拡大による米中衝突の危険性の増大を懸念し、対米関係と対ベトナム関係のバランスを取る上で前者を優先する発想を見せ始めた。両国外交政策のプライオリティがずれ始め、矛盾すら生じた中で、中越関係はかつてのような親密無碍さを保持することは難しくなった。

第二、中ソ間のイデオロギー論争、勢力圏争いがベトナム問題に持ち込まれた。そして次第に、社会主義陣営全体の共同支援を拒否する中国より、それを推進する姿勢を見せたソ連に、心理的にも一段と近づくことになった。

第三、中国が唯一の頼れる外部支持者、という状況が変わるにつれ、ベトナム人の心の中に潜んでいた伝統的な対中警戒感はそれを抑制する力が緩み、表面化した。まもなく文化大革命が始まり、中越関係の最重要な絆だったホーチミン主席も逝去したため、ベトナム人の心にある相手への警戒感は更に増幅した。そこで、中越関係は、中国がベトナムに最大限の物資・人員援助を送るという（心のシンパシーを感じない）「物的贈与」が増える中で冷淡・敵対に向かったのである。

2　米中関係への影響

周知のとおり、米中関係のドラマチックな転機は一九七一年夏のキッシンジャー米大統領補佐官の秘密訪中であった。ただ、この転換点に至らしめた両国関係の新しい起点は一九六五年のベトナム戦争激化だった。[7]

それまで双方とも相手を、世界制覇を狙って交渉が不可能な「悪の権化」と見なしていたが、核保有国同士の全面戦争を回避するため、両国とも相手への憎しみをとりあえずこらえて、さまざまな模索を始めた。そして激しい駆け引きをへて互いに「交渉可能」という認識が生まれ、米中間の全面対決から共存へ転換する起点となった。

実際に、双方が戦争回避を必死に模索する過程で、相手への認識に関する虚像を捨てていった。米の意図は少なくとも当面は中国を軍事的に滅ぼすためではない、ということが北京で認識されるようになり、一方の米側も、ＡＡ会議の失敗、インドネシアの政変および中国のベトナム支援の限界などを目の当たりにして、特殊な色眼鏡に代わって、「常識」的に等身大の中国を捉えるようになった。

後の米中接近で使われた複数のパイプもここで形成された。それまで唯一のパイプだったワルシャワ大使級会談は緩衝のクッションがなく、マスコミにも見張られていたため限界が見えていたが、一九六五年初め、毛沢東はエドガー・スノー記者をまず対米メッセンジャーとして使い、続いてパキスタンルートを米中間の有力パイプとして育てた。広げて言えば、後の米中接近のもう一つのパイプとなったルーマニアも一九六五年から初めて中国と外部世界の伝言役を引き受けて出たのだ。

3　中ソ・中ロ関係への影響

中ソ対立は一般的に一九五六年に始まり、一九六〇年代初めに公開論争を経て両国関係は全面的に悪化していったとされているが、細かく見ると、一九六〇年代前半まで中国は依然として社会主義陣営の存在を認め、帝国主義反対の外交・軍事協調を進め、一九六四年四月のフルシチョフの誕生日に、毛沢東らは、米ソ、米中戦争が起こるなど「いざというとき」は中ソが協力するのだ、という趣旨の祝電を送っていた。だが、一九六四年夏からの一年余りを経て中国は、イデオロギー面において和解不能な姿勢を示し、社会主義陣営は存在しないと判断し、国家関係では国境紛争の恒常化を含めた対決型になり、更に軍事戦略の面で中ソ同盟条約への依存を実質的に放棄し、ひいてはソ連をアメリカと並ぶ軍事的脅威と見なし、「二正面作戦」に備える戦争準備まで行った。

4　中国の軍事戦略調整への影響

一九六四年夏まで、中国の軍事戦略は主に、中ソ同盟条約に依存してアメリカの対中侵略に対処し、ソ連の「核の傘」に依存し、中国自身は地上軍の整備・作戦を最重視し、沿海部に防衛の重点を置く、というものであった。最初の核実験と一九六五年五月の空中投下による核兵器の実用化＝初歩的核抑止力の入手によって、更にベトナム戦争の激化と中ソ関係の悪化にともなって、米ソの結託による中国侵攻に関する疑念も念頭に、一九六五年夏以降、中国は徐々に新しい軍事戦略を定着させた。それはすなわち、①中ソ同盟条約に依存せず、独自の軍事力（最低限の核兵器プラス人民戦争＝膨大な正規軍と民兵）であらゆる外来の侵略に対処すること、②沿海部だけでなくソ連に面した「三北」（東北・華北・西北地区）も防御の対象とするいわゆる「二正面作戦」の方針を取り、③国境地帯の防御より、優勢の敵を引き入れてから「人民戦争」の海で撃破することへシフトし、「大三線」建設に力を入れる、というものである。後に、中ソ関係の更なる悪化と米中接近という情勢変化にともなって、中国軍は更にソ連を主要敵と見なし、ソ連の侵攻に備えることを防衛の最重点にしていった。

この軍事戦略が修正されるのは一九八〇年代に入って、鄧小平が改革・開放政策を始めるまで待たなければならなかった。

5　中国の内政、特に文化大革命との関連

筆者は自著『毛沢東のベトナム戦争』の中で、ベトナム戦争による中国の国内政治への影響を検証する過程で、当時の中国において、「二つの文化大革命があった」との説を提起した。それはすなわち、一九六四年七月頃に毛沢東が発動した「小文革」と六五年末以降に発動した「大文革」である。前者は、毛沢東はまず党指

導部が一致団結して党内外の中下層における反対勢力を一掃する「反右派闘争」方式を取り、次に、党の主要幹部が一致して指導部内の少数の反対者を排除する「盧山会議」方式を取り、更に「盧山会議」方式を継承しながら（王稼祥、鄧子恢らを名指しで批判）、「四清」「社会主義教育運動」を文化領域全般の政治革命に拡大する「小文革」方式に発展させたことを指すが、ベトナム戦争および中ソ対立の激化により、それが軍の支持を背景に、大衆動員による「党内のブルジョア司令部」を打倒する、「大文革」にエスカレートした。

その変化のプロセスにおいてベトナム戦争は、「小文革」の遂行を遅らせ、毛沢東と劉少奇の間における情勢認識の差を拡大させ、毛沢東に、国内の思想統一に関する緊迫感を募らせ、ついに「大文革」を決断させた、といった影響が指摘できよう。

四　中国の内政と外交との関係の特徴

中国とベトナム戦争とのかかわりを通じて、二一世紀の今日の中国外交を見る上で、以下のいくつかの示唆を見ることができると考える。

1　中国の内政と外交との関係の本質

中国指導者の脳裏において、恐らく外交（国家間関係、対外的イメージなど）は、内政問題（体制・社会の安定、国内の意見など）に比べ、配慮する順位が低いものであるという特徴を指摘できる。

内政が外交に優先するという特徴を形成する構造的な要因は幾つか挙げられる。①国土が広く人口が世界一という条件の下で、まず先に内部（指導部内および国内各界）の意思統合を行わなければ国家の安定・協調を維持できない、という伝統的な認識がある。②外交は主権と領土の保全、統一の維持という「内政の延長」の視点（ML主義の観点でもある）で捉えられ、理論的にも順位が後ろになる。③外交の決定権が少数の最高指導者に集中され、マスコミや学者による情報や分析のフィードバックは政策決定のレベルに上がりにくく、反映されるとしても時間がかかるため、内政上の考慮による判断と政策決定に傾きがちである。④核兵器の保有は、近代以来ずっと恐れられてきた外部大国による大規模な侵略に初めて抑止力を形成したため、指導者は一段と国内問題を優先的に考慮できるようになった。

そのため、毛沢東は、外交と内政の諸方面で問題が生じたとき、まず国内優先という思考様式を働かせて、体制維持・政権と社会情勢の安定を第一義的に考え、あれほど多くの外交課題を抱えていたにもかかわらず、国内の政治・権力闘争を最優先にし、文革を発動した。

それとの関連で、一つの中国外交の特徴も指摘できる。内政が混乱し指導部の権力が弱体化したとき、外交面では強硬に出やすく、または自己閉鎖的になる。外部の消極的な反応・批判を承知しながらも、まず国内で納得できる政策を取る考えがあるためだ。外交上の強い表現、主張は見方によっては、「攻めをもって守りとする」陽動作戦でもあると見ることができる。毛沢東時代の中国はまさに華麗な外交を展開して国力上の弱さをカバーし、超大国からの圧力に対抗できたのである。一方、内政・権力が安定すれば、外交分野の開拓、外交イメージの向上を重視するようになる。一九六九年まで毛沢東は国内政治闘争で劉少奇グループに決定的な勝利を収めた後、一九七〇年以降、米中接近という外交の大転換にいよいよ着手できたのである。

2 「以戦制戦」の発想

中国外交は、自国が戦争に巻き込まれることの回避を最優先目標の一つとして追求するが、その目標達成のために、軍事的手段を取るのも辞さず、という「以戦制戦」の発想をもっている。「以戦制戦」とは小規模な軍事行動をもって、逆に大規模な戦争、本土への戦争拡大を回避できるという発想であるが、一九六五年夏以降、北ベトナムに大規模の軍事力を派遣したのも、戦火をベトナム領内に留め、中国国内に延焼されたくない考えとともに、ベトナム戦場で「不退転」の意思を見せることにより、米国に、中国本土への侵攻を思いとどまらせる、という計算もあったと考えられる。

「立ち遅れればやられる」との歴史的教訓をしっかりと汲み取ったつもりの中国指導部は、朝鮮戦争参戦により、東北部の国境を守り、強い意志と防御力を米国に見せつけたとし、ベトナム戦争への介入を通じてさらに本土防衛、国内安定の最重視との思考様式を示すのに「成功した」と総括された。そのため、一九七〇年代末、中越間の対立が収拾のつかない状況に至ったと判断されると、ベトナムを「懲罰」する国境戦争の発動に踏み切る内在論理の合理性が存在していた。

一九八〇年代以降、中国は内政と外交の両面において多くの新しい体験をしている。鄧小平が始めた改革開放政策、高成長の持続、外部世界との交流の密接化、などである。そのような背景の中で、中国外交には多くの新しい動向が現れた。[8]

たとえば、国家主権と安保に関するこれまでの「絶対的」な発想に変化が見られ始めている。一九九〇年代以降、中国はＡＰＥＣのような多国間経済協力機構に参加し、ＷＴＯ（世界貿易機構）加盟に踏み切って世界経済の一体化という概念を受け入れた。安保問題に関してはＡＲＦ（アセアン・オープンフォーラム）の対話に応じ、ロシアや中央アジア諸国と上海協力機構（SCO）を結成した。特に香港問題の解決に「一国二体制」の構想を導入したのは、国家主権に関する自己制限的な解釈を行った発想転換の産物といえよう。

そして二〇一二年に登場した習近平政権になると、中国外交はさらに多くの新しい傾向を見せているが、紙幅の関係上、これを論じないことにする。一つ言えるのは、中国の基本的状況（国家体制、途上国経済、山積する国内問題、独自の世界観、台湾問題の存在など）は変わっていないため、ベトナム戦争時代から受け継がれた中国外交の基本的特徴は依然存在していることである。

五　二一世紀の東アジアに残した最大の教訓

この再検証作業を通じて、筆者は、ベトナム戦争の後遺症（枯葉剤によるインドシナの生態系への影響、冷戦期の思考様式など）が依然残っているだけでなく、少なくとも東アジアにおいて、ベトナム戦争の教訓はまだ十分に総括されておらず、このままでいくと、再度、ベトナム戦争のような悲劇を絶対に再発させない保証が確立されていないとの危惧を一段と抱いた。

一つは、軍事力過信はこの地域の共通現象になっていることだ。中東、アフリカなどの地域はテロ、空爆、武力介入などが盛んに起きているのは憂慮すべきことだが、東アジア地域の諸国は経済が急速に発展した割にはヨーロッパ、北アメリカなどの先進地域に比べ、対外関係において軍事力のウェイトは依然大きいことは否定できない。中国は高成長に伴って一躍して米国に次ぐ年間軍事費を拠出する軍事大国になった。近年の日本政府は第二次大戦以来の平和憲法、海外出兵への制限を足かせと見なし、その突破、修正に走り出している。

北朝鮮は言うまでもないが、東南アジア諸国とも軍備の増強に奔走している。もちろん、圧倒的な軍事力を持つ米国がこの地域でかつてのような覇権を維持しようとすることは中国から見れば脅威であり、中国の軍備拡張は周辺国からも脅威・懸念の対象と見なされている、という勢力図の変化が背景にあるが、いかに外交力、国際組織と国際協力を通じて地域全体の安全保障を考えるか、という発想がこの地域で主導的存在になっていないことは事実である。

もう一つは、いかに互いに疑心暗鬼による過剰反応を防ぎ、意思疎通の強化を通じて不測事態の発生を防ぐか、というベトナム戦争の教訓もいかされていないと指摘されなければならない。

ベトナム戦争の勃発と激化に際し、米国側は、共産主義陣営に「自由陣営」への武力拡張を図る完全たる戦略、計画が存在することを思い込み、そのため、いまだに真相が不明な「トンキン湾事件」を利用して戦争を一気にエスカレートさせた。しかし旧ソ連の解体後、旧ソ連、中国、ベトナムなどの社会主義諸国は東南アジアで武力拡張を図る全般的な、共有された戦略、計画がなかったことは明らかになっている。北ベトナムのエネルギーは自国の統一に集中し、中国首脳部は文革に象徴される国内の政治闘争を最重視し、フルシチョフ時代のソ連は東南アジア問題にほとんど関心を持っていなかった。一方、中国や北ベトナムなど社会主義陣営側の、「米帝国主義による侵略・転覆をはかる陰謀」に対する最高レベルの警戒・危惧も過剰なものだったと今は判断することができる。

しかし、まさにそのようなイデオロギーに基づく相手の陣営への決めつけ、相手の実情に対する無理解による憶測と「陰謀論」の蔓延、相手の言動をすべて「敵対的計画と行動の一環」と見なす過剰な警戒が、ベトナム戦争という第二次大戦後の最大の熱戦を招いたが、この教訓は今日の東アジアにおいて十分に汲み取られているとは言えない。

元米国防次官補ジョセフ・ナイは、「If you treat China as an enemy, it will eventually become a horrible one（中国を敵と見なせば、本当に敵になってしまう）」という名言を残したが、この危険性は今も存在している。現在の日米など外部諸国の対中認識と政策には、中国の実態と本音を捉えられず、歪曲して解釈する（と中国で理解される）部分はまだかなり多い。南シナ海問題において、近年の中国による大規模な人工島造成は関係諸国の警戒を呼び、二〇一六年七月に公表された常設仲裁裁判所による「裁定」を中国が一時期「一枚の紙くず」と呼んだのも物議を呼んだが、その後、中国は明らかに南シナ海問題への対処方針を軌道修正している。中国最大の南シナ海問題研究のシンクタンク、南海研究院の呉士存院長は二〇一七年に入って、米軍による「過度に頻繁な自由航行作戦」と「中国による過度な当初の軍事化」の両者を緊張の激化を招く最重要要因として並列して取り上げて「自制せよ」と求め、南シナ海を沿岸国の「共通の庭」にしようとも呼びかけている。[9] 二〇一七年五月、中国とアセアン諸国の間では、南シナ海での各自の行動に共通のルールを作り、法的規約を加えることを目的とする南シナ海に関する地域の行動規範（ＣＯＣ）の大枠合意は前倒しで達成された。南シナ海問題の解決は今後も紆余曲折が予想されるが、中国外交は南シナ海問題において、「対外軍事拡張の拠点」にしようとしていると決めつけて、対中包囲網の構築を作ろうとする一部の国と勢力の対中観に、誤認と過大解釈、過剰反応以外に、意図的な歪曲、決めつけを行うことによって自国の外交と安全保障上の利益を図る思惑があることも否定できない。

そして南シナ海と並んで、東シナ海も波風高しである。日本は中国などとともに軍同士の衝突防止メカニズムに合意しているものの、米中間のような運用に至っておらず、[10] 最も不測事態を招く可能性のある尖閣（釣魚島）海域を含む「東シナ海の海空連絡メカニズム」は今なお合意されていない。互いの国益主張が譲れないところがあっても、疑心暗鬼、「陰謀論」といった心理的要素によって、「脅威」の虚像に踊らされて、不測の事態、武力衝突に突入してしまうことを未然に防ぐことこそ、ベトナム戦争が二一世紀の日中関係及び東アジア地域に残した最大の教訓ではないだろうか。

不測事態による武力衝突の回避を実現するには、まず二国間の連絡メカニズムの早期樹立が必要だが、より根本的な努力は、多国間の多分野における対話ないし協力のメカニズムの構築に払われるべきである。日中韓三カ国の自由貿易協定（ＦＴＡ）、全地域の経済協力メカニズム東アジア地域の包括的経済連携（ＲＣＥＰ）の早期合意を目指すとともに、習近平主席が提唱している「人類運命共同体」意識の共有を肯定・評価して、たとえば、シーレーンの共同パトロール、海賊・テロ対策など非伝統的安全保障分野における連携の強化などに着手し、意思疎通の緊密化、共通の価値観と経済など各方面の共通利益の形成、国際ルールによる共通の行動様式の合意、国際社会による監督といった方向に向かってもっと取り組むべきであろう。

【注】

1　『人民日報』一九七五年四月一九日、第三面。

2　沈志華『最後の天朝　毛沢東・金日成時代の中朝関係史』岩波書店、二〇一六年、二四三頁、二四九頁。

3　ここでは中国側の資料から引用。新浪網二〇一一年五月一三日「譲蘇聯人来一場『越戦』」。

4　米国学者は、第一次湾岸戦争では、米国首脳部はベトナム戦争を念頭に、長期的で逐次に兵力を投下する戦略を取らず、敵に打ち勝ってから迅速に撤収する方針を取ったと指摘。この戦略は当時の国防長官の名前を取って、「パウエル主義」と呼ばれた。Michael R. Gordon, "A Sequel, Not a Rerun", *New York Times*, March 18, 2003.

5　著名な国際法学者リチャード・フォーク米プリンストン大学名誉教授が書いた「イラク戦争の学ぶべき教訓」というコラム記事は、イラク戦争を「この傲慢で、破壊的で、失敗した軍事介入は、ベトナム戦争以来最悪のアメリカ外交政策の破滅をもたらした」と批判した。坂井定雄（龍谷大学名誉教授）「あの侵略戦争は何をもたらしたのか」『リベラル21』サイト二〇一三年三月二〇日から引用。

6　前出『毛沢東のベトナム戦争』三八四〜三八五頁。

7　筆者「一九六五年の米中関係：対決から和解への反転の始まり」（『東洋学園大学紀要』第九号、二〇〇一年三月）でこの転換のプロセスを詳しく検証。

8　北京大学の王逸舟教授は、「この三〇年間、中国で静かな外交革命が起きた。それより前の、周辺的、対抗的、革命家的な立場から、メインストリートに入り、建設的で協力の能力ももつ責任ある大国とのイメージに変わった」「現行の国際秩序に対しては、中国外交は毛沢東時代のように急進的な造反、革命を図るのでもなければ、原則なしに西側の大国に追随することもせず、その中間に位置するような、原則を貫きつつ温和で抑制的な対応の姿勢を見せている」と指摘。王逸舟『中国外交新高地』中国社会科学出版社、二〇〇八年一一月。

9　呉士存『中国と南沙諸島紛争』花伝社、二〇一七年四月、第八章を参照。

10　米中両国は一九九八年一月に、「軍事海洋安全強化のための協議機構設立に関する米国防省と中国国防部の協定」に正式に調印した。そして二〇一四年四月、中国山東省青島で開かれた日米中など二一カ国の海軍高官が参加する西太平洋海軍シンポジウムで、海上で他国の艦船と予期せず遭遇した場合の行動規範を定めた「海上衝突回避規範（ＣＵＥＳ）」に共同で調印した。同年一一月、中国海軍の護衛艦「運城」、補給艦「巣湖」と米国のミサイル駆逐艦「スタレット」はアデン湾で、ＣＵＥＳの運用に関する共同訓練も行った。

2 「敵」はこうして作られる
――尖閣に見る中国脅威論の捏造

岡田　充

尖閣諸島（中国名：釣魚島）三島の「国有化」から二〇一七年九月で丸五年が経った。領土問題は日中両国のトゲとして突き刺さり、日中関係は国交正常化以来最悪の状況が続いている。日本人の中国への印象は「良くない」がここ数年、九割を超える。「言論NPO」世論調査によると、その理由は「日本領海を侵犯」（六四％）「国際社会での強引な姿勢」（五一％）が一、二位を占めた。軍事予算を毎年二ケタ増やして空母を保有、尖閣諸島の領海に侵入する――。こうしたニュースに毎日接すれば「脅威感」はいやでも増幅する。安倍政権は、国民に浸透した「中国脅威論」を追い風に、集団的自衛権の行使を認める安保法制を急ぎ、改憲への道筋を描く。隣国への感情や認識を形成するベースはメディア報道である。我々が抱く隣国の「脅威」は実相を反映しているのだろうか。尖閣報道を例にそれを検証したい。

一　漁船衝突事件の実相

ネットメディア『ビジネスインサイダー』に、日本で広がる「柔らかなナショナリズム」に関する文章[1]を書いたところ、一読者がツイッターで次のように書いた。

「日本人が良くも悪くもナショナリズムを意識し始めたのは、二〇一〇年から。中国船が、尖閣諸島で海上保安庁に対し体当りの攻撃をしかけ、その映像が流出したことがきっかけ。中国からの軍事侵攻をリアルに感じたとき、国防に意識が行くのは当然だろう」

「二〇一〇年から」というのは、同年九月に尖閣諸島で起きた中国漁船衝突事件のことを指す。事件を契機に「中国に親しみを感じる」が、内閣府の世論調査（図1）でも、三八%から二〇%まで急落したことを考える

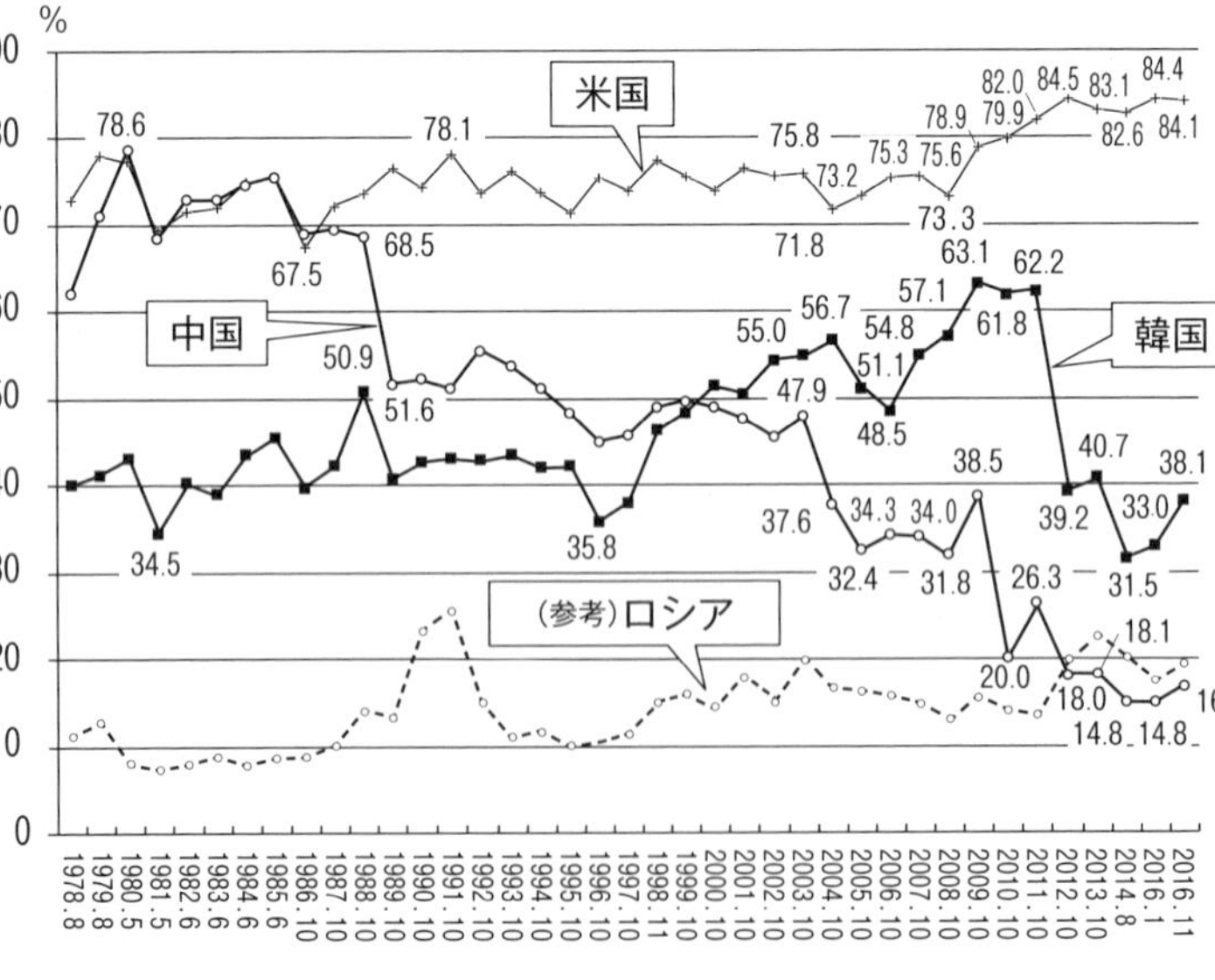

（注）各国に対して「親しみを感じる」と「どちらかというと親しみを感じる」の合計である。
（資料）内閣府「外交に関する世論調査」

図1　米中韓の諸国に対して親しみを感じる人の割合の推移

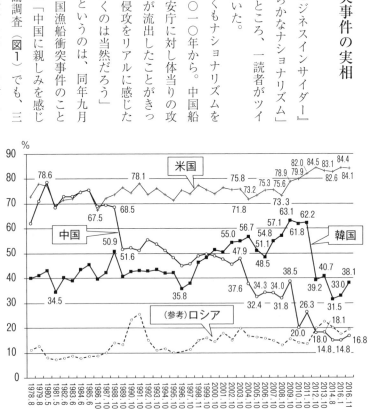

と、「中国脅威論」を議論する上で、事件と報道の検証は不可欠だ。この事件がなければ、おそらく二〇一二年の「国有化」もなかったし、日中関係が国交正常化以来最悪の状態に陥ることもなかったはずだ。

結論から言えば、事件は「泥酔船長による暴走」という偶発事件だった。筆者は事件直後、複数の日本政府関係者からそれを確認したが、政府も最初から偶発事件という認識を持っていた。にもかかわらず、それを公表しなかった結果、「漁船はスパイ船」などの誤報が独り歩きし、ひいては「中国は尖閣を奪おうとしている」という脅威論につながるのである。

漁船衝突事件が発生した九月七日から、船長釈放（二四日）に至る過程を振り返る。主として共同通信の報道を基にした。

海上保安庁の発表によると、尖閣諸島久場島（黄尾嶼）の領海付近で、巡視船「よなくに」が中国福建省のトロール漁船「閩晋漁五一七九」を発見したのは同日午前一〇時ごろ。退去を命令すると、「よなくに」の船尾に接触し逃走。さらに巡視船「みずき」が停船命令を出したが、無視して逃げ続け一一時前「みずき」の右舷に体当りした。巡視船が日本の排他的経済水域（ＥＥＺ）内で漁船を停船させ、船長と船員を拘束したのは午後一時前。船長に刑法の公務執行妨害の逮捕状を執行したのは、翌八日の午前二時過ぎで、拘束から一三時間後だった。

中国の強硬対応

両国の外交対応を振り返る。外務省アジア大洋州局長は八日、程永華中国大使に電話で抗議した。石垣簡裁は一〇日、船長の一〇日間の拘置延長を認めた。これに対し中国の楊潔篪外交部長は丹羽宇一郎大使を呼び、船長釈放と漁船返還を要求した。さらに中国は一一日、東シナ海ガス田の条約締結交渉延期を発表した。一八日は満州事変（柳条湖事件）七九周年にあたり北京、上海で抗議デモが行われた。那覇地検が一九日、船長の一〇日間の拘置再延長を決定すると、中国外交部は「強烈な対抗措置」として①閣僚級以上の交流と航空機増便交渉の停止②石炭関係会議の延期③民間のイベント中止・延期――を発表。温家宝首相は二一日、ニューヨークで日本の対応次第で「さらなる行動」と警告する。二三日には中国から日本へのレアアース（希土類）輸出停滞が発覚。河北省石家荘では軍事管理区域に侵入したとして、建設会社「フジタ」の日本人社員ら四人が拘束されたことが判明した。

なぜ中国はこれほど強硬な対応をとったのか、論点を絞る。（一）船長の逮捕・送検という処理は、外交の「前例」を踏襲したのかどうか。中国側が日本の対応に意外感を抱き、強硬な対抗措置を引き出したのではないか（二）漁船の体当りは意図的かそれとも偶発的か――の二点である。

前例無視の司法処理

船長逮捕・送検については、当時の民主党、菅直人政権内に当初から「戸惑い」があった。七日、処理を話し合うため夕と夜の二回、国土、外務、法務など関係省庁会議が開かれた。前原誠司・国土交通相は「悪質。（逮捕の）意見を海上保安庁に伝えた」と述べる。当時ベルリン出張中の岡田克也外相は、「わが国の領海内の出来事。法に基づいて粛々と対応していく」と説明した。『毎日新聞』によれば、岡田は民主党幹事長就任後の九月二九日、事件を振り返って「当初この問題が起きた時、私も小泉政権の時のやり方が頭の中に浮かんだ」と述べた。

小泉のやり方とは何か。二〇〇四年三月二四日、尖閣諸島に上陸した七人の中国人活動家を日本側が「入管難民法」で拘束した際の処理のことである。小泉首相は七人を送検せず、二日後に中国に強制送還するのだ。小泉は釈放時の記者会見で「日中関係に悪影響を与えないように大局的に判断した」と述べ、送還が「政治判断」だったことを率直に認めるのである。

岡田は「事を荒立てないなら、そういうやり方もあっただろう」と、『毎日』に語っている。また仙谷官房長官も七日夜の関係省庁協議でビデオを見た後「発生場所は中国が領有権を主張する尖閣諸島周辺。『逮捕するのか。日中関係に影響が出るなあ』とも漏らした」（共同通信）という。公務執行妨害による逮捕に対し、岡田が（強制送還という）やり方もあったと語ったことは、菅政権が外交「前例」を認識していたことの傍証である。

『共同』は二〇〇四年事件の際、「政府は数年前に魚釣島に中国人が上陸したケースを想定し『対処マニュアル』を作成。マニュアルには原則として、刑事手続きに乗せずに速やかに強制送還する、つまり起訴しないという趣旨の内容が書かれているという」と報じた。

事件が起きたのは、菅と小沢一郎による民主党代表選挙の最中だった。一四日は民主党代表選挙で菅が勝利、一七日には内閣改造が行われた。菅をはじめ民主党首脳は連日、選挙運動に忙殺されていた。特に一九日の拘留延長の節目に、菅内閣が対中関係を考え政治判断をきちんとしたかどうかはポイントの一つだ。これが日中双方の不信感を増幅し、ねじれを決定的にしたのだと思う。

当時中国大使をしていた丹羽宇一郎氏は二〇一七年九月、筆者の取材に次のように証言した。

「小泉さんの時のように、すぐ釈放すればよかったんですよ。だって相手は酔っ払いなんだから。でも当時の民主党政権は政治判断できなかった。党代表選挙の最中だったから。代表選が終わって〔菅政権は〕ようやく日中関係を考え「何が何でも釈放しろ」ということになった。民主党は外交に疎い全くのド素人の集団だから、島の問題なんてシリアスに考えていなかったんですよ。野田さんの国有化だって、中国側にしてみれば胡錦涛の顔に泥を塗った。こんなことは中国共産党史上初めてのことです」

当時の政府高官は「あの時は、海上保安庁が存在を誇示しようとしているように感じた」と証言していた。海保の〝点数稼ぎ〟が背景にあるともとれる発言である。同時に、中国に厳しい目を向けるメディア論調に、「弱腰」ととられたくない民主党政権が、前原ら対中強硬派の主張に押し切られたというのが筆者の見立てである。

「不作為」の責任は重い

首相官邸が「真剣」に対応し始めたのは、「対抗措置」を予告した二一日の温演説の後からだった。国連総会出席のためニューヨーク入りする菅が「何でもたついているんだ」との態度をあらわにした〔毎日〕。仙谷の発言トーンもこのころから変化する。二二日の記者会見で、事態打開に向け「あらゆる可能性を追求する」と、それまでの「日本の司法手続きに従い粛々と対応する」という姿勢を変え、初めて外交の土俵で交渉する姿勢に転換した。

仙谷は同日、外務省中国課長を那覇地検に急派。そして那覇地検は二四日、突然船長の処分保留と釈放を発表した。処分保留の理由は「わが国国民への影響と今後の日中関係を考えると、これ以上身柄を拘束して捜査を続けることは相当ではない」。処分理由に「日中関係を考えると」という〝政治判断〟を入れたのは、検察が官邸の「司法介入」に不快感を抱き、それが分かるよう表現したのであろう。

この経過から言えるのは次の二点である。

・菅内閣が二〇〇四年の上陸事件の前例を踏襲せず、代表選挙に傾注して政治・外交判断を放棄したことが、日中双方の不信感を増幅し中国側の強硬姿勢を招いた。

・当初は「粛々と対応する」としていた政府が、結局は「司法介入」し船長を釈放させた。ちぐはぐな対応は結局「中国の圧力に屈した弱腰」を印象づけた。

特に石原慎太郎都知事ら対中強硬派は反発を強めた。石原はこの二年後の一二年四月、米ヘリテージ財団での講演で、東京都による尖閣購入宣言をした。彼は「本当は国が買い上げればいい」と、国有化が筋と述べていた。野田政権は、結果的に石原挑発のワナにはまり「国有化」に道を開くのである。

泥酔暴走船長の「偶発的な事故」

しかし最も重要な論点は、巡視船に衝突した中国船の意図である。繰り返すが、外務省も海上保安庁も船長が拘束当時泥酔状態だったことを認識していた。結論から言えば、酔っぱらい船長による暴走行為という「単純な偶発事件」だったのである。「悪質」として逮捕を主張した前原元国交相ですら、九月一九日のＮＨＫの日曜討論で「偶発的な事故」と述べている。二〇〇四年事件と比べよう。中国人活動家七人の上陸は「確信犯」である。一方漁船船長の「犯意」は薄く、前原が言うように「悪質」と言えるかどうか疑問符がつく。

ビデオ流出

衝突時のビデオ流出を振り返る。冒頭紹介したツイッター氏も「体当りの攻撃をしかけ、その映像が流出したことがきっかけ。中国からの軍事侵攻をリアルに感じた」と書く。ビデオは一一月四日、「sengoku38」の名前で、動画サイト「ユーチューブ」に投稿・公開（写真）された。毎日のようにテレビで放映されたから、「軍事侵攻をリアルに感じた」印象を抱く人は少なからずいたかもしれない。ビデオを流出させたのは海上保安官で、守秘義務違反容疑で書類送検された上、懲戒処分を受けて依願退職した。

ビデオについて、中国外務省スポークスマンは「日本の巡視船が妨害行為を行って漁船を追い込み、回り込んで衝突に導いた」と反論した。つまり「当たるように巡視船が仕組んだ」とみるのである。映画監督の森達也氏は自著[2]の中で「映像は、明らかに反中国の世相を加速し熱狂させた。ただしあの映像は、海上保安庁の巡視艇の側から撮られている。もしも漁船の側から撮られた映像を見たのなら、また違う印象が絶対にあるはずだ」と書く。

確かに映像を見ると「みずき」が漁船の行く手を阻み、「衝突に導いた」ようにも見える。当時の政府高官の「海上保安庁が存在を誇示しようとしているように感じた」という証言も思い出すが、「水掛け論」になるから立ち入らない。

「ユーチューブ」に投稿・公開された
漁船の衝突時のビデオ

「スパイ船」「工作船」報道

中国船の意図について日本メディアはどう報じたか。三例を挙げる。第一は同年九月三〇日付けの『週刊文春』。「中国衝突漁船は『スパイ船』だった！」（下）というタイトルの「スクープ」。記事は「日本巡視船に『仕組まれた突撃』。船員たちの『自供』は中国大使館員の面会で一変した」などの中見出しを付け「スパイ船」だったと断定するのである。

第二。『日刊ゲンダイ』（二〇一〇年一〇月一日付け）は「中国漁船、実は『工作船』だった？」とする春名幹男氏のコラムを掲載した。コラムは「この船は特殊な任務を帯びて領海内で意図的に巡視船に衝突したのではないか。日本側が毅然と公務執行妨害で船長を逮捕、拘留すると、中国側は計算したかのように事態を段階的に深刻化させた」と書く。「特殊な任務」とはどのような任務なのか、また船がなぜ「意図的に衝突した」のか、その理由と根拠は明らかにされないまま、主観的観測をおどろおどろしく描写している。

そして第三は『産経新聞』（九月一七日付電子版）。同紙ワシントン電で「米政府は事件は偶発的なものではなく、中国政府黙認の下で起きた『組織的な事件』との見方を強め、中国の動向を警戒している」と書いた。記事は「米政府は、中国政府部内で尖閣諸島の実効支配が機関決定された可能性があり、『漁船を隠れみのに軍と一体となって、この方針を行動に移している』（日米関係筋）との見方を強めている」と結ぶ。

『週刊文春』2004年9月30日付広告

この見方をしているのは「米政府」なのか、それとも「日米関係筋」なのか、曖昧な欠陥記事である。「中国政府が実効支配を機関決定した」というなら、その後も中国公船は常時「領海侵犯」し続けなければならないが、二〇一二年九月の国有化までそんな動きはない。これは「ためにする記事」の典型だ。

繰り返すが、日本政府は「泥酔船長の暴走という偶発事件」だったことを当初から認識していた。にもかかわらず、それを公表しなかった結果、数多くの誤報が独り歩きし「中国は尖閣を奪おうとしている」との脅威論が作られていったのである。

次の三点を肝に銘じたい。（一）偶発事件なのだから、二〇〇四年の前例を踏まえて強制送還すれば、これほどこじらせることはなかった（二）菅政権が党代表選挙に追われ、政治・外交判断を放棄したことが一因（三）メディアの責任は大きい。今も中国船を「スパイ船」と信じる人は多い。根拠なく「スパイ船」と断定した記者や識者は、自分の原稿に責任を負うべきである。

二　国有化以後

中国は今も「棚上げ」を主張

ところで小泉政権が二〇〇四年事件の時、「日中関係に悪影響を与えないように大局的に判断」して強制送還した理由は何か。それは一九七二年の国交正常化以来、尖閣問題を「棚上げ」することで日中両政府間に「暗黙の了解」があったからである。中国政府が領有権を主張するのは一九七一年一二月。衝突事件後も一、二の例外を除けば、公船を尖閣一二カイリ内に入れなかったのは、日本の実効支配を事実上認めていたからである。

しかしそれは二〇一二年九月一一日の尖閣三島の国有化以降に一変した。中国海警船は定期的に領海や接続水域に入り、退去を求める日本の巡視船と「追いかけゴッコ」を繰り広げている。政府・外務省はそれを「力による現状変更の試み」と形容する。これはなかなか便利な表現だ。中国公船が領海「侵入」することを指すのか、「軍事力で奪おうとしている」ことなのか、その意味は幅広い。メディアの中には、漁船を装った中国軍艦船が「尖閣を奪取する」シナリオをまことしやかに報じる。それを読めば「中国は隙あらば武力で尖閣を奪おうとしている」と受け止めても不思議はない。しかしそれは誤りである。

「侵入」の意図を整理する。

中国外務省は二〇一二年九月一〇日、「国有化」に当たり次のような声明を発表した。「両国の先輩指導者は大局に目を向け、『釣魚島問題をそのままにし、今後の解決に待つ』ことで重要な了解と共通認識〈合意〉に達した。（中略）双方の共通認識と了解事項に立ち返り、交渉によって係争を解決する道に戻るよう強く促す」

つまり「国有化」は棚上げ違反だとして、日本に「棚上げ」に戻るよう主張しているのだ。

中国側は今も「棚上げ」を主張していると書けば、読者は意外感を持つかもしれない。「棚上げというなら公船を入れるのはおかしい」と。「棚上げ」とはなにか。それは、現状をそのままにする「現状凍結」のことである。ポイントは「現状」だ。ある中国外交筋は二〇一三年三月、筆者に対し「棚上げ方針に変更はない。ただし中国船が（日常的に）領海に入るという新たな現状が出発点」と答えた。言い換えれば、尖閣は日本だけが実効支配しているのではない。「日中が共に実効支配」しているのが「新現状」という認識である。「棚上げ」すべき現状は、九月一一日以前と以後では異なるというのだ。日本が、国有化によって実効支配を強化し、広い意味で現状変更したのだから、中国側も実効支配し新たな現状をつくるという「意趣返し」である。石原が掘った〝落とし穴〟にはまった国有化が、いかに高いツケを払うことになったか。

領有権争いに対する中国の基本政策を踏まえておこう。習近平は二〇一三年七月三〇日、中国共産党政治局の学習会で①主権はわが方に属する②領有権争いは棚上げする③共同開発する――の三点を挙げた。中国は依然として領有権争いを「棚上げ」し、交渉によって「共同開発」の実現を求めているのだ。これは鄧小平以来の基本原則であり、尖閣も南シナ海も同様である。

国有化以降、中国の言動に対し日本政府とメディアがどう対応したのか。例として挙げるのは①二〇一三年一月、海上自衛隊の護衛艦が中国艦から射撃用レーダーの照射を受けたとする事件②二〇一三年一一月、中国国防省による東シナ海での防空識別圏（ＡＤＩＺ）設定③尖閣国有化に対する米政府の姿勢④一九八二年当時、鈴木善幸首相が「棚上げ」を認めたことを示す文書――である。中国の好戦性を際立たせようとする政府の発表を、オウム返しに報道するメディア。それが中国の脅威感を増幅していることが分かるはずである。

謎多いレーダー照射事件

防衛省は二〇一三年二月五日、「尖閣周辺」で、自衛隊護衛艦が中国海軍のフリゲート艦から射撃用レーダーの照射を受けたと発表した。「照射を受けた」のは一月三〇日午前で、同一九日にも自衛隊へリコプターが中国海軍フリゲート艦からレーダー照射を受けたという。小野寺防衛相は二月七日の予算委員会で、レーダー照射は「国連憲章上の武力威嚇にあたる」と批判し、防衛省幹部も「模擬攻撃」と中国側を非難した。この発表をメディアは「ロックオンに等しい」「宣戦布告」などの見出しで、中国が危険な行動にでたと報じたのである。「模擬攻撃に当たる危険な行動」と非難する日本側に対し、中国外交部は八日になって「日本の捏造」と反論してきた。国防部も照射したのは「監視用レーダーだった」とし、事実関係をめぐり双方の主張はかみ合わない。日本側発表にも謎は多い。第一に、照射の具体的な状況について一切説明がない。軍事機密に関わる情報も含まれるだろうから、全てを開示せよというのは無理があろう。

だが「尖閣周辺」とされた現場は、翌日になって「尖閣の一八〇キロ北方」と変更された。実際は「尖閣周辺」ではなく、排他的経済水域（EEZ）の日中中間線の「日本側海域」だったのだ。第二は、外務省は防衛省が発表する当日昼まで知らされず、政府内で情報が共有されていないことも明らかになった。さらに数日後には「ミサイルや火器の砲身は向けられていなかった」ことが明らかにされた。情報を小出しにして「危機をあおる」作為を感じる。

ADIZ設定めぐる攻防

中国国防省は二〇一三年一一月二三日、尖閣上空を含む東シナ海空域に防空識別圏（ADIZ）を設定したと発表した。これに対し安倍首相は「尖閣領空が中国の領空であるかのごとき表示で受け入れられない」と中国に撤回を要求。米国も「地域を不安定化させる」「現状を一方的に変更しようとする試み」と反発した。これも中国の拡張主義と「日本を攻めようとしている」という言説の好例である。

防空識別圏は、領空・領海の範囲とは直接の関係はない。防衛上の意味合いが強く一方的に線引きすることができる。ADIZ内に国籍不明機が入れば、スクランブルをかけて迎撃態勢をとる。日本のADIZは朝鮮戦争時に米軍が設定し、沖縄返還が決まった一九六九年に自衛隊に引き渡された（図2）。日本のADIZ（━ ━）は、中国浙江省沖にまで張り出して引かれている。中国側のADIZ（━）も、日中中間線を大きく越えて重複している。中国ADIZは、日中中間線をはさんだ日本のADIZとほぼ同じ面積であり、線引きが日本への〝意趣返し〟であることが分かる。

ところで日中国交正常化の際、当時の防衛庁は中国が尖閣諸島を彼らのＡＤＩＺに含めても「不都合ではない」と答えていた事実はほとんど知られていない。一九七二年当時の防衛当局の認識は全く異なっていたのだ。

一九七二年三月二一日、衆院予算委での楢崎弥之助氏（社会党）の質問を紹介する。楢崎は自衛隊が一九六九年に米ＡＤＩＺをそのまま引き継いだことを取り上げ、その中に尖閣が入っていることが、今後中国との領有権争いのタネになるのではないかと質問した。楢崎は、竹島と北方四島は日本のＡＤＩＺには入っていないから、防衛庁は尖閣を外して線引きする用意はないのかと迫るのである。

これに対し防衛庁の久保卓也防衛局長は次のように答弁した。

「共産圏のＡＤＩＺがわからないのでありますが、極端な例を申しますれば、わがほうのＡＤＩＺと共産圏側のＡＤＩＺが交錯をしている、たとえば尖閣列島を互いに取り込ん

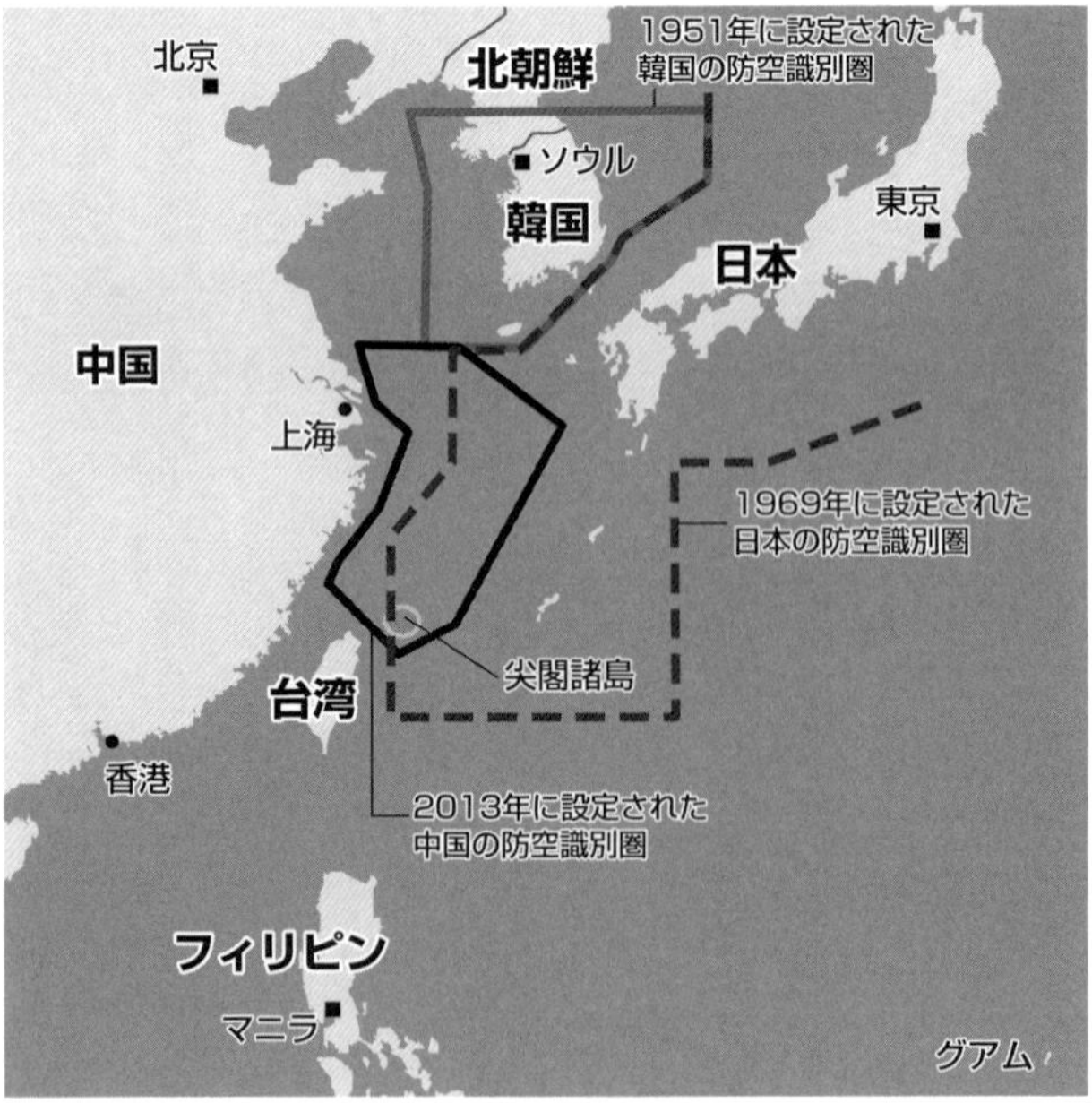

図２　日中韓の防空識別圏

であるということでも、格別それが不都合ということにはならないというふうに私は思います」

当時、日本側が空域防衛対象としていたのはソ連。旧式の戦闘機しかなかった中国空軍力などは「問題にならない」と考えていたことが分かる。しかしこの四五年間に自衛隊がスクランブル発進する頻度が一番高いのは中国機に変わった。問題は、安倍が「尖閣領空が中国の領空であるかのごとき表示」と述べた点。日本のＡＤＩＺが日中中間線を超え、中国側ＥＥＺ上空に引かれている現状を無視していることは認識しておくべきだろう。

国有化に反対した米国政府

尖閣報道は、メディア・リテラシー（media literacy）＝情報を批判的に読み解く能力が試される格好の例でもある。例えば、国有化に対し米政府はいったいどんな立場だったのか。

二〇一二年一〇月三一日付けの『朝日新聞』は「尖閣国有化、米反対せず」という見出しで、佐々江賢一郎・駐米大使（元外務省事務次官）のインタビュー記事を掲載した。この中で佐々江は「米政府は、日本政府が（国有化の）可能性を探求していることを知らされていた。反対しなかった。日本が決めることだという立場だった」と証言している。

ところが翌二〇一三年四月一〇日、共同通信はオバマ政権時代の国務次官補カート・キャンベル（アジア太平洋安全保障担当）とのインタビュー記事を「尖閣国有化に反対」の見出しで配信した。キャンベルは「日本政府の尖閣諸島の国有化に先立ち、中国が強く反発し、危機を引き起こす恐れがあるとして、日本政府に国有化に反対する立場を伝えていた」と述べている。記事は「キャンベル氏は、中国の理解を得られたとの認識の下で日本側は購入に踏み切ったが、その認識は誤っていると米側は考えていたとも述べた。～中略～（米政府は）国有化の前から日本側の見通しの甘さに不満を持っていた可能性もある」と書く。キャンベルは来日の度に佐々江と会っているはずだ。

いったいどちらの証言に信憑性があるだろう。一目瞭然だ。

鈴木首相も認めた「棚上げ」

「棚上げ」については、二〇一〇年に菅直人内閣が「領有権の問題はそもそも存在しない」と閣議決定し、漁船衝突事件でも前原誠司外相が「棚上げ論について中国側と合意した事実はない」と国会で答弁した。これが日本政府の公式見解だ。しかし、政府・自民党もメディアも「棚上げ」で暗黙の了解をしていた認識を持っていたことを裏付ける公文書が見つかったのだ。

共同通信は二〇一四年一二月三〇日のロンドン電で、サッチャー英首相は一九八二年九月に来日した際、鈴木善幸首相が首脳会談で、「尖閣諸島問題は事実上棚上げされた」と発言していたと伝えた。英公文書館の機密解除が端緒。首脳会談は一九八二年九月二〇日に行われた。サッチャーはこの後中国を訪問し、香港返還交渉を鄧小平とする予定だった。そこで英国は、日中の懸案の尖閣問題で双方がどのような対応をしたのかを鈴木首相から聞き出そうとしたのである。鄧小平会談の参考にしたかったのだろう。英公文書によると、鈴木ははっきりと「事実上棚上げされた」と話し、「鄧小平は素晴らしい指

尖閣「現状維持の合意」
82年日英首脳会談　鈴木首相が明かす
「暗黙の了解」裏付け

『琉球新報』2014年12月31日付

導者だから、心を開いて話しあったらいい」とサッチャーにアドバイスした。

この報道の後、メディアと研究者は日本外務省に文書の確認と開示を求めたが、外務省は応じなかった。自信があるなら開示すればいい。しかし鈴木の「棚上げ」発言を裏付ける文書を公開すれば、棚上げ否定の公式見解が崩れてしまう。都合の悪い文章は徹底して秘匿する。いつの時代も変わらぬ権力の自己防衛体質だ。

三　体制翼賛化するメディア

今も昔も戦意煽るメディア

尖閣問題をめぐる日中対立とその報道の内容を検証してきた。中国という「敵」が、いかにして作られていったかをみる思いがする。政府発表とそれをオウム返しに伝える報道を信じれば「中国からの軍事侵攻をリアルに感じ~中略~国防に意識が行く」という情緒は、次第に醸成されていく。

丹羽宇一郎氏は近著で[3]、「戦争とマスメディアの責任」を取り上げ、「(日中戦争時に)戦意を煽る新聞の報道によって好戦的な世論が形成され、世論の後押しで軍は予算と権力を拡大していった」とし「今日の『尖閣』をみれば、その傾向は変わっていない」と論じた。さらに「国民は、日本人に限らず、概して外国からの圧力や外国との対立に激しやすい。敵愾心や戦意を煽るのは、平和・友好を説くよりもずっと簡単で、国民の支持を得やすい」と、戦争の危険を繰り返しかねない現状に警鐘を鳴らしている。丹羽はメディアの「体制翼賛化」状況についても、「反中嫌韓」を編集方針にしているメディアが多いのは「売れるからそうしている」とし、「親中好韓」が売れるなら「編集方針を切り替えるメディアは多いだろう」と書く。

固有の領土などない

繰り返すが尖閣諸島について政府の公式見解は「歴史上も国際法上も日本固有の領土であることに疑いはなく、話し合いによる解決の必要はない」。だから「領土問題は存在しない」という立場だ。今年度から小中学校社会科の新学習指導要領に、「竹島（島根県隠岐の島町）と尖閣諸島（沖縄県石垣市）」を「我が国固有の領土」と明記することになった。「固有の領土」とは何か。『広辞苑』には「もとより」「自然に」とある。「尖閣諸島はもとより、自然に日本領土」なのだろうか。日清戦争の勝利が明らかになった一八九五年一月に明治政府が閣議決定で沖縄に編入するまでは、「無主地」だったというのが明治政府の論理だったはずだ。それを「もとより」「自然に」と言えるのだろうか。さらに国際法には「固有の領土」という言葉はない。これは覚えておいた方がいい。

しかし小学校から「固有の領土」と教えられれば、「尖閣諸島や竹島、北方四島はもとより、自然に日本の領土のはずだ」という固定観念から自由になれない。中国、韓国の主張は「日本の国益に反する」からどうでもいいということになる。そんな状況の下で「我が国固有の領土を奪われてもいいのか。国益が失われてもいいのか」と問われると、「それはちょっと困る……」と多くの人は反応するだろう。これは反射的な反応であり、歴史的経緯や国際法上の根拠に基づく答えではない。「国益だから守らねばならない」ということだ。ここから思考停止の「領土ナショナリズム」が生まれる。

地図に書かれた「領土」は、曖昧な概念である国家と自分を一体化させ「可視化」させる効果がある。領土を侵害されると、あたかも自分の身が引き裂かれるような気持ちになってしまう。「領土ナショナリズムの魔力」に縛られるのだ。

「国益」絡むと翼賛化

メディアもその魔力から自由ではない。「国益」が絡むとその守護者になり、体制翼賛化するのだ。こう書けば、「八〇年前の軍国主義時代の話。民主主義の現在ではあり得ない」という反論が聞こえそうだ。だが実際は現在進行形である。中国や韓国、北朝鮮問題になると、大手メディアは政府の主張を「国益」と認識して報道する。尖閣もそうだし、慰安婦問題をめぐる韓国との対立もそうだ。

メディアの役割で最も重要なのは「権力の監視」である。しかし「国益」とされた途端、メディアは弱い体質を露呈する。上下関係の秩序が明確な「タテ型社会」の中で醸成された意識から逃れられないのだ。なぜそれを「国益」とするのかを検証しなければ、政府や権力の言うがまま事が運び、隣国をいつの間にか「敵」にする世論が出来上がる。「政府の主張＝国益＝正義」という思考のサイクルこそ、「体制翼賛報道」を生んでいく。八〇年前のことではない。いままさに進んでいる事態だ。

尖閣問題でもう一つ例を挙げる。漁船衝突事件が起きるまで、日本の新聞は共同通信を含めて「尖閣諸島（中国名・釣魚島）」と記載していた。ところがあの事件以降は「カッコ」を取っ払って「沖縄県の尖閣諸島」や「沖縄県石垣市の尖閣諸島」などと書き始めている。外務省の「お達し」や新聞協会の「申し合わせ」があったわけではない。自己規制でそうしたようだ。

中国名を表記したのは、領土問題が存在していることが分かるような「相対的姿勢」の表れだった。しかしそれを「絶対表記」に替えたのは、「領土問題は存在しない」という政府・外務省の公的立場を「忖度」したからだろう。「体制翼賛化」というと、戦前の軍国主義の暗いイメージから「権力の圧力」にメディアが屈した結果と考えがちだ。確かにここ数年、安倍政権によるメディアへの圧力は強まる傾向があるのは確かだし、その圧力の下でメディア側が委縮しているのも事実である。

だが「国益」に関して言えば、上からの圧力というより「同調圧力」でメディアが自己規制している側面がある。多くの記者は中国や韓国、北朝鮮問題になると、これらの国に批判的な要素を原稿に入れないと記事が通らないと考えている。メディアにはテーマ設定権がある。設定権を権力に奪われると、権力からの独立性を維持できない。しかしいったん「国益」が絡むと、設定権を政府に握られてしまう。政府が設定したテーマの正当性を疑わず、自縄自縛の報道を重ねて体制翼賛化する。

「国益」が絡む報道は必ずその真偽を疑うべきだ。「敵」の声と論理に耳を傾けよう。そうしなければメディア・リテラシーなどお題目に過ぎなくなる。

【注】

1　「なぜ『日本人』にこだわるのか――柔らかな内向きナショナリズム『日本ボメ』の解剖」https://www.businessinsider.jp/post-33644

2　『「自分の子どもが殺されても同じことが言えるのか」と叫ぶ人に訊きたい』ダイヤモンド社、二〇一三年八月。

3　『戦争の大問題　それでも戦争を選ぶのか』東洋経済新報社、二〇一七年八月。

3

中国脅威論で自縄自縛に陥った日本
――アベノミクスの破産が疑心暗鬼を生む

矢吹　晋

一　日本経済の沈没と中国脅威論

日本社会を覆う中国脅威論はなぜ生まれ、人々がどのように感染させられたのかを考えてみたい。中国脅威論の源流として一九世紀末の黄禍論まで遡ることもできようが、ここでは二〇一二年の尖閣国有化騒動から話を始めたい。日中国交正常化四〇年目に発生したこの問題を危惧しつつ、関係悪化への足どりを筆者は追跡してきた[1]。正直なところ、これほどの日中関係悪化は筆者の予想を超える事態であった。尖閣の国有化騒動の直接的契機は、国連海洋法が参加各国に対して領海線引きの提案を求め、隣り合う国々と協議を行うよう二〇〇九年という期限を設けていたことだ。たとえばベトナムとマレーシアは、二国間協定を早々と結び、同年五月に両国合同で「当該領海を除く他の領海」について提案している[2]。海洋法の定めに基づく「領海線引き」の目的とは、そもそも海洋の平和を目指すものにほかならない。しかしながら、この「海洋の平和」のための「領海線引き」問題が各国のナショナリズムを煽り立てて、紛争を激化させている。その背景には、勃興する中国経済と沈没する日本経済の拮抗が日本社会にもたらした時代閉塞感がある。

日本経済はバブルがはじけて以後、四半世紀余り、年率平均で一％に満たない足踏み状態を続けてきた。この間、中国経済は二桁成長を維持し、近年は六～七％の「新常態」に落ち着いたものの、先進国の超安定成長と比べるならば、中位・高度成長を続けて今日に至る。中国経済が日本を追い抜いて世界第二位に躍進したのは、二〇一〇年である。これを報じた『ウォールストリート・ジャーナル』（二〇一一年二月一四日付）[3]を引用したい。「中国は二〇一〇年、日本を抜いて世界二位の経済大国に躍り出た。この歴史的な逆転を受け、アジアの二大国である両国にさまざまな感情が渦巻いている。低迷の長引く日本では内省的なあきらめムードが漂う一方、上昇中の中国は誇りに感じながらも新たな責任を背負わされかねないと警戒している」「日本の二〇一〇年のＧＤＰは約五兆四七〇〇億ドルと、中国が発表した五兆八八〇〇億ドルを約七％下回った」「両国のＧＤＰは米国に比べると依然かなり小さい。日中合わせても、米国の一四兆六六〇〇億ドルに及ばない」。このＷＳＪ記事は、二〇一〇年に中国経済が日本経済を追い抜いた事実を指摘しながら、二つの経済の合計は、一一兆三五〇〇億ドルであり、「米国の一四兆六六〇〇億ドルに及ばない」と余裕を見せていた。この時点では、リーマン危機の傷跡がまだ十分に折り込まれていないことが事後に明らかになる。世界銀行が二〇一四年四月二九日に発表した「国際比較プログラムInternational Comparison Program, CP」[4]によると、購買力平価ベースで二〇一四年末の中国ＧＤＰは一六兆七三五〇億ドル、米国のＧＤＰは一六兆六七八〇億ドルと推計され、中国が五七〇〇億ドル上回った[5]。二〇一〇年時点では、中国ＧＤＰは米国の半分にも及ばなかったが、二〇一四年には米国を上回ったと、事実上米国が管理する世界銀行が保証した形である。その要因は二つ挙げられる。一つは、ソ連解体以後、一人勝ちを誇った「驕るアメリカ」が暴走して、リーマン恐慌という一九二九年の世界恐慌に匹敵するほどの経済危機を招いたことである。もう一つは、このような大きな危機にもかかわらず、中国経済は「四兆元財政出動」という機敏な対応により、経済成長を堅持し、二桁成長を堅持したことだ（ただし、その後まもなく「新常態」の中位成長段階に転型した）。こうして中国経済は量的にはいまや米国を抜いて世界一の経済規模を誇る。中国経済の勃興、躍進は明らかだ。そのカゲで、日本経済の「衰退、沈没」は確実に進行した。たとえば国連貿易開発会議（UNCTAD）が二〇一七年六月に発表した「世界投資報告（二〇一七）」[6]によると、日米中の「対内投資残高の推移」は下の**表1**のごとくである。二〇世紀中、日本は六・七％のシェアを保持したが、昨年は一％に満たない落ち込みぶりだ。代わって勃興する中国は、かつての日本のシェアに迫り、いまや五％を超える。米国は三七・二％から二三・九％に一三ポイント落ちた。

この表1ほど直截に、いわゆる「アベノミクスの失敗」を端的に物語る数字はあるまい。日本企業は内部留保を大量に抱えながら、投資をためらい、無為無策に陥って久しい。こうして新規雇用は生まれず、若者は低賃金の非正規雇用しか得られず、結婚もままならない。人口減少に歯止めはかからない。日本

表1　日米中の対内投資残高の推移

（単位、億ドル）

国	2000年末	2010年末	2016年末
日　本（沈没）	503（0.67％）	2,149（1.1％）	1,867（0.7％）
中　国（勃興）	1,933（2.6％）	5,878（2.9％）	13,544（5.1％）
アメリカ（衰退）	27,832（37.2％）	34,223（16.9％） リーマン後遺症	63,913（23.9％）
世　界　計	74,896（100％）	202,449（100％）	267,283（100％）

資料：UNCTAD、2017年6月「世界投資報告2017年」

経済の沈没ぶりはまことに驚くべきものがある。世界の国内投資の順位を見ると、①アメリカ、②イギリス、③中国、④香港、⑤オランダ、⑥シンガポール、⑦ブラジル、⑧オーストラリア、⑨インド、⑩ロシア、と続き、日本は二〇位にさえ入っていない。表1は国連貿易開発会議創設以来の「累計残高」なので、二〇一六年末に世界の〇・七％を占めたが、二〇一六年について単年度で見ると、日本の国内投資は一一四億ドルに過ぎず、アンゴラの一四四億ドル以下なのだ。ここにはかつて世界二位を誇った「驕る日本」の痛ましい残骸しか見られない。とはいえ、対外投資を見ると、かつての残影がまだ残り、①アメリカ二九九〇億ドル、②中国一八三一億ドル、③オランダ一七三七億ドルについで、④日本は一四五二億ドルを占めている。ここから明らかなように、日本は対外投資の累計残高においても、すでに中国に追い抜かれ、日中それぞれの対国内投資に至っては比較できないほどに、その差はますます拡大しつつある。「勃興する中国」と、「衰退するアメリカ」との狭間で、日本はひたすら「沈没」の一途をたどる。

むろん経済成長がすべてだ、などというつもりはない。成熟した経済が低成長期を迎えるのはよくあるケースだ。しかしながら、日本の落ち込みぶりは尋常ではない。対内投資が世界二〇位以下というのは、どこからみても異様であり、このような経済の「時代閉塞状況」のもとで、日本国民が鬱屈した不透明感、憂鬱感にとらわれているのは、故無きことではない。日本を覆うこの種の挫折感とはウラハラに中国経済の躍進はとどまるところを知らない。ここから自らへの劣等感と他者への羨望、嫉妬の念がないまぜになり、複雑な感情に日本国民は悩まされている。このコンプレックスを悪用し、劣情を煽るメカニズム装置こそが中国脅威論にほかならない。漠然とした不安感に、あたかもそれが実体であるかのごとき仮象を与えたものが領土・領海に関わるナショナリズム感情だ。一つは尖閣騒動であり、もう一つは南シナ海領土紛争に便乗した、いわゆる「航行の自由作戦」への付和雷同である。尖閣は無人の岩にすぎないとしても、尖閣で一歩譲れば、次は沖縄を奪われると外務省高官が真顔で語る幽霊話に人々は、取り憑かれた。

二　南シナ海バトルと日本——尖閣の遺恨を南シナ海で晴らす日中両国

二〇一二年に行われた大陸棚限界委員会の対日勧告[7]においては、日本政府の立場を忖度した婉曲な勧告にとどめられた。勧告の文言を読むと、沖ノ鳥島二〇〇カイリ申請に対する勧告を「先送り」した。しかしながらその四年後、二〇一六年七月のハーグ仲裁判決[8]は、対日勧告書（二〇一二年）で用いられた「中国（韓国）の口上書」（Note Ver bale）[9]を繰り返し引用することによって、「沖ノ鳥島がイワにすぎない」とする中韓の主張を肯定した。判決は、中国による「沖ノ鳥島埋め立てに関わる対日批判」を逆用して、中国による「南シナ海における七つの人工島建設を批判」した。これは仲裁担当判事五名の全員一致の見解であり、ここで示された島の定義に関わる狭義解釈が判例として定着することは確実であろう。改めて指摘するまでもなく日本政府は、「中国の海洋進出に対抗するため」と称して、沖ノ鳥島を安全保障上の要衝と位置付け重視してきた。ところが、国連の大陸棚限界委員会は二〇一二年、四国海盆海域などについて二〇〇カイリを超えて最大三五〇カイリまで認める大陸棚延伸の権利を認める勧告を採択するに際して、「沖ノ鳥島は『島』ではなく『岩』だ」とする中国や韓国の異議申し立てを容れて、日本の申請を事実上「却下した」。日本政府は勧告書の文字面を捕らえて「先送り」を強調しているが、客観的にみれば、中国や韓国のイワ論が限界委員会で勝利したことは明らかだ。中国や韓国による沖ノ鳥島＝イワ論は、二〇一六年判決で裏書きされた形であり、沖ノ鳥島が島と認められる可能性はいまや皆無だ。日本の大手メディアや権力に媚を売る御用教授、評論家たちは、この勧告書と判決内容について真実を語らないので、国民には真相は分からない。

日華平和条約第二条で放棄した南沙諸島、西沙諸島の帰属先はどこか。日本の敗戦に伴い、一九五二年に結ばれた日華平和条約第二条には「日本国は、一九五一年九月八日にアメリカ合衆国のサンフランシスコ市で署名された日本国との平和条約第二条に基づき、台湾及び澎湖諸島並びに新南群島及び西沙群島に対するすべての権利、権原および請求権を放棄したことが承認される[10]」と書かれている。西沙群島とは、現在も使われている地名なのでこれがパラセル群島を指すことは、容易に分かる。だが「新南群島」とは何かを答えられる人は少ないかもしれない。これは第二条の英訳を見ると、一目瞭然だ。いまでは死語と化した「新南群島」とは、実はスプラトリー諸島に対して近衛内閣が一九三八年に命名した島嶼名なのだ。この条約は、日本が中国大陸を支配する中国共産党との間に結んだ条約ではなく、内戦に敗れた中国国民党の蔣介石政権と結んだ条約だ。北京当局は自ら結んだものではなく、政敵の結んだ条約であるために、この条約に直接言及することを避けてきた経緯がある。「中国は日本に違法に占領された南沙、西沙両諸島を法に基づき奪い返し、主権を回復した」と語る外相王毅の言は、スプラトリー問題もまた帝国主義日本の敗戦処理と深く関わる史実を忘れたかのごとき態度で扱う日本政府へのいらだちを秘めている。これはいわゆる歴史認識というよりは、戦後史における史実無視の一コマである。中国の海洋進出政策について、内外に大きな誤解がある。曰く、中国は人口大国ではあるが、資源小国だ。一人当たりで見ると、資源の小さなことは誰の目にも分かる。これから経済成長を続けていくためには、資源の確保がきわめて重要だ。そのためには、軍事力の拡大が不可欠である。中国は天安門事件以来、軍事予算を毎年経済成長を上回るスピードで増やしてきた。いまや中国は軍事国家であり、その軍事力を活用して、世界中の資源を「爆食」している。このような中国の行動を容認することは、ヒトラーの膨張主義に寛容であった英チェンバレン首相の宥和政策の愚行を繰り返すことになる。対ナチス宥和政策の失敗を活かして、日本は中国の活動を「封じ込める」ために、米国とともに努力すべきである、云々。この種の封じ込め論の旗手が首相安倍晋三である。安倍は首相就任以来、「価値観外交」「地球儀を俯瞰する外交」等々のキャッチフレーズを繰り返し、それが日本の主流メディアの紙面に踊る。「価値観外交」なるイデオロギーから透けて浮かぶのは、「中国封じ込め」の一語である。

二〇〇三年、中国政府は日本の沖ノ鳥島周辺への排他的経済水域の設定に異議を唱え、以後この異議を国連大陸棚限界委に対する中国政府の口上書において繰り返した。二〇〇八年一一月一二日、日本政府は大陸棚限界委員会に沖ノ鳥島を基点とする海域等の大陸棚延伸を申請した。翌二〇〇九年五月一二日、中国および韓国も大陸棚延伸をそれぞれ申請した。その後、日本政府は沖ノ鳥島を基点とする二〇〇カイリおよび大陸棚延伸をより具体的なデータに基づき補足申請した。これに対して中国・韓国は、日本の申請に異議を唱える口上書を同委員会に提出し、委員会の場で日中韓三カ国による「口上書合戦」が展開され、東アジア世界の相互不信の悪循環が広く世界の知るところとなった。日本が「沖ノ鳥島は島である」とする認識に基づき、①排他的経済水域および②大陸棚延伸を申請したのに対して、中韓両国は「沖ノ鳥島は岩にすぎない以上、排他的経済水域および大陸棚延伸をもつ資格なし」と繰り返し異議を申し立てた。この異議申し立てに対して、日本は中韓に反論して、「沖ノ鳥島周辺で日本と領海を接するのはパラオ共和国とミクロネシア連邦（米国）である。中韓両国は領海を接しないのであるから、口出しするな」と論駁した。この論駁に接して中韓は、「なるほど領海は接していないが、沖ノ鳥島における島嶼埋め立ては、グローバル・コモンズ保護の観点からして異議の提起は許される」と切り返した。沖ノ鳥島をめぐる日本の排他的経済水域および大陸棚延伸の申請に対して中韓が異議申し立てを行った事実は、国連大陸棚限界委の重視するところとなり、「対日勧告書」（二〇一二年四月二〇日に採択）のなかにとりいれられた。その結果、沖ノ鳥島を基点とする九州パラオ海嶺南部海域の扱いは、一六名の票決において、「賛成五票、反対八票、棄権三票」の大差で否決され、日本提案は三分の二の支持を得られなかった。対日勧告書の文言は「中国および韓国の口上書で提起された問題」が解決されるまでは、限界委としては「九州パラオ海嶺南部海域について行動をとらない」ことを決定しただけだが、日本提案は事実上「無期限先送り」された。「無期限」と明言しないのは、日本政府のメンツをつぶさないための配慮にすぎまい。

さて領海問題は線引きだけではない。トカラ海峡を中国海軍が通過した事件を契機として、日本の安全保障にかかわる重大な矛盾が白日のもとにさらされる結果となった。すなわち「国際海峡」の「通過通航権」問題の浮上だ。無害通航権（right of innocent passage）とは、海洋法によれば、沿岸国（ここでは日本）の平和・秩序・安全を害さないことを条件として、沿岸国に事前に通告をすることなく沿岸国の「領海を他国船舶が通航すること」である。内陸国を含めすべての国の船舶は、他国の領海におい無害通航権をもつことが認められている。領海の沿岸国は、自国の領海内において主権に基づき「領海使用の条件を定め、航行を規制したりすること」ができるが、他国の「無害通航を妨害する」結果とならないように一定の国際義務が課されている。一九八二年の国連海洋法条約の第一九条一項では、旧領海条約第一四条四項で定められた「無害性に関する定義」が踏襲されたほか、国連海洋法条約第一九条二項では「無害とみなされない活動」が具体的に列挙された[11]。無害通航機を享受できるか、その違反となるか、これはかなり複雑な事実認定を必要とすることが海洋法第一九条二項の具体的な例示（注11）から明らかだろう。

　では通過通航権（right of transit passage）とは何か。これは「国際海峡の定義」から始まる。海洋法第三四条では、「国際海峡水域」を定める。「海峡沿岸国の主権又は管轄権は、この部の規定及び国際法の他の規則に従って行使される」とは、「海峡沿岸国」（たとえば日本）の「主権又は管轄権」が制約を受ける、の意である。第三六条は「国際海峡内の公海」又は「航路」部分についての規定だ。国際航行に使用されている海峡内の航路については、「潜水航行」及び上空飛行の自由に関する規定を適用する。先述の無害通航権の場合は、認められなかった「潜水航行」及び上空飛行の自由に関する規定が適用されるので、これはいわば特権であろう。この特権は、第三八条において「通過通航権」として定義されている。「すべての船舶及び航空機は、通過通航権を有する」「通過通航とは、公海又は排他的経済水域の一部分と公海又は排他的経済水域の他の部分との間にある海峡において、航行及び上空飛行の自由が継続的かつ迅速な通過のためのみに行使されることをいう」[12]。第四一条は国際海峡における「航路帯及び分離通航帯」を規定し、第四二条は通過通航の海峡をもつ沿岸国の法令との関係を述べ、最後に第四四条は「海峡沿岸国の義務」を規定して、「海峡沿岸国は、通過通航を妨害してはならず、また、海峡内における航行上又はその上空における飛行上の危険で、自国が知っているものを適当に公表する。通過通航は停止してはならない」と沿岸国（たとえば日本）への義務を課している。「無害通航権」と「通過通航権」とを比べると、前者が通常の領海通過の場合の規定であるのに対して、後者は国際海峡に限定した特別の規定であることが分かる。そして、潜水通過や上空通過を認めていることから、これが帝国主義諸国の軍事行動が領海一二カイリへの延長によって損なわれることを防ぐための沿岸国側の譲歩であることが分かる。日本における「特定海域」とは、①宗谷、②津軽、③対馬東水道、④同西水道及び⑤大隅、という領海の幅が通常の一二カイリでなく三カイリにとどめられた五つの海峡をさす。これは日本国内にある「国際海峡」の別称と見てよい。領海を一二カイリとする主張が世界的に優位になったことを受け、日本は一九七七年に領海法を制定し、これまでの三カイリの幅の領海を原則として一二カイリに拡張した。この立法趣旨に従えば宗谷・津軽・対馬東・対馬西・大隅の五海峡も領海が当然一二カイリになるはずだが、この五海峡にかぎって三カイリの旧来の幅にとどめた。その理由は「非核三原則との整合性」にある。たとえば津軽海峡をすべて日本の領海とした場合に、米空母が核兵器を搭載したままこの海峡を通過すると、「核兵器の日本持ち込み」になり、非核三原則に抵触する。この抵触問題を回避するために、津軽海峡の一部を日本領海から外した「公海」扱いにしておき、この公海を通過する空母が核兵器を搭載していたとしても、それは「日本領海ではないから非核三原則に抵触しない」と苦しい弁明を繰り返した。知恵があるというべきか、小細工というべきか、評価は分かれるが、この糊塗策の矛盾を中国海軍が衝いてきたのだ。二〇一六年六月一五日、インド海軍の動きを追尾する中国海軍の調査船がトカラ海峡を通過したとき、当時の防衛相中谷元は強い口調で非難した。このとき中国国防部新聞局では記者との間で以下の問答が行われた。

記者の問　日本防衛省からの報道によれば、六月一五日早暁、中国海軍の艦艇が一隻、鹿児島付近の領海に侵入した由だが、これは事実か？　もし事実ならば、その目的は何か？

国防部新聞局の答　トカラ海峡は国際航行に用いられる領海海峡である。中国の軍艦が当該海峡を通過することは「国連海洋法条約」の定めた「航行の自由」の原則に符合したものだ。

日本政府は南シナ海における米軍による「航行自由の作戦」を手放しで礼賛してきたが、この「航行の自由」というキーワードを逆手にとり、中国海軍にも「航行の自由」作戦を行う権利がある、これは「海洋法で認められている」と逆襲してきたわけだ。国防部のコメントは短いので、これだけでは分かりにくいが、六月一七日午後発北京時事電を読むとその真意が解説されている。すなわち中国外務省の華春瑩副報道局長は一七日の記者会見で、こう敷衍した。――海軍の情報収集艦が鹿児島県沖の領海を通過したが、「（通過した）トカラ海峡は国際航行に用いられる海峡である」「国際海峡においては、国連海洋法条約に基づいた『通過通航権』があり、日本の同意は必要ない」。ここで中国側がトカラ海峡は「国際海峡」であり、それゆえ「通過通航権（right of transit passage）が保障される」と「航行の自由」を持ち出した点が重要である。防衛相中谷元は日本政府が国際海峡に定めているのは、上記の五海峡のみであり、「トカラ海峡はそれに当たらない」と「国内領海法の論理」を説明した。ところがこれは、中国からするとまるで説得力を欠く。米海軍はしばしばこの海峡を通過しており、今回はインド海軍まで通過しているではないか。これはトカラ海峡が「事実上、国際海峡扱いされている」ことを意味するではないか。ならば、中国海軍にとっても「航行自由の作戦」が許されないはずはない。要するに、南シナ海における米軍の「航行自由の作戦」に付和雷同して、「航行の自由」を口真似しているうちに、中国海軍はこのキーワードを逆手にとり、日本列島に対する通過通航権の行使を主張し始めたわけだ。中国外交部の記者会見に戻ると、華春瑩は「『侵入』という状況は存在しない。（日本側は）まず国際法をよく学ぶべきだ」と正当性を主張しつつ、「通過通航権と無害通航権を一緒にしてはならない」とあたかも説教するごとき口調で中国の立場を強調した。日本政府、防衛省が無害通航権のコンセプトに基づいて、中国非難を繰り返したのに対して、中国側は通過通航権というもう一つの大国特権を持ち出して、米国に許している特権を中国も享受すると宣言したわけだ。

結論を急ごう。中国は由来、敵国ではないし、敵国扱いしてはならない。中国を敵視し、排外主義を煽ることによって延命する日本政治を変えることは喫緊の課題である。もしこの核兵器をもつ軍事大国である隣国が真に日本の敵国ならば、日本にとって有効な安全保障の道はありえないことを観念すべきである。ここで既存の日米安保第五条は頼りにならない。

米国本土が「日本の敵国に由来する諸国による核兵器」の脅威にさらされる時、仮にトランプ大統領が安保発動を決意したとしても、米国議会が大統領の提案に同意する可能性はほとんどない。米中両国は、戦略経済対話（Ｓ＆ＥＤ）をすでに八回重ね（二〇一七年六月六～七日、ワシントン）、中国による巨額の米国債保有[13]によって、いわば運命共同体と呼んでも過言ではないほどに、利害が固く結ばれている。米国はそもそも尖閣諸島に対する日本の主権を認めていない。そのような主権の帰属が紛争中の無人島の防衛を語るのは、所詮は対日リップサービスにほかならない。それゆえ、日本にとって真の安全保障への道は、近隣諸国を仮想敵扱いすることを直ちに停止して、共存共栄の隣国関係に戻すことを除いて、他に道はありえない。

小稿の冒頭で述べたように、八〇年代に海洋法が成立し、各国は九〇年代にそれぞれ批准した。そして国連の大陸棚限界委員会は、海洋法に基づく各国の申請を求めた。二〇〇カイリの経緯度を申告されよ、条件さえ整えば三五〇カイリまで許される各国の大陸棚限界はどこまでか、線引き案を国連に申請されよ。申請に対する勧告を待って、隣国との境界を画定する作業に入る目論見であった。あにはからんや、ここで日本と中国、日本と韓国は、大きな誤謬を犯し、米国に漁夫の利を与える結果となった。平和的な線引き交渉に入るべき時に、棚上げ中の尖閣問題を棚から引きずり下ろし、領海の「線引き交渉に入るテーブル」をひっくり返したのだ。第二次大戦後、漁業資源をめぐる線引きには知恵を出し成功してきた関係諸国が「大陸棚延伸」の課題が加わったとたんに理性を忘れて相争う姿は醜い。日本は海洋先進国を自任、自賛してきたが、中国や韓国に追われる立場に陥ったとたんに理性を失い、売り言葉に買い言葉で応じた。出発点で大きなミスを犯した、東アジアの近隣諸国は、いまや対話の糸口さえ見出せず、いがみ合う。これが二一世紀初頭、東アジア世界を覆う憂うべき現実である。

追記　典拠とした注記資料は、いずれも公的サイトであり、二〇一七年七月一九日にアクセスを確認済みである。

【注】

1　『尖閣問題の核心』（二〇一三年）、『尖閣衝突は沖縄返還に始まる』（二〇一三年）、『敗戦・沖縄・天皇――尖閣衝突の遠景』（二〇一四年）、『南シナ海領土紛争と日本』（二〇一六年）、『習近平の夢』（二〇一七年、いずれも花伝社）は、その記録である。

2　http://www.un.org/depts/los/clcs_new/submissions_files/mysvnm33_09/mys_vnm2009excutivesummary.pdf

3　http://jp.wsj.com/public/page/0_0_WJPP_7000-182864.html

4　http://www.worldbank.org/ja/news/press-release/2014/04/29/2011-international-comparison-program-results-compare-real-size-world-economies

5　矢吹晋『習近平の夢』花伝社、二〇一七年、一六一頁。

6　http://unctad.org/en/Pages/MeetingDetails.aspx?meetingid=1413

7　http://www.un.org/depts/los/clcs_new/submissions_files/jpn08/com_sumrec_jpn_fin.pdf

8　https://www.pcacases.com/web/sendAttach/2086

9　It is to be noted that the so-called Oki-no-Tori-Shima Islands is in fact a rock as referred to in Article 121（3）of the Convention. Therefore, the Chinese Government wishes to draw attention to the inconformity with the Convention with regard to the inclusion of the rock of Oki-no-Tori in Japan's Submission. *Paragraph 452, p.197. Note Verbale from the People's Republic of China to the Secretary-General of the United Nations, No. CML/2/2009*（6 February 2009）

10　日本国と中華民国との平和条約　http://www.geocities.jp/nakanolib/joyaku/js27-10.htm

11　すなわち①武力による威嚇又は武力の行使であって、沿岸国の主権、領土保全若しくは政治的独立に対するもの又はその他の国際連合憲章に規定する国際法の諸原則に違反する方法によるもの、②兵器（種類のいかんを問わない）を用いる訓練又は演習、③沿岸国の防衛又は安全を害することとなるような情報の収集を目的とする行為、④沿岸国の防衛又は安全に影響を与えることを目的とする宣伝行為、⑤航空機の発着又は積込み、⑥軍事機器の発着又は積込み、⑦沿岸国の通関上、財政上、出入国管理上又は衛生上の法令に違反する物品、通貨又は人の積込み又は積卸し、⑧この条約に違反する故意かつ重大な汚染行為、⑨漁獲行為、⑩調査活動又は測量活動の実施、⑪沿岸国の通信系又は他の施設への妨害を目的とする行為、⑫通航に直接の関係を有しないその他の活動、以上である。

12　第三九条は「通過通航中の船舶及び航空機側の義務」を定めて、①海峡又はその上空を遅滞なく通過すること。②武力による威嚇又は武力の行使であって、海峡沿岸国の主権、領土保全若しくは政治的独立に対するもの又はその他の国際連合憲章に規定する国際法の諸原則に違反する方法によるものを差し控えること。③不可抗力又は遭難により必要とされる場合を除くほか、継続的かつ迅速な通過の通常の形態に付随する活動以外のいかなる活動も差し控えること。④この部の他の関連する規定に従うこと、等を船舶及び航空機側に義務づけている。

13　http://ticdata.treasury.gov/Publish/mfh.txt　米国財務省のホームページによると、二〇一七年五月現在、中華経済圏の米国債保有は一兆四七九七億ドル（うち香港一九六三億ドル、台湾一八一二億ドル）で、日本の一兆一一一三億ドルよりも、三六八四億ドル多い。

4

中国の国連平和維持活動

――「国際の平和及び安全の維持」は脅威か

加治　宏基

一　外交課題としての中国脅威論――序論にかえて

ポスト冷戦期以降、急速に高まる中国の国際的プレゼンスに対して、国際社会から警戒の声が聞かれるようになって久しい。その国防費は二一五億元だった一九八九年以来、二〇一〇年（前年比七・五％増）を除いて二〇一五年まで二桁成長を続けてきたが、中国政府は二〇一七年度予算では前年比七％増の一兆四四四億元（約一五三五億八八〇〇万ドル）に上ると発表した。すると各国メディアは、初めて一兆元を突破したことに関心を示すとともに、財政報告の金額と内訳が非公表であることに懸念を示した。[1] この不透明性が、「中国脅威論」なるものに拍車をかけてきた。[2]

中国脅威論が外交課題としてのみならず日本の世論に浸透し、反中感情が高止まりする今日、国連の目的である「国際の平和及び安全の維持」は、日中関係を基軸とする東アジア情勢において大きなひずみを抱えている。そこで本稿は、中国が国際平和の実現にむけて人的犠牲を払ってなお拡充する国連平和維持活動（UN Peacekeeping：日本では一般にＰＫＯ）について、その実態を検証する。まず外交課題という枠組みのなかで、中国脅威論の基底をなす同国の軍事力増強がはらむ不透明性について、米国および日本の反応を考察する。続いて、中国脅威論が膨張し反中的な世論形成を促した過程を省察する。日本の世論と対照的に、中国が国連の目的実現にむけ展開してきたＰＫＯについて、その決定要因を検証し、結論として、日本の世論では見落とされがちな中国の国際貢献への視座を提示する。

中国政府が公表した二〇〇五年の国防予算は約三〇〇億ドルだったが、兵器開発費は科学研究費として、武装警察の部隊経費は公安支出として計上されるため、ここには含まれていない。[3]よって、米国防総省は二〇〇五年七月一九日、中国の軍事に関する年次報告書のなかで、「中国の軍事費は公表値の二倍ないし三倍で最大九〇〇億ドルに達し、米ロに次ぐ軍事大国である」と懸念を示した。また、同年一〇月に国防相会談のため訪中したラムズフェルド国防長官（以下、肩書は当時のもの）は、「中国の軍事費の数字にチャレンジしようというわけではなく、透明性の欠如に不満なだけだ」と、中国側にさらなる情報公開を要請した。

こうした指摘について、曹剛川国防部長をはじめ中国の軍当局に加え外交部も、国防費は間違いなく公表したとおりであり、むしろ争点は双方が規定する「国防費」の範囲の違いによるとの説明を繰り返すとともに、米国による数値の拡大解釈は悪意に満ちたものだと抗議した。[4]同様に、中国共産党機関紙『人民日報』は二〇〇五年七月二二日付紙面で以下のように反論している。同報告書の公表翌日、中国とＡＳＥＡＮはＦＴＡにより関税を引き下げ、平和と繁栄に向けた戦略的パートナーシップを推し進めており、二〇〇四年ベースで米国防衛費の六％（約四五五九億ドルに対し約二五五億ドル）にすぎない中国のそれを相対的に理解すべきである。また、米国防総省が試算した二〇〇三年の中国防衛費は、ランド研究所による最高見積額よりさらに七一％も「誇大に評価」したものだ、と異議を唱えた。

当時、日本政界でも中国をめぐる「脅威」について発言・議論が繰り返された。二〇〇五年一二月八日、前原誠司民主党代表が米戦略国際問題研究所での講演において「中国は経済発展を背景に軍事力の増強、近代化を進めている。これは、現実的脅威だ」と言及した。現役閣僚である麻生太郎外相も同一二月二二日の記者会見で、中国について「原爆を持ち、軍事費が一七年間、毎年二桁伸び、内容も不透明というなら、どんなことになるか。かなり脅威になりつつある」と、中国脅威論を公言した。

さらに国会衆議院でも幾度となく、中国脅威論に関する質疑応答が行われている。照屋寛徳議員は小泉純一郎内閣総理大臣に対し、日本政府として中国を脅威と認識しているかを問うた[5]。これに対し小泉首相は、「周辺諸国の懸念を解消するためにも、中国が軍事面における透明性を向上させることが重要」と前置きしたうえで、「中国を脅威と認識しているわけではない」と答弁している。併せて、現状は「政府として、中国が日本侵略の意図を持っているとは考えていない」ものの、「意図というものは変化するもので」あるから、「潜在的脅威」という対中認識は否定しなかった[6]。

そもそも日中両国では国交正常化以降、蜜月関係とも称された一九七〇年代から、東シナ海の海底資源をめぐり「潜在的」緊張状態が続いてきたといえよう。そして、一九八〇年代のいわゆる歴史教科書問題やその後の日本の首相による靖国神社参拝問題を契機として、歴史認識問題が顕在化したことは贅言を俟たない。ただし、それが日中間で最も深刻な課題と定位された時期にあっても、日中戦争を中心とする第二次世界大戦の戦争責任は、当時の国家指導部が負うべきもので国民に罪はないとする「区分論」が、デ・ファクトとして作用したことを看過すべきでない。

日本国内閣府が一九七八年から毎年実施する「外交に関する世論調査」によれば、中国に「親しみを感じる」と回答した日本人は一九八〇年代を通じて七割を超えていた。「親しみを感じる」との回答は一九八九年の天安門事件を機に急落するも、一九九〇年代を通じて「親しみを感じない」と拮抗しつつ五割前後で推移した。なぜなら、中国政府が区分論に則った歴史認識教育に徹していたため中国人民が日本国民を非難する言動はきわめて限定的で、翻って日本人の対中感情も抑制的だったからだ。二〇〇四〜〇五年に反日デモが中国の主要都市で続発したが、主たる要因は小泉首相による靖国神社参拝と国連創設六〇周年にむけた日本政府の「安保理常任理事国入り」キャンペーンへの反発であって、はたして抗議対象は同政府に絞られていた。

二　中国脅威論の膨張と変質——日本世論への波及

中国漁船が海上保安庁巡視船に衝突する映像を何度も視聴した多くの日本人は、二〇一〇年九月に起きた尖閣諸島中国漁船衝突事件と二〇一二年九月段階での日本政府（野田佳彦内閣）による尖閣諸島「国有化」を、直接的な因果関係として認識する。後者が国内政界再編にむけた政争の具であったことは看過され、そして両国の緊張関係は、〝国家対国家〟という枠組みからオーバーフローし〝国民対国民〟の領域にも触手を伸ばしていった。日本政府は一貫して、中国との間に領土問題は存在しないとの立場をとるが、まさにこの問題をめぐり中国脅威論は国家間の外交課題という性質にとどまらず、反中感情として世論にも浸透したのだ。

しかし、二〇一〇年と二〇一二年という二つの点を結び付け、中国脅威論が膨張し日本世論へと波及するようになった転機として線引きするのは、拙速に過ぎよう。特に、日本でなかなかフォローされることのない中国のうごきを省察すれば、二〇一二～一三年が画期であったことを確認できる。二〇一二年六月に中国政府は、南沙諸島、西沙諸島および中沙諸島の島嶼と海域を管轄する海南省三沙市を設置するとともに、南シナ海で人工島の建設に着手した。同年九月、国務院新聞弁公室は日本の尖閣諸島「国有化」に応じるかたちで『釣魚島是中国的固有領土』を発行した。この白書で中国政府は、一四〇三年（明永楽元年）の『順風相送』にて「一四、一五世紀に中国はすでに釣魚島を発見し命名した」との主張を展開した。さらに同年一一月の第一八回党大会報告では、一連の積極的な対外姿勢を総括すべく「海洋強国」建設を宣言した。

これに加えて、尖閣諸島周辺の接続水域へ入域および領海侵入した中国公船等の数からも、二〇一二年が中国にとって「海洋強国元年」であることが認められる（表1を参照）。尖閣諸島中国漁船衝突事件が発生した二〇一〇年九月から一時的に増えたものの、翌二〇一一年は毎月二隻程度に落ち着いた（年間のべ二四隻）。しかしその数は二〇一二年九月に激増し、翌一〇月には接続水域への入域隻数が初めて三桁に達した（年間のべ五〇一隻）。さらに中国外交部は二〇一三年四月、釣魚島は中国の領土主権にかかわる「核心的利益」だと初めて言及したが、以降三カ月連続で一〇四隻が接続水域に入域した。その後も中国は、七月に日中中間線の西側約二六キロメートルで採掘施設を建設したほか、一一月に防空識別圏を設定した際には、領空外の国際空域でも「中国武装力量が防御性の緊急処置を採る」と明言するなど、名実ともに海洋強国の建設に乗り出した（年間のべ一〇五四隻）。

二〇一六年七月、フィリピン政府による提訴に応じたオランダ・ハーグの常設仲裁裁判所は、南シナ海のほぼ全域にわたる中国の領有権の主張には法的根拠がないとの判断を示した。これに対して中国政府は、判決に法的拘束力はないと態度を硬化させた。このうごきを受けて、日本はもとより世界各国のメディアはおしなべて、海洋強国の建設へと邁進する一連の中国の対外政策をクローズアップし排外主義的だと報じた。

世論の反中感情はいっそう高まった。前述した「外交に関する世論調査」によれば、二〇一六年度は中国に対して「親しみを感じない」が八〇・五%と高止まりしている。さらに、言論NPO（日本）、零点研究コンサルティンググループ（中国）、東アジア研究院（韓国）による日中韓共同世論調査（二〇一六年度）では、「アジア地域で紛争の原因になるもの」として「エネルギー資源に関する紛争」が七〇・五%に達し、「日本と中国の関係」と「中国とフィリピン、ベトナム、アメリカなどの南シナ海をめぐる対立」について可能性を認める人は、それぞれ四五・三%と五七・七%に上る。膨張した中国脅威論がいわゆる「尖閣問題」をのみ込み、いともたやすく日本世論に作用する。この点において、区分論が効く歴史認識問題が日中関係

表1　尖閣諸島周辺の接続水域入域、領海侵入が確認された中国公船等の数

年	区　分	1月	2月	3月	4月	5月	6月	7月	8月	9月	10月	11月	12月	計(隻)
2010	接続水域	0	0	0	0	0	0	0	0	24	14	8	0	46
	領　海	0	0	0	0	0	0	0	0	0	0	0	0	0
2011	接続水域	1	0	3	0	0	0	2	2	2	2	0	0	12
	領　海	0	0	0	0	0	0	0	2	0	0	0	0	2
2012	接続水域	1	2	2	2	4	1	7	2	81	122	124	80	428
	領　海	0	0	1	0	0	0	4	0	13	19	15	21	73
2013	接続水域	57	49	69	104	104	104	88	88	77	26	53	51	870
	領　海	17	17	11	15	15	15	14	28	22	8	12	10	184

出所：海上保安庁資料をもとに著者作成

で最も深刻な課題と定位された時期とは大きく異なる。

他方で、中国が国連ＰＫＯにおいて安保理常任理事国（Ｐ５）のなかでは最多の一一ミッションに二六三〇人（以下、各数値は二〇一六年一二月末現在のもの）を派遣している事実を知る日本人は、きわめて少ない。むしろ大半は、中国が国際平和に貢献する姿を想像すらできないというのが実情であろう。ただし、膨張した中国脅威論に絡めとられていては、中国の世界戦略を正確に認識することは不可能である。「原爆を持ち、軍事費が二〇年ちかく、ほぼ毎年二桁伸び、内容も不透明という」からこそ、中国の国際貢献に関して冷静な分析と理解を深めねばならない。以下ではＰＫＯが平和実現という国連の目的に適うスキームとして創生、形成されたことを検証し、同国によるＰＫＯの展開状況とその決定要因について討究する。

三　国連の目的と平和維持活動——法文規定なき平和回復の授権者

国連はその目的として、憲章第一章第一条一項で「国際の平和及び安全の維持」を筆頭に掲げる。この国際機構は、最高意思決定機関たる安保理の常任理事国間の協調体制を前提として創設されたが、設立直後より五大国自身が国際の平和及び安全の維持を滞らせてきた。そしてそのことは、国連の安全保障分野で最も重要かつ広範な任務を負っているＰＫＯに関しても同様である。

ＰＫＯの歴史は、一九四八年五月に設置され、今日も継続される国連休戦監視機構（ＵＮＴＳＯ）に遡る。[7]このミッションは、一九四七年のパレスチナ分割決議[8]に基づきイスラエルが建国を宣言するも、同決議を認めぬアラブ諸国との間で勃発した第一次中東戦争の停戦監視のため設置された。周知のとおり、そもそも中東問題当事者であるイスラエルとパレスチナ、アラブ諸国の間の紛争は、第一次世界大戦時の英国外交に起因する。[9]そして、第二次世界大戦の終戦直後に両者の対立が激化するや、安保理常任理事国であった英国はその解決を国連総会に押し付けた。総会は苦肉の策として、パレスチナを分割しアラブとユダヤ双方の国家独立を認めるパレスチナ分割決議を採択した。[10]

ＵＮＴＳＯの任務範囲は、冷戦期には一九四九年の休戦協定[11]の履行監視や一九六七年の第三次中東戦争とこれにともなうスエズ運河地域およびゴラン高原での国連兵力引き離し隊（ＵＮＤＯＦ）など、軍事的任務に限られていたが、時代とともに国連レバノン暫定隊（ＵＮＩＦＩＬ）に対する支援などの政治的任務を広く担うよう拡大していった。同ミッションの展開経緯は、ＰＫＯ自体の歴史を物語っており、そこに通底する積極的介入と消極的放棄の精神を示唆する。

ポスト冷戦期以降は、国家間の紛争から国内紛争や国内・国際紛争の混合型へと武力衝突の形態が変化したため、伝統的ＰＫＯの任務に加えて、元兵士の武装解除・動員解除・社会復帰（ＤＤＲ）や治安部門改革（ＳＳＲ）、選挙、人権、法の支配等の分野での支援、政治プロセスの促進、紛争下の文民の保護など、大規模化かつ多様化した。このように、冷戦末期からポスト冷戦初期にかけて「第二世代のＰＫＯ」が生み出された反面、現地情勢の泥沼化により実効性と下段で示す三つの基本原則が担保できなくなったと、国連ルワンダ支援団（ＵＮＡＭＩＲ）、第二次国連ソマリア活動（ＵＮＩＳＯＭⅡ）、国連ボスニア・ヘルツェゴビナ・ミッション（ＵＮＭＩＢＨ）などは撤退した。[12]

ただしＰＫＯは、国連システムの憲法にあたる国連憲章に明文の規定がない。各ミッションは、安保理や総会の決議に基づく個別的対応を積み重ねるかたちで武力行使を授権され、国連の目的を実現する最も有効かつ重要なスキームとして既成事実化されてきた。そのようなＰＫＯの三つの基本原則とは、①主要な紛争当事者の同意（同意原則）、②紛争当事者との関係において貫くべき公平性（公平性原則）、③自衛とマンデート防衛以外の武力不使用（自衛以外の武器不使用原則）を指す。

殊に②公平性原則に関して、従前の解釈では、紛争当事者を平等に扱うことを重視して平和強制に陥らぬようにするあまり、一九九〇年代に入ると実効性を失したミッションが散見されるようになった。そこで、コフィ・アナン国連事務総長が設置した国連平和活動検討パネルは、二〇〇〇年八月に報告書、いわゆる「ブラヒミ・レポート」を提出し、従前の公平性解釈を大きく書き換えた。同パネルは公平性について、「どの時点でも政治的、人種的、宗教的あるいはイデオロギー的な論争に加わらない」中立性または不作為と混同してはならず、「国籍、人種、性別、階級または宗教的・政治的信条による差別なく」国連の目的に根差すＰＫＯ任務に忠実であること、と強調した。そして、「よき審判が（略）反則を罰するのと同じように、ＰＫＯも和平プロセスへの取り組み、または、国連ＰＫＯが堅持する国際的な規範と原則に反する当事者の行為を見逃してはならない」と訴えた[13]。

また、ＰＫＯの創生と時期を同じくして、これと類似する国連の目的実現にむけた強制措置である国連軍が設立、派兵されている[14]。国連軍は、国連憲章第七章に明記される、平和回復のための軍事的強制措置をめぐる安保理の権限に拠るもので（国連憲章第四二条）、事前に安保理と兵力提供協定を結ぶ国連加盟国が安保理からの要請に応じて提供した兵力で編成される[15]。なお、その指揮権は安保理にある（同第四三条）。これらの点がＰＫＯとは異なるが、そもそも兵力提供協定を結んだ国連加盟国はなく、しかるに正式な意味で国連軍が組織されたことは、これまで一度もない。

一九五〇年六月に北朝鮮が北緯三八度線を越えて韓国に武力侵攻するや、安保理は「この行為は平和を破壊するもの」と断じ[16]、続けざまに対北朝鮮武力制裁決議を採択し[17]、韓国を防衛するため必要な軍事援助を提供するよう、加盟国に勧告した[18]。一連の審議は米国が主導しており、冷戦構造を背景としてこれに反発したソ連が安保理審議をボイコットする最中に、「熱い」代理戦争の対立軸が確立した。

この対立構図の下、国連で中国を代表したのは蔣介石率いる国民党政権であり、中華民国が世界における中国であった。建国間もない中華人民共和国は、一九七一年一〇月の国連総会決議第二七五八号の採択まで国連での代表権を認められていなかった[19]。向ソ一辺倒へと傾倒しゆく中華人民共和国は、米国と対峙する側に立ち、一九五〇年一〇月には北朝鮮への援軍として中国人民志願軍（抗美援朝義勇軍）を派兵し、国連軍と戦火を交えた[20]。同国は同年二月にソ連と締結した中ソ友好同盟相互援助条約に明記される「国連システムの目的と原則によって、東アジアと世界の平和および普遍的な安全保障を確立する」との外交方針を放棄し、当時外交領域で最重要課題であった国連加盟への道を自ら断たざるをえなかった。

一方で国連は、これに対して総会として「中華人民共和国中央政府が、平和的解決のため朝鮮における戦争行為を停止すべきとの国連側の提案を拒み続け、同国軍隊が朝鮮侵略と国連軍への大規模攻撃を展開していること」を確認し、同国に対する非難と援助禁止措置を講ずべく、いわゆる「侵略者決議」を採択した[21]。建国間もなく国連加盟への希望に満ちていた中国は、意中の国連によってその目的「国際の平和及び安全の維持」を破壊するものとして「断罪」された。しかし一九七一年の総会決議第二七五八号採択によって、その中国が安保理常任理事国となり国連の目的を担う中核に坐すことが、戦後の国際レジームにおいて承認されたのだ。

四　中国による国連平和維持活動の黎明――慎重姿勢の背景

ＵＮＴＳＯ以来、ＰＫＯはこれまでに七一ミッションを数え、その発展過程は大きく四つの段階に分類される。[22]まず冷戦期（第一期）の伝統的ＰＫＯは、国連が紛争当事者の間に立って、停戦や軍の撤退の監視等を行うことで、事態の鎮静化や紛争の再発防止を図り、当事者による対話を通じた解決を支援することを目的とした。それが冷戦末期からポスト冷戦初期（一九九二年）までの第二期になると、ミッションは大型化し、任務も警察・文民部門をも含んだ複雑かつ多様なものとなった。続いて二〇〇〇年までの第三期には、派遣ミッション数の急増とともに平和強制が訴求され武力行使が認められるも、体系的整備が後手に回り、伝統的ＰＫＯへ回帰する動きも出てきた。そして二〇〇〇年代の第四期は、憲章第七章に基づく市民保護に重点を置いた任務を授権する。

上述の第二期および第三期を通じて再編された第二世代のＰＫＯは、「力の空白」によって頻発した内紛に対応する必要性から、米国のイニシアティブの下で新介入主義へと傾倒していった。[23]一九九二年一月に国連史上初めて開催された国家元首級の安保理サミットでは、事務総長に対して「国連の予防外交、平和創造、平和維持の能力を強化し、より効果的なものにする方法についての分析と勧告を準備するよう要請」された。これをうけて同年六月、事務総長による報告「平和への課題」がＰＫＯ強化を提言したことで、平和強制など安保理偏重が国連システムの内外で是認されるようになる。[24]この文脈で生み出されたのが人道的介入で、以降、北大西洋条約機構（ＮＡＴＯ）等の米国の世界戦略において具現化されていった。

ただし元来、国際の平和及び安全の維持に関する最高意思決定機関の中核に坐す安保理常任理事国は、PKO派遣を留保するとの不文律がある。さらにいえば、主権・領土の相互尊重を外交上もっとも重視してきた中国自身も、一九七一年の国連復帰以来、長らくPKOに対して慎重姿勢を崩すことはなかった。しかし同国はこの時期、国連総会一般討論演説などにおいて、米国が強力に進める新介入主義、ひいては和平演変に激しい反発を繰り返し、相対的に国連システムやPKOに積極的評価を与えることとなった。[25]『人民日報』は、PKOについて「いかなる個別の国、国家グループや組織も果たしえぬ役割を、世界で最も大きな影響力をもち最も広く代表性を有す政治システムである国連だから果たしうる」と評価し、米国を牽制した。[26]

そして一九八八年一〇月二八日、李鹿野駐国連大使は国連平和維持活動特別委員会への参加を正式に申請し、[27]ここに同国のPKOの歴史の幕が上がった。一九八九年四月に国連ナミビア独立支援グループ（UNTAG）へ選挙監視員二〇人を派遣したのを皮切りに、一九九〇年四月にはUNTSOへ軍事監視員五人を派遣した。[28]そして、六四天安門事件に伴う国際的孤立からの復帰を期して、一九九一年一二月に国連カンボジア暫定統治機構（UNTAC）に向けて兵員四七人と四〇〇人からなる部隊を初派遣する。[29]とはいえ、中国は介入主義に反対するがゆえに国境を越えた派兵には慎重であり続けた。[30]事実、八九年のUNTAG参加以降、二〇〇〇年までの派遣兵員は八〇〇人に留まる。[31]

まさに中国が国連の目的実現にむけてうごきだした矢先、一九九三年一月一七日に台湾当局（外交部）は、初の『外交報告書』を発刊した。そこで「広範にわたり国際組織に積極的に参画、活動し、とりわけ、できるだけ速やかに国連へ復帰する」という政策を打ち出した。銭復外交部長は三月六日、国連復帰を今後の外交政策の最重点政策と位置づけると言明した。一連のうごきに呼応したエルサルバドルなど中米諸国が連名で、八月六日にブトロス・ガリ国連事務総長に書簡を送付し、「中華民国の国連復帰」問題を翌月に招集される第四八回国連総会の議題とするよう要請している[32]。

一九九三年八月三一日、「一つの中国」を掲げる中国国務院台湾事務弁公室および同新聞弁公室は、「台湾は中華人民共和国の一省であり、台湾問題は国内問題である」と強調する『台湾問題と中国の統一』(台湾白書)の発刊をもって、台湾やその友好国を牽制した。つまり、ほかならぬ台湾問題こそが、中国が内政不干渉の原則を外交政策の最重要方針とする所以であり、ＰＫＯ参加に関しても慎重姿勢を崩さぬ最大原因である。だからこそこの時期、中国の外交政策決定に影響力をもつ研究者が、主権侵害や内政干渉への警鐘を強く鳴らしており[33]、中国要人も国連の場でたびたびこの種の主張を繰り返した。

一九九三年二月、国連人権委員会第四九回会議に出席した中国代表団副代表詹道徳は、ポスト冷戦期の民族紛争に対して国際社会は、主権と領土を保全する内政不干渉の原則と民族自決権を保障すべきと主張した[34]。同じく中国代表団の李国清は、国家統一と民族団結、社会安定、共同繁栄発展こそ国家と民族の最高利益であると、中国の立場を改めて主張した[35]。江沢民国家主席は一九九五年の国連総会一般討論演説で、特定の大国(Certain Big Powers)にとって政治的利権を覆い隠す煙幕と化したこの機構は、途上国の権利と国益をおざなりにする場へと貶められてしまった、と主張した。また、国連創設五〇周年の記念総会でも、なにものであれ外国主権を侵す権利のない、新たな国際政治経済秩序を樹立すべきと訴えた。その上で、中国が発展をとげ強大な権限を保持するようになっても、覇を求めず他国にとって脅威とはならないことを宣言している[36]。

五　中国による「国際の平和及び安全の維持」――積極姿勢の背景

PKOを主として支えているのは、国連加盟国が任意で派遣する要員と、義務として拠出するPKO分担金である。先に示したPKOの四つの発展段階でいえば第四期の今日、アフリカを中心に活動中の計一六ミッションに、一二〇以上の国連加盟国からおよそ一二万五〇〇〇人が派遣されており、うち八万五〇〇〇人（約七二％）を兵員が占める。PKO要員は警察、文民、兵員によって構成され、兵員とは軍事部隊と非武装の軍事監視員という二つの編成の総称である。

上述したとおり、中国は安保理常任理事国のなかでは最多の一一ミッションに二六三九人を派遣しているとともに、うち兵員が二四三六人（約九二％）と多くを占める。他の常任理事国をみると、フランスは八六七人のうち兵員が八二一人（約九五％）、英国に至っては三三七人中三三二人（約九九％）と、やはり兵員が高い比率を占めるとはいえ、派遣人数はかなり絞られる。さらに、ロシアが九八人中四人（約四％）で米国は六八人中三四人（五〇％）という数値と比較すると、中国が国連の目的実現において際立った積極姿勢を示している。

PKOのすべての活動経費を賄う予算規模は、二〇一五～一六年度が八二億八〇〇〇万ドルで一七～一八年度は六八億三二〇万ドルである。補正予算措置もあるが、原則としてこの金額がPKO分担金で賄われる。すなわち、PKO予算を国連加盟国それぞれの国民経済状況に応じて按分し、各国に負担を課す。分担率は毎年査定され、二〇一六年度ベースで最も高いのが二八・五七三八％の米国で、前年比プラス三・六五ポイントの一〇・二八七九％を担う中国が続く。次いで九・六八〇〇％の日本は前年比マイナス一・一五ポイントと微減ながら、二〇一七および一八年度ベースでは下げ止まる。二〇一八年度ベースでみると各国は一様に微減しており、米国と中国はそれぞれ二八・四三四四％と一〇・二三七七％である。これら財政的数値からも、中国のプレゼンスと国連システムの対中依存が高まっていることが看取されよう。

それでは中国はいつ、そしてなぜ、ＰＫＯ参加をめぐり「有限参与」つまり消極的姿勢から「拡大参与」積極的姿勢へと方針転換したのだろうか。[37] その契機は、国連安保理の授権を経ていないＮＡＴＯ軍が、一九九九年五月に起こした駐ベオグラード中国大使館に対する〝誤爆〟だった。[38] ＮＡＴＯは同年三月、セルビア共和国のコソボ・メトヒヤ自治州で広がるセルビア人武装勢力によるアルバニア系住民虐殺を抑止するため、空爆（Operation Allied Force）を強行的に開始した。人道的介入という平和強制の過程で起きた〝誤爆〟事件では、中国文民三人が死亡し二〇人が負傷した。

それにもかかわらず、国連安保理は翌六月に決議一二四四によって憲章第七条に明記される軍事的強制措置だと事後承認し、[39] コソボに関する独立国際委員会が調査報告として発表した「コソボ・リポート」（二〇〇〇年）でも、爆撃は平和実現にむけた「違法だが正当」（illegal, yet legitimate）な行為として結論づけられた。[40] 中国の著名な国際政治学者である時殷弘は、人道的介入（人道主義的干渉）とは大国の覇権主義の政治ツールであると断じたうえで、国際的合法性を備えた唯一の権威である国連が、最終手段として発動し、展開し、制御しうる介入事案についてのみ、合法性を認めている。[41]

〝誤爆〟事件を機に中国政府は、安保理常任理事国であってもＰＫＯ派遣を増大させ、参加主体となる人民解放軍の調整、管理にかかる統括機関として中国国防部維和事務弁公室を二〇〇一年一二月に設置し、国際体制の強化や制度設計にも積極的に関与し始めた。一九八九年以降二〇一六年八月現在の参加実績は計二九ミッションに約三万三〇〇〇人余りを派遣しており、特に二〇〇三年が画期であった。同年四月は前月比二一八人増となる二二〇人の部隊が、警察、文民、兵員の総数でも前月比二一八人増の計三二九人が派遣された。[42] 翌〇四年以降は計一〇〇〇人を超え、二〇〇八年以降は基本的に計二〇〇〇人を上回るようになった。

ここで、中国が「海洋強国」建設を掲げ、尖閣諸島周辺での中国公船等の確認回数が急増した二〇一二～一三年における同国のＰＫＯ派遣状況を概観する（図1を参照）。「海洋強国元年」となった二〇一二年、ＰＫＯに関しては警察、文民、兵員の総数は二〇〇〇人を下回り、最少が一二月の一八六九人で最多でも一〇月の一九三一人である。前後の年も対象とすれば、二〇一一年九月（一九四三人）以降二〇一三年一一月（一九三八人）までの二年あまり、二〇〇〇人に達していない。この間、兵員数は二〇一一年三月、五月、六月に最多の一八九六人だったが次第に減少し、中国が尖閣諸島周辺で公船活動を活発化した二〇一三年の下半期においては対照的に一七〇〇人台で推移した。[43] 同年一二月以降は二〇〇〇人を上回るが、以上のように海洋強国建設とＰＫＯは相乗的でなく、むしろ反比例のうごきを示した。

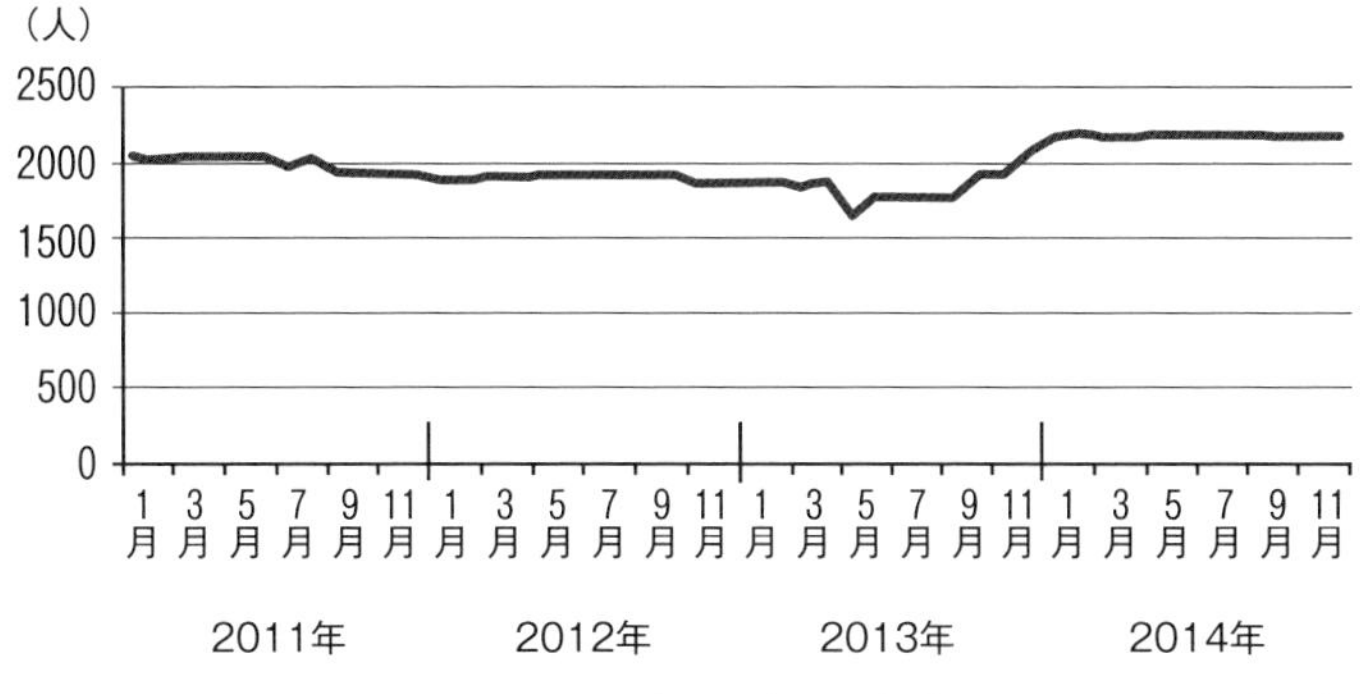

出所：国連平和維持局資料をもとに著者作成

図1　中国のPKO派遣人員総数（2011～14年）

近年では、国連南スーダン共和国ミッション（ＵＮＭＩＳＳ）に計一〇六一人を派遣するなど、戦略的に活動展開している。ＰＫＯ参加を積極的に展開すればするほど、国際社会で警戒が広がるが、それは国防費増大をめぐる不透明性や海洋強国建設などと、国連の目的実現にむけたＰＫＯを混同した議論である。さらに、ＰＫＯを積極展開するうえで殉職は不可避の課題である。中国は一九九一年にイラク・クウェート軍事監視員だった雷潤民が殉職して以来、一九名の命が任務中に奪われた。なかには二〇一〇年一月に、ハイチでの任務中に地震で亡くなった八人も含まれる。同国はその犠牲を受け容れ、国際の平和及び安全の維持にむけた貢献を拡大してきたのである。

六　ＰＫＯへの積極姿勢は脅威か――小結にかえて

本稿では、国際の平和及び安全の維持という国連の目的をめぐり、二〇〇〇年代に入り中国のプレゼンスが急速に高まった国内外の政治要因について討究してきた。一九九九年五月、ＮＡＴＯ軍は国連システムの埒外で内戦が泥沼化するコソボに対し人道的介入の名の下で空爆を断行し、中国大使館が〝誤爆〟された。この事件を機に中国はＰＫＯへの積極姿勢に転じ、派遣人員総数やＰＫＯ分担金において際立った貢献を果たしつつある。しかし、中国脅威論が日本等周辺国の世論に浸透した結果、同国が、かねてより覇権主義に反対し続けているにもかかわらず、ＰＫＯ派遣実績さえも〝脅威〟と映る。

ただし中国が、内政不干渉の原則を外交政策の最重要方針と一貫して位置づけるのは、国内統治の課題を自らが抱えるためである。たとえ国際の平和及び安全の維持に関する最高意思決定機関の中核に坐し、ＰＫＯという国連の目的実現の重要な実働部隊に授権し、このスキームの制度設計を担う立場となろうとも、自国内政への干渉を許さぬ同国が、レッドラインを越えることはない。そして今後、国連の授権の下にあるＰＫＯには、平和維持にとどまらず平和創造や平和構築といった和平プロセスを貫く非強制措置を策定することが期待されている。

国際平和の実現に努めるＰＫＯの年間予算が、世界中の軍事費総額の〇・五％に満たないという深刻な現実のなかで、[44]中国が多くの犠牲を払ってなお積極姿勢を崩さぬ要因は、海洋強国建設とは別の論理にあることも検証した。ＰＫＯという限定的領域から世界の総軍事費へと視界を拡げると、同国のプレゼンスはとたんに小さくなる。同じ国連安保理常任理事国である米国の軍事技術や防衛費に関する数値をフォローすれば、実は私たちはきわめて限られた領域しか捉えきれていないまま、日本の視点に固執していることを自覚できよう。グローバルな視座をもって中国のプレゼンスを相対化すれば、いわゆる海洋強国という一面的なイメージだけでは語り得ない。

だからこそ、二〇一五年九月に習近平国家主席が国連一般討論演説にて表明した、国連活動支援のため一〇年間で一〇億ドル規模の「平和発展基金」創設や、ＰＫＯの即時体制にむけた常駐警察部隊および待機部隊八〇〇〇人の派遣という政治的メッセージの意味を、しっかりとフォローせねばならない。[45]私たちにこそ、政争の具と化した中国脅威論や政治的リップサービスに翻弄されず、長期的に中国が対外政策において要諦とする理念と実績に対して真摯に向き合う視座が求められている。

【注】

1　「中国一七年国防費は一兆四四〇億元　初の大台突破、日本の三・三倍」『産経新聞』二〇一七年三月六日、「中国の予算、国防費など内訳公表せず　透明性後退か」『朝日新聞』二〇一七年三月六日、China confirms 7 percent increase in 2017 defense budget, Reuters, March 6, 2017: http://www.reuters.com/article/us-china-parliament-defence-idUSKBN16D0FF（二〇一七年八月二〇日アクセス）。

2　例えば、平松茂雄『軍事大国化する中国の脅威』時事通信社、一九九五年、天児慧編著『中国は脅威か』勁草書房、一九九七年など。

東南アジア圏域においては、例えばインド政府の外交アドバイザーを務めたアルン・サーガルは、中国のパワー追及は、インドに隣接するパキスタン、ミャンマー、バングラデシュなどの諸国への接近とパラレルなものと捉え、インド包囲網を形成すると分析、懸念を示した。Arun Sahgal, "China's Search for Power and Its Impact on India", *The Korean Journal of Defense Analysis Vol. XV No.1*, Seoul: the Korea Institute for Defense Analyses, 2003, pp. 155～182.

3　同報告書は、中国政府の予算額には、その他に外国製兵器・軍事装備の調達費用（ロシアからの輸入額だけで毎年約三〇億ドル）、武装警察の経費、核兵器と二次攻撃兵器の維持コスト、軍事産業への助成、および地方や省政府から武装部隊に対する寄付が含まれていない、と指摘した。

4　中国駐日本大使館のウェブサイトでは、『軍事文摘』の論考を引用し米国防総省の報告書について以下のように反論した。「中国の国防白書の支出は「軍事費」を指している。その他多くの国や地域も防衛費の公表にあたって、軍事費だけを取り上げている。例えば、台湾の世論は政府が兵器研究の中山科学院や民間防衛などの費用を防衛支出に計上していない。それらを計上すれば「国防費」はさらに三、四割増えると攻撃している」（ママ）。中国駐日本大使館ウェブサイト　http://www.china-embassy.or.jp/jpn/zt/qq650/t246654.htm（二〇一七年八月七日アクセス）

5　第一六四回衆議院質問第七号「中国脅威論に関する質問主意書」（平成一八年一月二三日）

6　内閣衆質一六四第七号「衆議院議員照屋寛徳君提出中国脅威論に関する質問に対する答弁書」（平成一八年一月三一日）

7　安保理決議第五〇号：S/801.

8　総会決議第一八一号：A/RES/181, II.

9　英国は、一九一五年にアラブ人との間でアラブ独立国家を約したフサイン・マクマホン協定を、一九一六年にフランスおよびロシアとの間でオスマン帝国の分割統治に関する秘密協定であるサイクス・ピコ協定を、そして一九一七年にユダヤ人との間でユダヤ人祖国の建設支援を約したバルフォア宣言をそれぞれ結んだ。これは、いわゆる「三枚舌外交」と称され、英国外交史の汚点のひとつである。

10　総会決議第一八一号：A/RES/181, II.

11　安保理決議第七三号：S/1376, II.

12　ポスト冷戦期のＰＫＯが直面した課題と限界について議論した論考として、以下を例示する。Katherine E. Cox, "Beyond Self-Defense: United Nations Peacekeeping Operations & the Use of Force", *Denver Journal of International Law and Policy*, 27, 1999、上杉勇司『変わりゆく国連ＰＫＯと紛争解決――平和創造と平和構築をつなぐ――』明石書店、二〇〇四年。

また、『人間開発報告書』一九九三年版では、前年のボスニアやソマリアなどで国内紛争に軍事介入したＰＫＯについて次のように指摘する。「軍事力は短期的対応に終始するもので、長期的な解決は、急速な経済的発展、社会的正義の増大、および人々の社会参加の強化によってなされる」。また「人間の安全保障という新たな概念は、人間中心型の発展を求めても、兵士の介入を求めるものではない」と言明した。UNDP, *Human Development Report 1993*, New York: Oxford University Press, 1993, p. 2

13　The Panel on United Nations Peace Operations, "Report of the Panel on United Nations Peace Operations,"

2000: A/55/305-S/2000/809.

14　安保理決議第八四号：S/1588.
国連軍という形式のため国連旗を掲げ、兵員の九割を占める米軍の指揮下で韓国軍が支援する編成であった。

15　以下、国連憲章第七章第四一条および第四二条を抜粋する。
安保理は、平和に対する脅威、平和の破壊又は侵略行為の存在を決定し、兵力の使用を伴わない措置を使用すべきかを決定することができ、且つ、この措置を適応するように国連加盟国に要請することが出来る。その措置では不充分であろうと認め、又は不十分なことが判明したと認めるときは、国際の平和及び安全の維持又は回復に必要な空軍、海軍または陸軍の行動をとることができる。

16　安保理決議第八二号：S/1501および安保理決議第八三号：S/1511.

17　安保理決議第八四号：S/1588.

18　安保理決議第八五号：S/1657.

19　総会決議第二七五八号：A/RES/2758.
一九六〇年代を通じて国連総会で議論された中国代表権問題、つまり国連における「中国」とは中華民国か中華人民共和国かという政治課題について、後者とすることを結論付けた決議である。要点は、「中華人民共和国にそのすべての権利を回復させ、同国政府の代表を国連における唯一の合法的代表であると認め、蔣介石政権の代表を彼らが国連とその関連機関において不法に占めている地位から追放することを議決する」というもの。

20　一九五〇年一〇月一九日に中国人民志願軍は鴨緑江を渡河、同二五日に初交戦して以来、一九五三年七月二七日の休戦協定発効までに、のべ二五〇万人が参戦し、うち死亡一一万五七八六人、負傷二二万一二六四人の犠牲者を出した。

21　総会決議第四九八号：A/RES/498.

22 例えば、以下の論考を参照。龐森「聯合国維和行動――趨勢与調整」『世界経済与政治』二〇〇七年第六期、二六頁、松葉真美「国連平和維持活動（ＰＫＯ）の発展と武力行使をめぐる原則の変化」『レファレンス』六〇（一）、国立国会図書館調査及び立法考査局、二〇一〇年、一五～三六頁

23 Saadia Touval, "Why the U.N. Fails: It Cannot Mediate", *Foreign Affairs, September/October 1994, Vol. 73, Number 5*、上杉勇司、前掲書、Mats Berdal and Spyros Economides (ed.), *United Nations Interventionism 1991 - 2004*, New York: Cambridge University Press, 2007

24 Boutros Boutros-Ghali, *An Agenda for Peace: Preventive diplomacy, peacemaking and peace-keeping*, 31 January 1992: A/47/277-S/24111.

25 総会文書「銭其琛中華人民共和国外交部長演説」：A/49/PV.8.
銭其琛外交部長は第四九回国連総会（一九九四年）の一般討論演説で、あらゆるＰＫＯミッションも内政干渉を許されないが、ソマリア等での教訓をいかしていっそう積極的な役割を果たしうる、と主張した。中国代表は九〇年代を通じて同様の主張を繰り返した。

26 「聯合国的作用在加強」『人民日報』一九八八年九月一〇日。

27 「我申請加入聯合国維持和平行動特委会」『人民日報』一九八八年一〇月三〇日。

28 「中国将首次派出軍事人員　参加聯合国停戦監督組織」『人民日報』一九九〇年四月二〇日。

29 国連平和維持局ウェブサイト　http://www.un.org/Depts/dpko/dpko/pastops.shtml（二〇一七年八月一五日アクセス）、鄭哲栄、李鉄城『聯合国大事編年一九四五～一九九六』北京語言文化大学出版社、一九九八年、二七七頁、および陳友誼、郭新寧、華留虎『藍盔在行動　聯合国維和行動紀実』江西人民出版社、一九九七年、二四〇頁。

30 総会文書「銭其琛中華人民共和国外交部長演説」：A/45/PV.12.
銭其琛外交部長は第四五回国連総会（一九九〇年）の一般討論演説で、主権・領土相互尊重、相互不可侵、

内政不干渉、平等互恵、平和共存の遵守を主張した。

31　陳友誼、郭新寧、華留虎、前掲、増田雅之「中国の国連ＰＫＯ政策と兵員・部隊派遣をめぐる文脈変化―国際貢献・責任論の萌芽と政策展開―」『防衛研究所紀要』第一三巻第二号、二〇一一年、三頁。

国連平和維持活動ウェブサイトhttp://www.un.org/en/peacekeeping/resources/statistics/contributors.shtml（二〇一七年八月一五日アクセス）

32　総会文書「台湾における中華民国の異常な状況の検討」：A/48/191.

共同提案国：コスタリカ、エルサルバドル、グアテマラ、ホンジュラス、ニカラグア、パナマ。

33　ポスト冷戦期に入り、閻学通に代表されるゼロ・サム的思考の研究者と王逸舟を筆頭とするプラス・サム的観点に立つ研究者との間で、非伝統的安全保障をめぐり活発に議論された。閻学通『中国国家利益分析』天津人民出版社、一九九五年、王逸舟『当代国際政治析論』上海人民出版社、一九九五年。

34　「在聯合国人権委員会会議上　我代表談民族自決権問題」『人民日報』一九九三年二月一一日第〇六面。

35　「我代表談中国民族政策　発展中国家要求発展権」『人民日報』一九九三年二月一八日第〇六面。

36　総会文書「江沢民中華人民共和国主席演説」：A/50/PV.39.

37　増田雅之、前掲、三頁、鐘龍彪、王俊「中国対聯合国維持和平行動的認知与参与」『当代中国史研究』第一三巻第一六期、二〇〇六年、七八～八五頁。

増田は、「一九八〇年代初め以降について言えば、八〇年代が「区別対応、有限参与」、冷戦終結後の九〇年代以降が「積極支持、拡大参与」の時期となる」点に一定の理解を示しつつ、「九〇年代以降こんにちに至る中国の国連ＰＫＯ政策を一つの時期のなかで捉えることには留保を要する」と指摘した。

38　馮継承「中国対聯合国維和行動的認同演変：話語実践的視角」『国際論壇』第一四巻第三期、二〇一二年、五二～五七頁

馮は、中国政府のＰＫＯに対する言説分析から、一九四九～一九八〇年、一九八一～一九八七年、一九八八～

一九九七年、そして一九九八年から現在という四つに時期区分した。特に一九九八年から現在を「積極参与と理念革新」の時期と定位する。

39　安保理決議第一二四四号：S/RES/1244（1999）.

40　Independent International Commission on Kosovo, *Kosovo Report*, Oxford: Oxford University Press, 2000, p. 186.

41　Shi Yinghong and Shen Zhixiong, Chapter 13 “After Kosovo: Moral and Legal Constraints on Humanitrian Intervention”, Bruno Coppieters and Nick Fotion ed., *Moral Constraints on War: Principles and Cases,* Lanham/Md.: Lexington Books, 2002.

同様の警戒感を示す論考は他に、王宏周「評美国対外政策的『新干渉主義』思潮」『国外社会科学』一九九四年〇五期、三一～三六頁、李少軍「論干渉主義」『欧州』一九九四年第六期、二八～三五頁、および閻学通「国際環境及外交思考」『現代国際関係』一九九九年第八期、七～四八頁など。

42　United Nations Department of Peacekeeping Operations, “Monthly Summary of Contributions（Military Observers, Civilian Police and Troops）,” April 2003.

43　United Nations Department of Peacekeeping Operations, “Monthly Summary of Contributions（Police, UN Military Experts on Mission and Troops）,” January 2011-December 2014.

44　国連ＰＫＯブックレット「United Nations Peacekeeping Operations」http://101.110.118.63/www.un.org/en/peacekeeping/documents/UN_peacekeeping_brochure.pdf（二〇一七年八月一五日アクセス）

45　総会文書「習近平中華人民共和国主席演説」：A/70/PV.13.

第2部

切迫する北朝鮮問題と東アジアの平和

1

安倍政権の対北敵視政策がもたらす悪夢
――「朝鮮戦争」から何を学ぶか

前田　哲男

一　「北朝鮮の核・ミサイル脅威」は国内統制・戦時動員を強めるための情報操作

二〇一七年九月一五日の朝七時すぎ。北海道・東北・北関東・信越の一二道府県に住む人びとは、「Jアラート」（全国瞬時警報システム）が発する警報音におどろかされた。「北朝鮮ミサイル、日本通過」を告知する政府からのメッセージである。NHKの全国ニュース「おはよう日本」は「国民保護に関する情報」の画面に切り替えられ、「北朝鮮からミサイルが発射されたようです。避難してください」と呼びかける黒画面・白抜き文字とアナウンサーの声が繰りかえし放送された。同時間帯の民放情報番組もおなじ措置をとった。

警報から三分後、弾道ミサイルは北海道上空七七〇キロ上空の大気圏外を通過、太平洋上二二〇〇キロの海面に落下した。自衛隊のミサイル迎撃システムでは手の届きようもないはるか高空――気象衛星や通信衛星など無数が行き交う空のさらに上層——それもわずか三分という瞬時のできごとだった。

自衛隊のＰＡＣ３迎撃ミサイルに「破壊措置命令」は下令されなかった。だが市民の日常は、列車の運休や臨時休校、出漁中止などによってかき乱された。Ｊアラートの警報音に（もう少なくなったが）戦時中の「空襲警報発令」のサイレン音を思いおこし、恐怖を感じた人もいただろう。

自衛隊は動けない（ＰＡＣ３の能力では手の出しようもない高空）。しかし「国民保護法」を発動、市民生活統制の機会としたい。そのような安倍政権の意思が、一二道府県の全自治体に指示をくだし、テレビ・ラジオと「一斉メール」により国民を意のままに動かす場となったのである。〈国家総動員体制〉の意図がありありと見えるＪアラート発動だったが、この音を聞くのは、八月二九日につぎ今年二度目で、思惑が動きだしたのは、二〇一七年四月二一日のことだ。

この日、首相官邸ホームページに「弾道ミサイル落下時の行動について」というお知らせがアップされた。「落ち着いて行動してください」と呼びかけるその内容は、「できる限り頑丈な建物や地下街などに避難する」「物陰に身を隠すか、地面に伏せて頭部を守る」「窓から離れるか、窓のない部屋に移動する」などごくありふれたものばかりだ。こんな広報が「政府からお知らせします」のタイトルで全国の新聞七〇紙に掲載、テレビ四三局で流され、経費は三億四〇〇〇万円にのぼった。さらに「通知」は全国公立学校長にあて「児童生徒が校庭等から屋内に避難する訓練」を指示する文書として文科省より通達された。

「いったい、いつの時代のこと？」、そう問い返したくなる狂騒ぶりだ。「もはや非常時か！」の感を受ける。

ふと、映画『アトミック・カフェ』のシーンを思い出した。アメリカ市民が〈ソ連の弾道ミサイル〉におびえていた一九五〇年代末の世相をパロディ化したドキュメンタリーだ。そのなかに、児童たちがサイレンの合図でいっせいに教室の机の下にしゃがみこむシーンがあり、それにかぶせて、〜私たちはカメのように甲羅がないから、ほかの手を使います。まず頭を低くして隠れること、というナレーションが流れていた。

原爆狂騒曲。政府を信じて「伏せて隠れろ」（ダック・アンド・カバー）が、当時のアメリカ社会の合言葉だった。官邸による〈弾道ミサイル・キャンペーン〉は、現代版〈アトミック・カフェ〉を思いおこさせる。

そんな雰囲気に触発されたのか。四月二九日早朝、東京メトロ全線とJR西日本の北陸新幹線が「北朝鮮が弾道ミサイル実験を実施」との情報に、約一〇分間運転休止する措置をとって政府に迎合した（もっとも、運休時間帯は着弾後のことだったから、こちらもパロディだったが）。

これら安倍政権が煽りたてる「北朝鮮の核・ミサイル脅威」は、（後述する「米艦防護」や「日本海における日米艦隊の活動」にとどまらず）国民生活の領域にまで〈管理と統制の網〉を投げかけつつあることを実感させる。〈非常時への予行演習〉は地域にも波及しつつある。長崎新聞は六月九日の紙面で「国と長崎県が共同訓練」の見出しのもと、つぎのように報じた。

「県は八日、相次ぐ北朝鮮の弾道ミサイル発射を受けて計画しているミサイルの県内落下を想定した国民保護法に基づく実動訓練を、国と共同で実施すると明らかにした。国が『武力攻撃事態』を想定し自治体と共同訓練をするのは初めて。県などによると、七月末に雲仙市で実施する方向で調整している」

ここには、〇四年制定された「国民保護法」を「武力攻撃災害＝戦時災害」に拡大して当てはめ地域統制しようとする〈トップダウン型国民保護〉の意図が読みとれる。「空襲警報下の住民避難訓練」である。

記事を読んで連想したのは、広島に原爆が投下された直後、軍の防空総本部が発表した「対策心得」だった。防衛庁戦史叢書『大本営陸軍部〈一〇〉』を取りだすと、

一　新型爆弾に退避壕は極めて重要であるから出来るだけ頑丈に整備して利用すること
二　軍服程度の衣類を着用していれば火傷の心配はない
三　突差《とっさ》の場合には地面に伏せるか、堅牢建築物の陰を利用すること
四　以上のことを実施すれば、新型爆弾もさほど怖れることはない。

などの「心得」がならぶ。「官邸ＨＰ」とおどろくほど似ている。共通するのは、国家の国民にたいする〈命令・服従関係の強要〉および「原爆＝ミサイルに、防空壕＝地下街を」という〈愚民目線〉である。「当局」の発想は、当時もいまも、すこしも変わっていない。

同時に、あの長崎県――原爆により惨憺たる被害に遭った長崎市、また、その五年後起きた「朝鮮戦争」で米軍の前線基地とされた佐世保市の所在地――が、安倍政権の〈有事プロパガンダ〉に唯々諾々と応じ、率先して有事想定訓練に乗りだす〈歴史健忘症〉もまた痛感される。長崎県だけでない。福岡県の板付飛行場（いまの福岡空港）、また山口県の岩国飛行場、大阪の伊丹空港も、占領下、米軍基地として朝鮮戦線に出撃する戦闘機の第一線基地となった過去をもっている。「大空襲を語り継ぐ会」は全国どこにもある。であるのに、政府の〈弾道ミサイル威嚇キャンペーン〉がつづくなか、（まだ体験者も生きているのに）歴史を思いおこす警鐘は、どこからも聞こえてこないのである。

二　「安倍戦争法」と「日米ガイドライン」の結合――「第二次朝鮮戦争」への接近か

敗戦から五年後に九州と西日本――のみならず日本全土を包みこんだ――「朝鮮戦争」の回顧談は、「朝鮮

特需」や「戦後復興のカンフル剤」といったように〈思いがけない好運〉として語られるのがふつうだ。一歩誤れば、つまり、もし「北朝鮮が渡洋攻撃能力を持っていたとしたら、日本はどうなったか？」に身を置いて思い返されることはまずない。また、「日本再軍備」もそこを起点にはじまった――「警察予備隊」の創設による〈九条の空洞化〉が開始された――ことへの認識も希薄である。

安倍晋三首相は（山口県出身ながら）一九五四年生まれなので、広島と長崎の原爆被災はもとより、五〇年六月勃発し三年一か月間戦われた「朝鮮戦争」についても記憶のない世代に属する。現存する日本人の大半も同様である。だから朝鮮戦争についても、戦後復興への〈棚ぼた的ラッキー〉な側面のみを受けとめがちだ。

しかし歴史はそのまま繰り返しはしない。Ｂ29の都市空襲に「防火訓練」や「窓のない部屋」が役立なかったように、また原爆に「堅牢建築物」が無力だったのとおなじく、二度目は破滅である。なぜなら、ふたたび「朝鮮戦争」が起こったら、日本が「第一次」と異次元の状況に置かれることはまちがいない。そこで「官邸ＨＰ」が登場したのだろうが、安倍版「弾道ミサイル落下時の行動について」では、原爆投下後の「対策心得」と同様、気休めにもならないだろう。

とすれば、「朝鮮戦争から何を学ぶか」の視点が大切になる。そこで以下に「朝鮮戦争」でいかなる戦争協力がなされたかの実態を振りかえりながら、「安倍戦争法」と「日米ガイドライン」（防衛協力指針）の結合が、日本をいかに「第二次朝鮮戦争」に接近させているのかをみていく。

わたしは福岡県に生まれ育った。小学校高学年から中学生にかけての体験として朝鮮戦争をおぼえている（のちに長崎と佐世保で一〇年間記者生活をすごしたので体験者の話と史料でもたしかめた）。

そこからいえることは、まず（以下、〈起こってしまった〉朝鮮戦争を「第一次」、〈起こるかもしれない〉朝鮮戦争を「第二次」と書き分けるが）、「第一次朝鮮戦争」にさいして日本は中立国でも第三者的立場でもなく〈実質的な交戦国〉であったという事実。つぎに、それでも日本が「第一次朝鮮戦争」の〈巻き添え〉にならずにすんだのは、北朝鮮が日本への反撃手段を持っていなかった（あるいは意思を発動させなかった）ための〈偶然の幸運〉にすぎなかった、ということである。もし「第二次朝鮮戦争」が起きれば、安倍政権の姿勢と「新ガイドライン」により、日本はまたしても〈実質的な交戦国〉とならざるをえず、だが、現在の北朝鮮は核兵器と弾道ミサイルで武装している（じっさい「米軍基地攻撃」を予告している）ので〈偶然の幸運〉にあずかることなどできない。国民の多くは、日本が「第二次朝鮮戦争」の「当事国」になると思ってもいないだろう。だが、在日米軍基地が戦争遂行の不可欠な基盤となる以上、「中立」や「局外」に立つことは期待できないと知るべきである。

国際法（交戦法規）によれば「中立国」の地位を主張するには、三つの条件が必要とされる。①交戦国の戦争遂行に直接・間接の援助を与えない「回避義務」の履行。②自国領域が交戦国の戦争遂行のために利用されないように防止措置をとる「防止義務」の遵守。③もし、①と②に違反した場合、不利益（攻撃による被害）に遭っても甘受する「黙認義務」の受け入れ、である。

これら条件を現在の「朝鮮半島危機」にあてはめると、日本の立場は「中立国」に該当するだろうか？　すべての点で資格を欠いているのは明白だ。

「第二次朝鮮戦争」は（発端を想定すれば）まず北朝鮮軍と韓国・在韓米軍のあいだで開始されよう。当事国は三カ国である。

だが、安倍首相はつねづね「日米一体」「力による抑止」をとなえて北朝鮮敵視を隠そうとしない。自民党安保調査会も「敵基地反撃能力の保有」を提言した（三月三〇日）。検討チームの責任者・小野寺五典座長は、八月三日の内閣改造で防衛大臣に就任、その後もおなじ発言を繰りかえしている。したがって日本は、中立国の資格となる戦争「回避義務」をすでに放棄したとみなされて仕方ない。くわえて、開戦直後（または同時に）日本の基地から発進した米軍機・部隊が戦線に投入され、自衛隊も「後方支援」を受けもつのは確実だから、「防止義務」も主張できない羽目におちいる。結果、日本は自動的に「参戦国」の名を冠せられる。そうすると、北朝鮮からの「弾道サイル攻撃」にも「黙認義務」を甘受しなければならない。

第一次朝鮮戦争の場合、日本は連合国（実質はアメリカ）の占領下に置かれ、国家主権喪失の状態にあった。したがって「介入回避」「協力防止」を行使できる立場になく、やむなく〈巻き添え戦争〉に加担させられた。（結果的には攻撃を受けることなく「朝鮮特需」の〈余禄〉だけ享受できたのだが）、つぎに起きるかもしれない「第二次朝鮮戦争」においては様相がまるでちがう。

「戦争法」＝集団的自衛権の行使と「新ガイドライン」＝日米共同作戦のもと、日本はみずから中立の立場を捨て、最初から「戦争当事国」となる可能性が高い。自衛隊は初期段階から米軍の一翼となって行動する公算が大とせねばならない。反対しようにも、国民の知る権利は「秘密保護法」の暗幕でさえぎられ、反対行動には「共謀罪」による弾圧が待ちうける。そう覚悟しておく必要がある（「第一次朝鮮戦争」のさいには「吹田事件」＝五二年のように「戦争反対」をかかげた集会とデモに「騒擾罪」が適用された例がある）。

そのような近未来を現実としないためにも、「第一次朝鮮戦争」のさい、日本がどのような戦争協力を果たしたかを知っておくことが必須となる。

三　朝鮮戦争の発動と日本社会の変容

戦争は一九五〇年六月二五日に開始された。三日後、北朝鮮軍はソウルを陥落させ一気に南進、釜山へと進撃した。二七日、米トルーマン政権は「韓国防衛のため参戦する」と表明、指揮官に日本占領軍総司令官・マッカーサー元帥を指名した。国連安保理事会もまた「北朝鮮の侵略行為」と認定、「朝鮮国連軍」の名称と国連旗の使用をみとめる決議を採択した（二七日）。同日、米軍の第一陣が北九州・小倉から釜山に海・空輸され戦闘態勢にはいった。そのころ、長崎県対馬の住民は、釜山に迫る北朝鮮軍の砲火を夜ごと目撃したという。

占領下日本には、米陸軍第八軍（司令部・横浜）指揮下の第七歩兵師団（司令部・北海道真駒内）、第一騎兵師団（司令部・埼玉県朝霞）、第二五歩兵師団（司令部・大阪）、第二四歩兵師団（司令部・小倉）の約五万人が駐屯し、それが朝鮮戦線にもっとも近い米軍兵力であった。新憲法のもと旧陸海軍は解体されていて日本に軍隊は存在しない。

マッカーサー司令官は、日本占領の陸軍四個師団をあいついで戦線に投入するとともに、日本の人的・物的能力を活用することとした。七月八日、「警察予備隊」創設を命じる「マッカーサー書簡」が吉田茂首相に送られた。ここから「日本再軍備」がはじまる。企業・自治体にはGHQ（占領軍総司令部）から「緊急調達命令」が発せられた。それに応える吉田首相の書簡がのこされている（一九五〇年八月二九日付）。

「連合国軍最高司令官ダグラス・マッカーサー閣下

合衆国第八軍が在韓派遣軍の使用に供するために起重機船を二隻――一隻は横浜、もう一隻は横須賀で――購入したと聞きました。われわれが国際連合軍の戦争への努力に、なにがしかの貢献をしていることを知るのは、なによりも喜ばしいことです。

日本の政府と国民が貴官が必要とするいかなる施設ならびに労務をも提供する用意があり、かつこれを切望していることは間違いありません」（袖井林二郎編訳『吉田茂＝マッカーサー往復書簡集』法政大学出版局、二〇〇〇年）。

生産現場には（「兵器・航空機の生産禁止令」があったにかかわらず）「緊急調達」による銃砲弾の製造、車両・船舶の修理、航空機整備が大量に発注され「特需ブーム」と呼ばれる活況をもたらした。『占領軍調達史』（調達庁刊、一九五六年）によると、特需第一年は、土嚢《どのう》用麻袋、有刺鉄線、野戦食糧、毛布などが主であったが、戦闘激化につれ、砲弾、空軍用羽根つき弾、ナパーム弾（油脂焼夷弾）などが多くを占めるようになる。日本の都市を焼き払ったナパーム弾が日本の工場でつくられ、朝鮮半島へと送られていったのである。特需第三年の契約額は四億七六〇〇万ドル。そのころの一ドル三六〇円レートで計算すると一七一三億円にもなる。一九五〇年度国家予算が六三三二億円であったことを知ると、「特需」がいかに莫大な額であったかがわかる。

このようにして「財閥解体」の初期占領方針が骨抜きとされるなか、防衛産業が復活してくるのである。「日本兵器工業会」（五一年発足）、「経団連・防衛生産委員会」（五二年）、「武器等製造法」（五三年制定）、「航空機製造事業法」（五四年）とつづく業界団体結成および法律整備の流れは、朝鮮戦争が戦後防衛産業の形成に果たした役割の大きさを物語っている。

これに、「警察予備隊」創設（陸上のみ一九五〇年）～五二年「保安隊」に拡充（陸・海）～五四年「自衛隊」発足（陸・海・空）とつづく再軍備の進展（いうまでもなくそれは憲法九条空洞化との同時進行だが）をかさねると、「第一次朝鮮戦争」が、平和憲法とともに再出発した戦後日本にどれほど深刻な傷跡をのこしたかを理解できよう。そしていま安倍政権は〈第二次朝鮮戦争の危機〉を煽りつつ、〈負の歴史〉の再現——武器生産・輸出の自由化と憲法九条改正・廃止——に直進しているのである。

四　朝鮮戦争と日本の米軍基地及び地域社会の緊密な連動

つぎに、朝鮮戦争と日本の米軍基地及び地域社会がいかに緊密に連動していたかを、おもに九州と山口県の実態からみていこう。

朝鮮戦争により都市の未来図を決定的にねじ曲げられた典型的な例が長崎県佐世保市である。

佐世保は、一八八九年この地に「第三海軍区・佐世保鎮守府」が開庁して以降、小さな一寒村から急速に軍港都市に変貌し、あげく一九四五年六月の大空襲によって市街地の大半が灰燼《かいじん》に帰した。戦後の再出発にあたり佐世保市議会は全会一致、以下の決議を採択した（『佐世保市史』政治行政編、一九五七年）。

「巨億の国費と、六〇年の長きにわたり、営々として構築された旧軍港は、もっぱら戦争目的にのみ供用せられてきた。

膨大な軍工廠を擁し、軍都として発展してきた佐世保市は、人口三〇万人に達する大都市となった。しかるに今次大戦は日本をほとんど破滅の状態において終末を告げ、数代にわたってここに定着してきた市民は住むに家なく、帰るべき故郷はすでになく、荒廃した惨状の中に失業の群衆と化し去った。

解体艦船のスクラップの山、半壊の建物の群れは、これを眺める市民に戦争の惨禍と無意義さをしみじみと訴えるのである。

日本は新憲法により非武装平和国家を中外に宣言した。

佐世保はここに一八〇度の転換をもって、せめて残された旧軍用財産を人類の永遠の幸福のために活用し、速やかに平和産業都市、国際貿易港として更生せんことを誓うのみである。」

この宣言が採択されたのが一九五〇年一月一三日（朝鮮戦争開始マイナス一六四日）である。折から国会で、横須賀、佐世保、呉、舞鶴の旧軍港四市を対象に、旧海軍施設を市や民間に譲渡するための「旧軍港市転換法」が成立し、六月四日、憲法九五条にしたがって住民投票が実施された（マイナス二一日）。佐世保市では投票率八九・四％、賛成率九七・三％という結果であった。市民がいかに「軍港はもうこりごりだ」の思いに駆られていたかがわかる。

不運なことに、投票からわずか三週間後、朝鮮戦争が勃発したのである。たちまち佐世保は朝鮮半島への〈海の第一線基地〉となり、米艦船と兵士が集結・出撃していく戦争策源地とされた。旧海軍施設の活用による「国際貿易港」どころか、再接収・新規接収で米軍基地は拡大される。港口に潜水艦阻止の防潜網が張られたため、貿易はむろん漁船の出入りすらできなくなった。市内では灯火管制が実施され、しばしば防空サイレンが鳴り響くようになる（米軍が佐世保基地への攻撃を予測していたことはまちがいない）。

こうして、佐世保はまたしても〈軍港の宿命〉に引き戻される。再軍備が進行していくにつれ、「平和産業都市」の夢は断念され、現実派の「海上自衛隊誘致」が大勢を占めるようになるのである。

戦時色は、佐世保だけでなく、九州と西日本全域をも覆った。

板付基地（いまの福岡空港）は、おなじ県内の芦屋、築城基地とともに攻撃・輸送の最前線基地となった。C46、47輸送機が数分おきに飛び立ち、前線に兵士を、また前線から負傷兵を運んだ。負傷兵を乗せた日本人運転のバスが、憲兵隊のジープの先導で市内や福岡市の米軍病院に輸送した。

岩国基地も、戦闘機と爆撃機の出撃地となり、戦闘機が朝連日、朝鮮上空を往復した。

「朝鮮から帰ってくるパイロットがね、雉《きじ》を持ってくるんだが、それがまだ温かいんですよ。料理して食べていましたね」とは、そのころを知る故老の話である（拙著『日米安保の収支決算』ちくま新書、二〇〇〇年）。市内上空で爆撃機が空中分解、墜落し、市民三人が死亡する事故も起きた。

大阪の〝イタミ・エア・ベース〟（現伊丹空港）からは戦闘機に護衛されたＢ29がナパーム弾を積んで飛び立った（大沼久夫編『朝鮮戦争と日本』新幹社、二〇〇六年）。南北朝鮮人の頭上に降ったナパーム弾は、日本で製造され、日本から発進した爆撃機によるものである。

これら作戦は、すべて日本企業と従業員による「後方支援」を基盤としていた。ＧＨＱ（占領軍総司令部）がＰ・Ｄ（調達命令）を発すると、総理府外局の「特別調達庁」が企業に割りふり納入させた。

日本側の朝鮮戦争協力は、大別すると、①前線協力、②労働動員、③物資調達、④国内輸送支援からなっていた。前線協力は、ＧＨＱ内にある「日本商船管理委員会」が担当、日本船六九隻三四万トンを「Ｐ・Ｄ」により借り上げ、おもに釜山〜日本間の輸送に従事させた。なかにはＬＳＴ（戦車揚陸艦）に日本人が乗り組んで戦闘地域に物資輸送するケースもあった。「仁川上陸作戦」（一九五〇年九月）に参加したＬＳＴ四七隻のうち三七隻は日本人要員によるものだった（ＬＳＴ輸送は七〇年代のベトナム戦争でも繰りかえされた）。

「敵前掃海」という危険な仕事が命じられたこともあった。『海上保安庁三〇年史』（一九七九年刊）には、「米国極東海軍司令官の指令によって、掃海船二〇隻、巡視船四隻及び試航船一隻を下関に集結せしめ、四個の掃海隊を編成した」とある。つづけて「朝鮮水域に向かった特別掃海隊は、（一九五〇年）一〇月中旬から元山、仁川、群山、鎮南浦、海州の諸港付近の掃海作業に従事した。一〇月一七日、永興湾において、第二掃海隊所属の掃海船四隻が掃海中、触覚機雷に触雷、瞬時にして船体粉砕沈没し、甲板員の中谷坂太郎（当時二一才）が死亡、負傷者一八人を出したほか、一〇月二七日には群山沖において掃海船ＭＳ30号艇が座礁沈没するなどの損害を出すに至った」と記述されている。

これら日本掃海隊の戦争参加はすべて秘密裏に実施され、日本国民は知るすべもなかった。事実が明るみに出たのは、四半世紀もたったのち、当時海上保安庁長官だった大久保武雄氏の回想録『海鳴りの日々』（海洋問題研究会、一九七八年）が世に出てからである。この事件をふくめ、前掲『占領軍調達史』は、朝鮮戦争全期間の日本民間人死者を五二人（輸送業務二六人、特殊船員二二人、港湾荷役四人）と記している。

労働動員の例としては、九州在住の日赤看護婦に「赤紙」（召集命令）が送りつけられたケースがある。朝日新聞の記事（「休戦半世紀」二〇〇三年七月二九日付）は、福岡県内の国立病院に勤務していた看護婦の体験談として、「非常ベルでたたき起こされ、『君たちに赤紙が来た』と事務長から告げられ、福岡市内の「第一四一国連軍病院」で一年近く働かされた」とつたえている。戦時中の召集命令「赤紙」が（法的根拠もなく）復活していたのである。

そのいっぽう、労働組合やマス・メディアにたいしては、「レッド・パージ」とよばれる〈赤狩り〉旋風が吹き荒れた。「逆コース」とよばれた占領方針転換のなか、報道機関や官公庁に勤務する共産党員、シンパへの追放・解雇が、占領軍布令の「団体等規制令」により行われた。「吹田事件」のような労働組合弾圧も各地であった（同事件では一一一人が「騒擾罪」で起訴されたが、一審無罪、一九七二年に全員の無罪判決が確定した）。米情報機関による「秘密工作」「謀略事件」も多発したが（これは松本清張の『日本の黒い霧』に描かれている）、その手足となったのは日本の警察であった。佐世保でも「マッカーサーの佐世保入り」（仁川上陸作戦のため）

を匂わせる情報をつたえた共産党員が「プレスコード違反」容疑で逮捕されている（一九五〇年九月）。「共謀罪」が施行され、二七七もの罪を「計画・準備段階」から捜査対象とするにいたった現状、それは「団体等規制令」の復活と受けとめるべきかもしれない。

五　「第二次朝鮮戦争」と自衛隊の対応

以上、「第一次朝鮮戦争」が日本社会にもたらした痕跡をざっとふりかえった。それは、たんなる昔ばなしにすぎないのか？　それとも〈後ずさりする歴史〉なのか？

「第二次朝鮮戦争」が起きれば、（安倍政権の姿勢から判断して）日本が、一九五〇年とおなじ道をたどるのは必至と思われる。だが、いまは北朝鮮は「核兵器」「弾道ミサイル」による反撃能力を保有している。日本の置かれる状況が「第一次」と大きく異なるものとなるのは避けようもない。日本政府が「回避」「防止」の策を講じなければ、北朝鮮の弾道ミサイル攻撃を「黙認」するほかなく、甚大な被害をこうむることになる。

そのような状況に直面しているにかかわらず、安倍政権は、「回避」と逆方向の〈戦争準備〉へ直進するのみなのである。「戦争法」「新ガイドライン」「自衛隊の現況」がそれを表している。朝鮮半島にいちばん近い自衛隊基地・佐世保の現状が実例だ。

佐世保には二〇一七年度末、陸上自衛隊の「水陸機動団」が新編される。〈日本版海兵隊〉とも称される部隊である。編成完結時には三個連隊三〇〇〇人からなり、隊員のほとんどがレンジャー記章をもつ精鋭ばかり。AAV（水陸両用戦闘車）中隊、ヘリボーン中隊などからなる海外遠征専門の〈殴りこみ部隊〉で、主装備に、沖縄海兵隊とおなじＡＡＶ７水陸両用戦闘車。水陸機動団の〈足〉として輸送機オスプレイが導入される。そのオスプレイを七〇キロ東の佐賀空港に配備すべく、県、市に受けいれるよう圧力がつづいている（有明海の海苔《のり》生産者の反対で用地取得費は二年つづけて未執行なので実現困難だが）。

海上自衛隊佐世保地方隊は、いま護衛艦一五隻（うち三隻は弾道ミサイル迎撃対応型のイージス艦）を擁し、海自基地中もっとも多い。米海軍佐世保基地の繋船池には強襲揚陸艦一隻とドック型揚陸艦三隻、掃海艇などがひしめいている。

「水陸機動団」は、〈殴りこみ部隊〉の異称といい、またオスプレイ、水陸戦闘車など主要装備でみても米海兵隊のコピーといっていい。その新部隊が、〈戦争法〉に登場した「グレーゾーン事態」や「重要影響事態」への対応部隊として二〇一七年度から活動を開始するのである。「第二次朝鮮戦争」が発生すれば、また佐世保は攻撃の第一線となり、そしてもはや「灯火管制」も「防空サイレン」も間に合わない「弾道ミサイル攻撃」の第一目標となるのはまちがいない。

自衛隊の「任務」も大変化した。これも〈戦争への敷居〉を低くするものだ。

「戦争法」による自衛隊法改正で、従来の第三条「任務」から「直接侵略および間接侵略からわが国を防衛し……」の部分が削除され、かわって、「三条の二」に以下の文が追加された。

一　我が国の平和及び安全に重要な影響を与える事態に対応して行う我が国の平和及び安全の確保に資する活動

二　国際連合を中心とした国際平和のための取り組みへの寄与その他の国際協力の推進を通じて我が国を含

む国際社会の平和及び安全の維持に資する活動

一読明らかなとおり、「専守防衛」は自衛隊法上、無意味な〈空文〉となった。「重要影響事態」や「国際平和事態」対処が「国土防衛」と同列の位置を占めた（「重要影響事態」が朝鮮半島を念頭に置いているのはいうまでもない）。

海外戦争準備は自衛隊法第六章「自衛隊の行動」にも反映されている。

改正前の第七六条「防衛出動」は、首相が「自衛隊の全部または一部を出動させることができる」場合として、「我が国に対する外部からの武力攻撃が発生した事態」のみを規定していた。そこに「二」が追加された。

二　我が国と密接な関係にある他国に対する攻撃が発生し、これにより我が国の存立が脅かされ、国民の生命、自由、幸福追求の権利が根底から覆される明白な危険がある場合

新項は「存立危機事態」といわれる。「自衛権行使要件」の憲法解釈変更をめぐり「戦争法案」論議最大の焦点となったのは記憶に新しいが、その「新三要件」第一項がそのままの表現で「防衛出動条項」に取りいれられたのである。「我が国と密接な関係にある他国」への武力行使、その第一目標が、（アメリカとともに）韓国支援を指向していることは明瞭だろう。とすれば、佐世保はじめ全自衛隊が「第二次朝鮮戦争」にどう動くか、おのずと明らかである。

「自衛隊の武器使用権限」（第九五条）も拡大された。

自衛隊法制定時、武器の使用は「防衛出動」「治安出動」「海上警備行動」「武器等防護のための武器使用」にかぎられていた（のちにＰＫＯなどへも派生していったが）。今回の改正で「合衆国軍隊等の部隊の武器等の防護のための武器の使用」という新類型が追加された。すでに「米艦防護」として実行中である。

自衛隊が、自己保有の武器・施設防護に武器を用いることは「部隊防護権」（正当防衛）として従来も可能だった。それが「米軍を防護する武器使用」にまで拡大されたのである。

ただちに「米艦防護」として実施された。国家安全保障会議決定の「自衛隊法第九五条の二の運用に関する指針」（二〇一六年一二月）によると、

「本条は、自衛隊と連携して我が国の防衛に資する活動に現に従事しているアメリカ合衆国の軍隊という、我が国の防衛力を構成する重要な物的手段に相当するものと評価できるものを防護するための、極めて受動的かつ限定的な必要最小限の武器の使用を認めるものである」という説明がなされている。米軍の武器は自衛隊の武器と同等の価値をもつという解釈である。

では、米軍の「我が国の防衛に資する活動」とはどんなものか？

ア　弾道ミサイルの警戒を含む情報収集・警戒監視活動

イ　我が国の平和及び安全に重要な影響を与える事態に際して行われる輸送、補給等の活動

ウ　我が国を防衛するために必要な能力を向上させるための共同訓練

などが挙げられている。北朝鮮（や中国海軍）を想定して「武器防護」が「米艦防護」に拡大されたことに疑問の余地はない。

当然ながら、「米艦防護」の現場は日本領域外の海上もしくは上空となる。その海域で行動中の米艦艦長が、

かりに、北朝鮮側から攻撃を受けた、と共同行動中の自衛艦に援助要請した場合、「合衆国軍隊等の部隊の武器等の防護のための武器の使用」は、ほぼ自動的に、日本と北朝鮮との交戦に発展する。こうして日本海や東シナ海で北朝鮮とのあいだに不測の事態が起これば、日本はあっという間に渦中に巻きこまれるのをまぬがれない。「米艦防護」がトリップワイヤーとなって、自衛隊が米朝戦争に自動参戦するのは必至である。

こうした軍・軍連携は、安倍政権のもとで改定された「新ガイドライン」（日米防衛協力指針）にも〈作戦協力〉のかたちで明記されている。「ガイドライン」は、自衛隊・米軍にあたえられた〈戦争マニュアル〉であり、共同作戦の基礎となる文書だ。そこには①「平時」、②「日本有事」、③「日本以外の有事の場合における武力攻撃」への日米間軍・軍連携が規定されている。北朝鮮危機の場合、③の「日本以外の国に対する武力攻撃への対処行動」が該当する。「協力して行う作戦の例」として、

一　アセット（装備品等）の防護

二　捜索・救難

三　海上作戦

四　弾道ミサイル攻撃に対処するための作戦

アセット防護が「米艦防護」にあたる。すでにカール・ビンソン艦隊と護衛艦二隻との共同訓練（四月）、米戦闘補給艦に対するヘリ空母「いずも」による護衛（五月）の二例が報道された。しかし安倍首相は、「米軍等への活動への影響や相手方との関係もあり、実施の逐一についてお答えすることは差し控えたい」（五月八日国会答弁）と内容の公表を拒んだ。これは明白な〈二枚舌〉である。

首相が二〇一四年七月の記者会見で「米艦防護」の必要性を説明したさい、背後には〈幼児を抱く母の絵と

ともに）「邦人輸送中の米輸送艦の防護」と書いたパネルが置かれ、首相は「避難民輸送」が目的だと強調した。こうのべている。

「例えば、海外で突然紛争が発生し、そこから逃げようとする日本人を同盟国であり、能力を有する米国が救助を輸送しているとき、日本近海において攻撃を受けるかもしれない。我が国自身への攻撃ではありません。しかし、それでも日本人の命を守るため、自衛隊が米国の船を守る。それをできるようにするのが今回の米艦防護についての閣議決定です」

それが実施段階になると、前記「本条の趣旨」となり、対象は「米艦そのもの」に入れ替わった。そして「実施内容は明かさない」といかさまともいうべき手法によって〈北朝鮮威圧への日米軍・軍連携〉のツールがつくられたのである。

新ガイドラインには、「弾道ミサイル対処」についても、「自衛隊及び米軍は、弾道ミサイルの迎撃において協力する」とあり、すでに日本海で日米のイージス艦が早期探知・迎撃態勢をとっている。ここにも「米艦防護」と同様の共同歩調が常態化している。

以上のとおり、危険水位は日々高まっている。「先制第一撃」の機をうかがう安倍・トランプ連合の戦争準備に注目しなければならない。〈起こってしまった過去〉を〈起こるかもしれない未来〉に直結させないためにも、「官邸ＨＰ」や「戦争法」「新ガイドライン」が誘導する方向と決別した「北朝鮮脅威論の克服」の方策が提示される必要がある。それこそが、〈安倍改憲〉を阻止する護憲勢力の対抗策なのではないのか？

冒頭でみたように、安倍政権の戦争準備――〈第二次朝鮮戦争〉への構えかたは――戦争法＝ガイドラインにもとづく米軍・自衛隊間だけでなく、「弾道ミサイル避難訓練」ともいうべき国民教育の面にもおよんでいる。内外ともに〈戦争前夜〉といわなければならない。

それを防ぎとどめるには（本稿の範囲ではないが）、北朝鮮の核・ミサイル開発にかんしては、「イランの核開発」について、ＥＵが米・イランを調停して「開発凍結」と「経済封鎖解除」に合意させたような「安全保障対話」ができる場を日本が仲介すること。いまひとつは、野党が結束一致して、安保条約第六条交換公文に明記された「事前協議条項」三の「わが国から行われる戦闘作戦行動のための基地としての日本国内の施設・区域の使用」を適用し、米軍の在日基地使用に「ノー」という権利を留保することを明らかにし、かつ、トランプ政権に通告しておくことである。

2

米国の対北朝鮮核攻撃計画

――ＩＣＢＭ実験に端を発した危機の根本要因とは何か

成澤　宗男

一　北朝鮮ＩＣＢＭ開発の評価

本稿を執筆中にも、米国と北朝鮮の間で、不測の事態を引き起こしかねない理性を欠いた非難の応酬が続いている。その行き着く先は未知ながら、少なくとも二〇一七年が六四年前の朝鮮戦争の停戦協定締結後、一九九四年に続き、最も朝鮮半島の危機が高まった年として後世の歴史に記されることになるのは疑いない。

周知のように北朝鮮はこれまで、軍が「最新鋭核兵器」の使用の可能性を含んだ米国への軍事攻撃を開始する「最終許可を得た」（二〇一三年四月）といった類いの、およそ不可能な行動をあたかも裏付けがある「脅し」として口にしてきた。だが、このようなエクセントリックで非合理的言動が、これまでとは異なって現実のものとなるような可能性を帯びてきたがゆえに緊張が一段とエスカレートしたとされるのが、二〇一七年の危機の特徴であるだろう。

言うまでもなく、同年に実験が頻繁となった、短・中距離ミサイルとは次元を異にした、米国本土への核攻撃を実現できるＩＣＢＭ（大陸間弾道ミサイル）の登場に他ならない。北朝鮮が実験を続けてきたムスダン（火星一〇号）や火星一二号に代表される、グアムまで射程が及ぶという核搭載ＩＲＢＭ（中距離ミサイル）だけではなく、米国本土までの到達の可能性を排除できないＩＣＢＭが、米朝間のパワーバランスに大きく影響を及ぼす「ゲームチェンジャー」として登場したとされるに至った。

すでに北朝鮮は二〇一二年四月の軍事パレードや一五年一〇月の労働党創建七〇周年記念軍事パレードで、五五〇〇キロメートル以上の射程を有するＩＣＢＭと見られる「火星一四号」（ＫＮ―14）を登場させている。そして一七年七月には四日と二八日の二回にわたり、初めてその実験を行なった。最初の実験の際、米国のレックス・ティラーソン国務長官は「北朝鮮のＩＣＢＭ発射は米国と同盟国、及び協力国、そして世界に対する新たな脅威だ」と非難。事実上、北朝鮮のＩＣＢＭ保有を認める形となった。

その結果、米国は繰り返されてきた北朝鮮の核による本土攻撃の「威嚇」が誇張ではなく、初めて現実となる恐れを抱くようになったのは疑いない。ただ、現段階で「火星一四号」が実戦段階に達したと見なすのは早計で、その性能自体も評価は定まってはいない。比較的評価が均一なのは、四日の実験では高度二八〇二キロメートルまで上昇し、九三三キロメートルを三九分間飛翔したという点だ。これだけでは、北朝鮮東部の元《ウォン》山《サン》から発射しても、そこから米本土の至近距離の西海岸のシアトルまで七九〇〇キロメートルを越えられるかどうか正確にはわからない。

一方で、朝鮮中央通信は、二八日の実験について「成功裏に進行した」と報じ、金正恩《キムジョンウン》朝鮮労働党委員長の「米本土全域が我々の射程圏内にあることが明確に立証された」との談話を発表した。ロイター通信も三一日配信の記事で、米情報当局者が「火星一四号」は「米本土のほぼ全域を射程圏に収める可能性があると分析している」と報道している。

二　技術的な難点

米『ニューヨーク・タイムズ』紙は七月二八日付で、二回の実験について、「これで北朝鮮が、米国本土の少なくとも四八州の目標に核兵器を運搬できるのに必要なすべての技術をマスターしたかについての疑問に回答しうるかどうかは、疑問」としながらも、専門家の談話として、北朝鮮のＩＣＢＭが「初めて米国の西海岸まで達することが可能となったようだ」と指摘。「歴代大統領が久しく米国にとって許容できないと宣言していた重大な段階」に達したと、警戒している。

同紙はさらに、このＩＣＢＭについて韓国・慶南科学技術大学校極東研究所のキム・ドンユブ研究員の「射程距離が九〇〇〇キロメートルから一万キロメートルで、米国西海岸に容易に到達できる」としたコメントを掲載している[1]。

ただ、二回の実験だけで「火星一四号」の評価が定まったとは必ずしも言えまい。たとえば、①核弾頭が、ミサイルに搭載できるまで小型化されたのか②発射後、核弾頭が大気圏に再突入する際に発する四〇〇〇～七〇〇〇度の高熱を遮蔽する技術が確立しているのか③目標に達するための超精密誘導技術が盛り込まれているのか④注入するのに時間がかかって即応態勢が困難な液体燃料から、固体燃料に転換できるのか――等々、実戦化するのに不可欠な技術的課題がどこまで解決しているのかについて、未知数の領域が多い。

北朝鮮は〇六年以降これまで、計五回の核実験を行なっているが、米『ワシントン・ポスト』紙は七月二五日付で、国防情報局（ＤＩＡ）の「機密評価」を報道。そこでは、七月四日の実験を受けて「北朝鮮は信頼できる核搭載可能なＩＣＢＭを早ければ来年にも配備できるだろう」と予測していると伝えている。加えて、「核兵器で北朝鮮が北米の都市を攻撃できるタイムラインを劇的に縮めている」との見方が示されているという。

しかも、最近の実験が「北朝鮮の武器製造科学者による驚くべき技術の進歩」を示しており、「孤立した共産主義体制として、多くの分析者が考えていた水準を凌駕するペース」であると、そこでは強調されている模様だ。その「技術」には、ＩＣＢＭの開発に向けた最終的障害である大気圏再突入技術も含まれている点も示唆している。[2]

同紙は、二回目の実験後の八月八日付で、やはりＤＩＡの「機密評価」として、北朝鮮が核弾頭をすでに六〇発保有していると報道。そこでは最新の評価として「（これまで）遠距離の目標までミサイルで運搬する小型核弾頭の設計に、多くのアナリストが数年かかる」と見込んでいたが、「決定的な技術的段階に達した」として、核弾頭の小型化に成功しているとの結論が含まれているという。さらに、この評価に関わった二人の政府関係者の談として、「北朝鮮がＩＣＢＭクラスのミサイルに収まるだけの核弾頭を生産している」との、諜報機関の見方を紹介している。[3]

こうした断定的な「評価」については、「違法なイラク戦を正当化するために使われた大量破壊兵器というウソを捏造した、同じ諜報機関から由来している」としてその信憑性に疑問を投げかけ、「北朝鮮のいわゆるＩＣＢＭについては、距離や精度、弾頭の重量、大気圏再突入技術等すべてが不明だ」[4]とする見解も存在する。

これは極端な例だが、七月四日の第一回目のＩＣＢＭの実験直後、ロイター通信が報じた統合参謀本部のポール・セルバ副議長の談話は、最も抑制された評価を示していた。同副議長は、「北朝鮮は（ＩＣＢＭの）正確さを総動員しても米国を攻撃する能力はなく、飛行距離があっても必要な誘導能力がない」と指摘。さらに、「もっともらしく成功したなどと自信を示そうが、北朝鮮は米国の攻撃目標に到達するという希望は持てないし、アラスカやハワイを攻撃できるようだ、などという議論は誇張されている」と断じている。[5]

三　混乱する米国政府の発言

いずれにせよ、現時点で北朝鮮のＩＣＢＭ開発に何らかの進展があったとしても、米国が戦略バランスを崩されるほどの深刻な「核の脅威」に晒されている、あるいは晒され始めたかのような議論は、まだ検証すべき余地が大きいように思える。そしてより問題なのは、今回の北朝鮮のＩＣＢＭ実験に対する米国側の対応だろう。そもそも「火星一四号」の評価が定まったとは言い難いのと同様、トランプ政権内から発せられたメッセージも、必ずしも一様ではない。

ティラーソン国務長官は、「私たちは北朝鮮の敵ではない。私たちは北朝鮮にとって脅威ではない」「私たちは（北朝鮮の）政権交替や崩壊、朝鮮半島における統一の加速化を追求せず、三八度線の北側に米軍を送るための口実も探していない」と強調。さらに、「ある時点に北朝鮮と向かい合って座り、北朝鮮が追求する安保と経済的繁栄を提供する未来について対話したい」と発言している。

他方で、ハーバート・マクマスター大統領補佐官（国家安全保障担当）は八月五日、ＭＳＮＢＣのインタビュー番組で、「先制攻撃による戦争」（preventive war）の可能性について、「トランプ大統領は『北朝鮮が米国の脅威になるような核兵器を保有することになれば容認できない』と話した」と強調。「もし北朝鮮が米国の脅威になるような核兵器を持った場合は、大統領の見解では容認できないものになるだろう」「私たちはそれに向けたすべてのオプションを提供しなければならない。そこには軍事オプションも含まれる」として、必ずしも「先制攻撃による戦争」を否定しなかった。

当のトランプ大統領自身は八月八日での記者会見で、「北朝鮮はこれ以上、米国を威嚇しない方がいい」「（そうしないと）世界が目にしたことのないような『炎と怒り』に直面するだろう」と発言。異例の激しい口調が、世界中の注目を集めた。これに同調するように翌九日、ジェームス・マチス国防長官も北朝鮮に対し、「（このままだと）体制の終わりと国民の絶滅（destruction）を招くことになる」として「（ミサイル実験などから）退け」と、軍事行動も辞さないような、高圧的な口調で非難している。

こうした一連の好戦的発言は、ティラーソン国務長官の「政権交替や崩壊」を望まず、「向かい合って座り」といった言明と対極にある。これでは、どちらが米国の正式な対北朝鮮方針なのか理解しがたいだろう。

そもそも一七年六月の段階で、インド駐在のケ・チュニョン北朝鮮大使は、インド衛星放送の「ウィオン」で、「一定の状況で北朝鮮は核実験やミサイル試験発射凍結の条件を議論する意思がある」と発言していた。この「状況」とは、例年繰り返されている米韓合同軍事演習を中止することを指し、同大使は「核兵器廃棄を前提とした交渉も可能だ」と述べている。

四　最大の問題としての米国核政策

同趣旨の提案は、二〇一五年、二〇一六年を含めこれまで何度か北朝鮮側から示されている。だが、すべて米国が拒否してきたのは周知の事実だ。トランプ政権がティラーソン国務長官のように「北朝鮮の敵ではない」と自認するのなら、ここで示された提案はすぐにでも交渉に入れる糸口となったはずだ。そうなれば当然、七月における「火星一四号」の二回の実験もなかった可能性も否定できまい。だが、米国側はケ北朝鮮大使から発せられたメッセージをまたも無視している。

こうした一連の米国の姿勢を顧みると、米国と北朝鮮間の対立とは、果たして北朝鮮が米国を「威嚇」したり、それに留まらず米国の「脅威になるような核兵器」を持とうとしている事態が原因なのか――という、根本的な懐疑が生まれるだろう。

少なくとも、欧米や日本の主要メディアからこうした米国へのネガティブな見解が掲げられる可能性は乏しい。だが、朝鮮半島の核兵器をめぐる危機の本質とは、このような懐疑を排除して語れはしないだろう。第一、北朝鮮が「六〇発」核弾頭を保有しているとしても、現実に実戦配備可能なＩＣＢＭやＩＲＢＭ、爆撃機といった運搬手段を持たない。彼らが口にする「核攻撃」など、幼稚な口先だけの脅しの類いであることは、誰よりも米軍自身が知っていよう。

だが、米国は一九〇〇発の戦略核と、一八〇〇発の戦術核を配備（二〇一四年）しており、北朝鮮との力関係は隔絶している。しかも、核兵器による対抗手段を有しない北朝鮮に対し、一貫して核兵器による威嚇を続けてきた。両者は同等ではありえず、むしろ互いの非対称性こそが、問題の本質を考察する上での前提となる。

突き詰めれば、自国は核兵器で威嚇ができるが、威嚇された相手がそれへの対抗のために核兵器を持つのは許さない――というのが、米国の行動原理ではないのか。しかも、通常兵器で圧倒的に優位にあるのに、さらに核兵器投入による北朝鮮への威嚇を絶やさないという米国の姿勢を疑問視するような観点は、これも「国際世論」において完全に欠落している。だが、現在の戦争の危機を孕む米朝間の対立を考察する上での優先項目は、一九五三年七月二七日に朝鮮戦争が「停戦」した以降の、米国の朝鮮半島における核政策にある。

そして、まず前提とされるべきは、最初に朝鮮半島で相手への核攻撃の準備を始めたのは、米国だという事実に他ならない。「停戦」から五年を待たずに、在韓米軍は一九五八年一月、核地対地ミサイル「オネスト・ジョン」の配備を発表。同年二月には、核巡航ミサイル「マタドール」が韓国に搬入されている。さらに以降、在韓米軍は核地雷や核無反動砲、口径二〇三ミリメートルと二八〇ミリメートルの二種類の原子砲等も配備している。

五　続いている戦争の危機

以降、米軍が一九九一年末に「撤去」を発表するまで、在韓米軍は最大時で推定九五〇発の戦術核弾頭を展開していた。その間、北朝鮮が同盟国の旧ソ連や中国から、対抗措置として核兵器を配備させた形跡はない。しかも米軍は配備のみならず、以下の三例のように、実際に北朝鮮を核攻撃する寸前にまでいっている。

一、一九六八年一月に、日本海で海軍情報艦のプエブロ号が北朝鮮軍によって拿捕された際、報復措置として米太平洋海軍が、前述の「オネスト・ジョン」と短距離核地対地ミサイル「サージャント」を投入し、広島型原爆の五倍の破壊力がある核弾頭を北朝鮮に発射する作戦を立案した。結局、当時の統合参謀本部がその実施を断念し、計画のままで終わっている。

二、一九六九年四月に、日本海上で米軍のプロペラ偵察機「ＥＣ１２１」が北朝鮮軍機に撃墜され、搭乗員三一人が死亡した際、報復として北朝鮮軍司令部や航空基地、軍港に対し、計一二の広島型原爆の二〇倍の核爆弾を爆撃機で投下する等の核攻撃オプションが立案された。

三、一九七六年八月、板門店の共同警備区域内の立木の伐採をめぐって北朝鮮軍兵士と米兵の乱闘が起き、米兵二人が殺害された事件をきっかけに、米軍は「デフコン２」（攻撃準備態勢）までを発動。さらに、戦術核使用も考慮して核搭載可能のＦ―１１１戦闘爆撃機二〇機とＢ―52爆撃機三機が出動したが、現地の衝突は拡大せず、攻撃は中止された。

このうち、一と二については、米軍がベトナム戦争の泥沼にはまり込み、大軍を現地にはり付けていた時期でもあり、核攻撃を含む大規模な戦争を拡大する余地は限られていた歴史的背景を考慮する必要がある。そのような制約条件がなければ、事態は最悪の結末を迎えていた可能性は排除されなかったであろう。

そして、冷戦が終結し、一九九一年末まで在韓米軍の核兵器が「撤去」された後も、米軍による対北朝鮮核攻撃のオプションは放棄されたのでは決してなかった。そこで疑問とされるべきなのは、北朝鮮による核兵器としてのＩＣＢＭの実験・開発を、米国が自国への「脅威」や「威嚇」として非難できる道義的資格の有無に他ならない。

なぜなら繰り返すように、現在も北朝鮮が対抗手段として実戦化しているとは考え難い核兵器を、圧倒的に強力な通常兵器に加え、北朝鮮に対して「脅威」と「威嚇」となるよう運用してきたのは常に米国の側だから だ。北朝鮮からすれば、核開発やＩＣＢＭの保有に着手するはるか以前から、核兵器でいつ攻撃されるかどうかわからない危険な状況を、一貫して強いられてきた。

しかも米軍は、「第二次朝鮮戦争」の想定にあたっては、周知のように核攻撃のオプションを決して除外してはいない。同時に、「核兵器を投入した場合の（放射能汚染による）作戦継続や、戦争エスカレーションのコントロール、さらに戦争終結や（戦後の）再建を考慮すると」、「北朝鮮との戦争で核兵器を投入することは考えにくい」一方で、「低出力で残存放射能が最小限に抑えられ、電磁気効果も強化されて、戦術的正確さによって特定目標を狙える」核兵器が求められるという、一種のジレンマがそこには存在する。[6]

そして、対北朝鮮攻撃における限定された核兵器として最も現時点で有望なのが、航空機投下用の核爆弾であるＢ61のモード11と12であるとされる。米軍が、通常兵器としては最強の破壊力を持つ大規模爆風爆弾（ＭＯＡＢ）をアフガニスタンで使用した二〇一七年四月一三日、米国ネバダ州の演習場で、核爆弾の最新バージョンであるＢ61―12の投下実験が、Ｆ16戦闘爆撃機を使用して行なわれた。Ｂ61―11とＢ61―12は地中貫通機能があり、開発中の後者はＧＰＳとは別の最新鋭の誘導装置を設置し、命中精度が三〇メートルの誤差以内まで高まっている。

六　可能性を秘めた核地中貫通用爆弾の投下

このＢ61―11、Ｂ61―12は、「核による地中貫通用の爆弾（Bunker Buster）であり、核武装しているか、通常兵器だけかを問わず、相手国に対して『先制攻撃』のドクトリンに基づき、第一撃を加える際に使用される」[7]とされ、以前から米軍の北朝鮮に対する核攻撃で投入する作戦計画が存在する。

特に、二〇二〇年から配備予定のＢ61―12については、「北朝鮮の核施設攻撃に使用されることになるが、とりわけ強固に守られ、地下にあるものに対しては、Ｂ61―12を使えばより効果的に目的が達成される」[8]と見なされている。そしてＢ61―11も、一九九八年六月の段階で模擬弾を使用した訓練が、フロリダ州の演習場で実施されている。

参加したのは、ノースカロライナ州シーモア・ジョンソン空軍基地の第四戦闘航空団所属のＦ15Ｅ戦闘爆撃機一八機だった。そして、「この演習は、太平洋地域ではなく、本国の東部からの」、「北朝鮮に対する長距離飛行による核攻撃を想定していた」とされ、ＫＣ―135空中給油機やＥ―３早期警戒機（ＡＷＡＣＳ）も動員されている。[9]

ただ、Ｂ61―11、Ｂ61―12はＦ16や、今後本格配備されるＦ35といった攻撃機にも搭載できるが、やはり戦争になった際の主力は、以下の説明のようにＢ２ステルス型戦略爆撃機になるはずだ。

「仔細は軍事機密で不明ながら、長距離を飛行する戦略爆撃機に、北朝鮮に対する核攻撃の任務が与えられるだろう。（情報公開で入手された）空軍の内部文書には、Ｂ２が米国本土を往復して北朝鮮を攻撃する図が掲載されている。地中貫通用の核爆弾・Ｂ61―11の選定された搭載機として、Ｂ２は北朝鮮の深く地下に設置された施設に対する核攻撃の任務で、投入予定の強力な兵器だ[10]」

それにしても、ここまで北朝鮮に対する核攻撃計画が具体的に存在しながら、二〇〇五年九月一九日の「第四回六者協議に関する共同声明」では、米国側は「朝鮮民主主義人民共和国に対して核兵器又は通常兵器による攻撃又は侵略を行う意図を有しないことを確認した」との文言を入れている。無論、これ以降も、米国の対北朝鮮核攻撃の姿勢は変更されていない。

米国の軍事行動に関する公的な弁明や発言は、イラク戦争の際の「大量破壊兵器」を典型に、ほぼ例外なく虚言と二枚舌で彩られているが、対北朝鮮も例外ではない。前述のティラーソン国務長官の「北朝鮮の敵ではない」といった類いの発言も同じだろうが、当然ながら北朝鮮は「言葉」ではなく、実際の行動から米国の真の意図を探ろうとするはずだ。

オバマ政権時代の二〇一三年三月二八日には、第五〇九爆撃航空団所属の二機のB2を、同航空団が置かれた米ミズリー州ホワイトマン空軍基地から初めて往復で三七時間半かけ、韓国上空に飛来させる演習を実施。これには韓国南部の海上で、模擬弾を投下する訓練も含まれていた。

B2という兵器の役割を知るなら、北朝鮮が米国との武力行使に発展するような事態が生じた際、二〇時間を待たずに核爆弾が投下されるのを覚悟せねばならないというメッセージとして、この演習を受け止めても当然だろう。

七　真の脅威はどこにあるのか

このような米国の姿勢は、北朝鮮に対し、実戦化できるかどうか依然未知数な「ＩＣＢＭ」を実験しただけで「本土に届く」と騒ぎ立て、「威嚇」や「挑発」と非難する一方で、自国は公然と相手国に核兵器で攻撃できる能力を示す演習を突き付けるというエゴイズムそのものだ。これを、「抑止」などとして自己正当化するのは妥当なのか。「国際世論」も米国と同じ側に立って騒ぎ、米国発の同じ批判を北朝鮮に対して浴びせているが、米国のこうした演習こそ「威嚇」であり「挑発」ではないのかという発想は、この演習に関するごく控えめな報道が象徴するように思い浮かばないようだ。

同時にこのＢ２の演習が、単なる一過性ではない点に留意せねばならない。陸海空軍と海兵隊を擁する米軍は、地域別（北米、南米、欧州、アフリカ、中央、太平洋）と機能別の統合軍を形成しているが、後者のうち核兵器を運用するのが戦略軍（STRATCOM）であり、空軍の一〇ある軍団のうちの一つ、全地球規模攻撃軍団（Global Strike Command）を指揮する。この全地球規模攻撃軍団は、核抑止とそれが破れた際の核戦争における戦略軍の中核的部隊であり、戦略爆撃機を運用する第八空軍と、ＩＣＢＭを運用する第二〇空軍に大別される。前述のＢ２が所属する第五〇九爆撃航空団は、当然ながら第八空軍の傘下となっている。

戦略軍はこの数年来、全地球規模攻撃軍団に「グローバル・ライトニング」という名称の、世界中のいずれの場所に対しても、いつでも核・通常兵器による攻撃が可能な「グローバル・ストライク」を実行するための軍事演習を展開させている。その主役が、空中発射型核巡航ミサイルを搭載したＢ52Ｈ戦略爆撃機を擁する第二爆撃航空団と第五爆撃航空団に加えて、地中の硬化目標破壊を専門的に担うＢ２の第五〇九爆撃航空団なのだ。

米国の核兵器問題の研究者として著名なウィリアム・アーキン氏が二〇〇五年に戦略軍に対する情報公開で得た内部資料によれば、「グローバル・ライトニング」演習での先制核攻撃対象国として、北朝鮮の実名はなかったものの「核とミサイルの能力を向上させている北東アジアの紫国」（Northeast Asian Country of Purple）という変名で登場している。[11]

なおアーキンは『ワシントン・ポスト』紙二〇〇五年五月一五日付に寄稿した「まさに最後の手段というこ

とではないのか?・」(Not Just A Last Resort?)という記事で、「グローバル・ストライク」の作戦の一つである「CONPLAN(Concept of Operations Plan＝作戦計画コンセプト)八〇二二―〇二」について触れている。

これは、ブッシュ第一次政権時に立案された核攻撃作戦計画に他ならない。そこでは、北朝鮮とイランを対象とし、「地下深くに建設された施設を破壊するため、特別に設計された地中貫通爆弾」である空軍の核爆弾投下が盛り込まれている。アーキンは、大統領がこの両国に核攻撃命令を下すのは考え難い」としながらも、実際に「グローバル・ストライク」が「核兵器のオプション」を常に含んでいる点に警戒を促している。

無論、米朝間で戦争が勃発した場合、米軍の攻勢の主力は通常兵器となる。だがこのように、米国が北朝鮮に核兵器(とその開発)の放棄を迫り、北朝鮮側の核兵器を「抑止」と称した「挑発的」な軍事行動(典型が、例年春に実施される大規模な「北侵」の想定も含む米韓合同演習)を正当化する名目にしていながら、自国は常に標準を北朝鮮に合わせて、常時核兵器による攻撃が可能な即応部隊を配備している事実がある。こうした米国の姿勢は欺瞞そのものであると同様に、朝鮮半島の平和を実現する上で決定的な阻害要因となっているのは疑いない。

しかもオバマ政権以降、米国は北朝鮮との二国間協議を、常に「核放棄」を前提条件にすることで拒否している。これまで、公然と他国の政権転覆を繰り返した米国が、ブッシュ政権時代にイラク、イランと共に北朝鮮を「悪の枢軸」呼ばわりしていたのは記憶に新しい。そのうちのイラクが辿った運命を見て、報復力としての核を体制存続の切り札とするまでに北朝鮮は追い詰められたと見なして差し支えないだろう。その北朝鮮に、米国が「核放棄」を迫るのは、傲慢のきわみではないのか。

本稿冒頭で述べたように、米朝間の緊張は依然として予断を許さないが、目下必要なのは、現在の状況をもたらした要因は何かという基本的認識の確立だろう。この点で、以下に示すような二つの視座は正鵠を得ているると断じて差し支えないように思える。現在、真に指弾されるべきは世界一極支配の野望のもと、気に入らない政権・体制を転覆の対象にしてきた、戦争犯罪常習国家・米国の暴虐さにあるだろう。

「北朝鮮は、世界の安全保障にとって脅威ではない。核戦争の脅威とは、核兵器を保持している国と通常兵器しか持たない国に対して、核兵器で先制攻撃を加えるというドクトリンに基づき行動する米国から広範に発しているのだ[12]」

「米国の、北朝鮮に対して体制変更を強要するための軍事行動を考えるような決定は、北朝鮮の『脅威』への対応だと見なされるらしい。だが北朝鮮は、それが発する怒号にもかかわらず、米国の物理的な意味での安全に何ら脅威を及ぼしてはいない。北朝鮮は余りに小さく（人口はわずか二五〇〇万人）、軍事的にあまりにも弱体で（その軍事予算は年間一〇〇億ドルで、韓国は三六〇億ドル、米国は六〇三〇億ドルだ）、重大な脅威を与えることはできないのだ[13]」

【注】

1　DAVID E. SANGER, CHOE SANG-HUN and WILLIAM J. BROAD "North Korea Tests a Ballistic Missile That Experts Say Could Hit California"

2　Ellen Nakashima, Anna Fifield and Joby Warrick “North Korea could cross ICBM threshold next year, U.S. officials warn in new assessment”

3　Joby Warrick, Ellen Nakashima and Anna Fifield “North Korea now making missile-ready nuclear weapons, U.S. analysts say”

4　Peter Symonds “Trump Threatens ‘Fire and Fury’ Against North Korea” http://www.globalresearch.ca/trump-threatens-fire-and-fury-against-north-korea/5603545

5　“North Korea lacks capacity to hit U.S. with accuracy: U.S. general” http://www.reuters.com/article/us-usa-northkorea-missiles-idUSKBN1A31JK

6　Steve Roberts “Preparing for The Next War in Korea” http://breakingdefense.com/2016/09/preparing-for-the-next-war-in-korea/feed/

7　Michel Chossudovsky “America’s Peace Making Nukes vs.North Korea’s WMD: Simultaneous Nuclear Weapons Tests by U.S. and North Korea” http://www.globalresearch.ca/americas-peace-making-nukes-vs-north-koreas-wmd-simultaneous-nuclear-weapons-tests-by-u-s-and-north-korea/5585140

8　Kyle Mizokami “Why the Pentagon’s New Nukes Are Under Fire” http://www.popularmechanics.com/military/weapons/news/a18946/us-nuclear-weapons-controversy-b61-12-missiles/

9　Hans Kristensen “The U.S. Nuclear Posture in Korea” http://www.greenpeace.org/international/Global/international/planet-2/report/2005/4/US-Nuclear-Posture-Korea.pdf#search=%27The+U.S.+Nuclear+Posture+in+Korea%27

10　“U.S. Nuclear Strike Planning Against North Korea” http://www.nukestrat.com/korea/koreaplanning.htm

11　“Global Strike Command Becomme Operational” http://www.nukestrat.com/us/stratcom/globalstrike.htm

12　Michel Chossudovsky “The Threat of Nuclear War, North Korea or the United States?” http://www.

globalresearch.ca/ the-threat-of- nuclear-war-north-korea-or-the-united-states/5343793

13　Stephen Gowans "Washington Considers Military Action against North Korea to Force 'Regime Change'" http://www.globalresearch.ca/washington-considers-military-action-against-north-korea-to-force-regime-change/5579003

3
南北朝鮮の和解と統一を阻むもの
――アメリカの覇権主義と追随者たち

纐纈　厚

一　韓国の新たな動き

“Is this an alliance? Get lost with your THAAD!”（これが同盟なのか。サードを持って消えろ！）。これは、韓国の人々がアメリカ政府やアメリカ軍基地に向け、口々に叫んでいるスローガンだ。不平等な韓米関係と従属的な韓米同盟の見直しを望む切実な声である。現在、韓国では、文在寅《ムンジェイン》大統領の登場と前後して活発な運動が展開されている。その運動とは、長期にわたる南北朝鮮の対立関係の固定化の原因が、実はアメリカと北朝鮮との敵対関係にあること、そして、韓国政府は今日まで韓米同盟に規制されていたがため、この固定化を受け入れざるを得なかったことへの見直しを求めるものだ。この対米従属姿勢を改めさせることなくして、韓国にも北朝鮮にも、平和実現の機会は訪れないと喝破しているのである。同時にそれは、朝鮮のミサイル発射実験や核開発を挑発と断じる一方で、アメリカや韓国の軍事演習や航空母艦を中心とする機動部隊の展開を、北朝鮮への挑発と捉えようとしない、まさしく偏在した視点への異議申し立てでもある。

韓国国内では、文大統領の下、「六・一五南北共同宣言」時代を取り戻そうとする機運が高まっている。その機運を確実な政策として具現していくために、対北朝鮮シフトとも言える人事が公表された。康京和《カンギョンファ》外交部長官、鄭義溶《チョンウィヨン》国家安保室長、李尚澈《イサンチョル》同室第一次長、金基正《キムギジョン》同室第二次長の起用を見れば一目瞭然だ。何よりも、文大統領の外交・安全保障特別補佐官に、かつて金大中《キムデジュン》・盧武鉉《ノムヒョン》両大統領の太陽政策を演出した文《ムン》正仁《ジョンイン》（延世大学名誉教授）を充てたことに最も大きな注目が集まっている。これに加え、洪錫炫《ホンソキョン》（前中央日報会長）も同様のポストに起用された。二人の国際的にも著名な学者とジャーナリストが、北朝鮮政策推進のキーマンとなることは間違いない。

このように、文政権の外交安全保障関係の陣容は、明らかに対北朝鮮外交における対話路線の推進である。特別補佐官に起用された二人が、近いうちに文大統領の親書を携え、特使として平壌訪問の可能性もあろう。

かつて、二〇〇〇年六月一三日から開始された金大中《キムデジュン》大統領と金正日《キムジョンイル》国防委員長との首脳会談で発表された「六・一五南北共同宣言」は、「自主的解決」による統一、韓国の「連合制案」、朝鮮の「連邦制案」の共通性を相互に認め合うこと等を骨子としつつ、南北朝鮮の自主的平和的統一に向け、共同歩調を採ることに合意したものであった。さらに二〇〇七年一〇月二日から開始された、盧武鉉大統領と金正日国防委員長との首脳会談後に発表された「一〇・四宣言」も含め、「六・一五時代」を取り戻そうとする運動は、韓国が対米従属路線から脱し、韓国の主権の回復を目指したものである。

そこには、アメリカの対北朝鮮恫喝政策に追従してきた李明博《イミョンバク》政権と朴槿恵《パククネ》政権の、過去九年間の政権への根底的な批判が込められている。言わば、〝失われた九年〟を取り戻す運動でもある。そこで強調されているのは、米韓軍事同盟の世界史にも類を見ない隷属性だ。いま韓国では、対米隷属性を打破する具体的な指針として、韓国政府と韓国国民とが一致して、「六・一五南北共同宣言」以来、南北朝鮮間で議論されてきた統一方式の共通性を土台とする、統一国家構想の具体化が真剣に検討されているのである。

二　「戦闘なき休戦」の時代を越えて

朝鮮戦争以後、アメリカ及び南北朝鮮の間では、現在のような緊張状態だけが続いていた訳では決してない。例えば、北朝鮮の核開発プログラムの凍結を取り決めた「米朝枠組み合意」（一九九四年一〇月二一日）が成立し、二〇〇三年に決裂するまで一〇年近く継続された。また、北朝鮮の核開発問題の解決を目指した、アメリカ・韓国・北朝鮮・中国・ロシア・日本の六カ国から構成された「六者協議」が、二〇〇三年八月から二〇〇七年三月まで北京を協議場に、合計六回（合計九次）開催されてきた。しかし、関係各国外交当局の局長級担当者が直接協議を行う協議は、残念ながら頓挫してしまった。その再開のためにも、頓挫した理由が一体何処にあったのか。その理由を究明しないことには、同じことの繰り返しとなってしまう。

その理由は大きく言って二つあると思われる。一つは六カ国間の軋轢の深刻化である。例えば、日本と韓国及び中国とは、領土問題や歴史問題で相互不信に陥り、アメリカとロシアとはシリア問題等で険悪化し、日本と北朝鮮はミサイル発射実験などで冷却化の一途である。しかし、二つ目の問題が、実は決定的と思われる。それは、アメリカの北朝鮮政策の硬直化である。これに日本も韓国も追随し、加えて中国の北朝鮮への影響力も薄らぎ、ロシアも具体的な手を打てず、傍観者的な立場にいる。

このアメリカの対朝鮮強行政策に、日本と韓国の二つの同盟国が随伴することで、朝鮮半島情勢は、これまで以上に緊迫の度を増している。アメリカは、ここにきて日米・韓米同盟のさらなる強化を急ぎ、日本はこれに呼応して集団的自衛権行使容認や安保関連法を制定させた経緯もあった。

そもそもアメリカの対北朝鮮恫喝政策の基本的命題は、北朝鮮の体制転換である。例えば、ジョージ・W・ブッシュ政権の対北朝鮮政策を検討したジョン・フェッファーは、アメリカ軍が韓国軍を巻き込んで実施する米韓合同軍事演習が、軍事演習の範疇で捉えきれないものであって、事実上〝演習〟という名の戦争である、とした。最近の事例でも、その目的は北朝鮮の北部海岸上陸を想定した上陸訓練、核兵器搭載可能のＢ１Ｂランサー戦略爆撃機、ステルス機で最新鋭の戦略爆撃機Ｂ２スピリットなどを参加させ、北朝鮮軍に最大級の防御態勢を敷かせるものであること、それによって軍事資源の枯渇と民生への長期的圧力をかけることで、国力の消耗を強いる作戦を展開してきたものであること等を指摘している〈ジョン・フェッファー〈栗原泉他訳〉『アメリカの対北朝鮮・韓国戦略』明石書店、二〇〇四年〉。

一九五三年七月二七日に調印された朝鮮軍事休戦協定は、その意味で事実上全く機能していないことになる。韓国と北朝鮮の衝突も繰り返され、取り分け、北朝鮮の壊滅を意図とする軍事演習が繰り返し強行された。これは北朝鮮側からすれば、アメリカからの脅威が増大する一方と受け取られていたはずだ。ここでの問題は、休戦協定調印と共に発足していた軍事停戦委員会や中立国監視委員会が、その設置目的を全く果たしていない結果として、言うならば「戦闘なき休戦状態」が続いてきたことである。

別の表現をすれば、〝休戦〟という名の事実上の戦闘が、一方的にアメリカ側から仕掛けられている現実があると言うことだ。アメリカは、この〝休戦〟状態のなかで事実上の戦争を常態化させ、北朝鮮の国力を削ぐ手法を採っているのである。その意味でこの「戦闘なき休戦状態」とは、換言すれば〝戦闘なき戦闘状態〟とも表現可能であり、アメリカにとって極めて都合が良い状態なのである。それで肝心なことは、この「戦闘なき休戦状態」から解放されたいと望むのが、北朝鮮だけでなく、アメリカの同盟国である韓国も同様であることだ。

実はアメリカの対北朝鮮政策の根幹には、北朝鮮への軍事的恫喝をかけ続けるだけでなく、同時的に同盟国韓国には、アメリカの意向に反して北朝鮮との関係修復を押し進めることを許容しない姿勢が透けて見える。つまり、「戦闘なき休戦状態」から脱するために、「六・一五南北共同宣言」を基調に据えた関係改善を進め、さらには、自主的平和的統一への道を歩もうとする南北朝鮮の動きを、アメリカは断乎認めない姿勢を貫こうとしているのである。

換言すれば、アメリカは北朝鮮を恫喝しているだけでなく、実は韓国をも恫喝していると言えよう。これを〝二重の恫喝〟と表現するも可能だ。南北朝鮮は、アメリカによって同時的封鎖状態に置かれているのである。つまり、同じ鳥の籠に閉じ込められているのだ、と言っても良い。そうした政治的軍事的環境に置かれていることを、韓国の政府も国民も実は強く認識している。それへの怒りのマグマが、今噴出し始めている。それでもアメリカは、依然として南北朝鮮分断の固定化が、アメリカの利益に叶う、との考えを捨てようとはしていない。

三　なぜ、アメリカの対北朝鮮政策は硬直化しているのか

アメリカは朝鮮戦争以降、なぜ南北分断の固定化に執着するのか。かつての冷戦の時代の米ソ角逐の時代は、とっくに終焉したのにも関わらずだ。旧ソ連に代わり、中国やロシアの大国化への対抗地域として、あるいはアメリカ資本主義の大市場として、東アジア地域における覇権の確保なのか。様々な理由のなかで、朝鮮半島の不安定化がアメリカの一定の利益を提供していることだけは間違いない。

ただ、こうしたアメリカの一国至上主義的な判断が、戦争の危機や経済の破壊、そして、民生の不安定化の可能性を高めている現実に南北朝鮮は受け入れ難い感情を抱いている。確かに南北の厳しい政治的対立は、依然として油断を許さないが、他方で現在閉鎖中の開城《ケソン》に建設された工業団地の再開を期待する動きは韓国に文大統領が登場してから、一段と高まっている。同団地は、韓国の資本と技術、北朝鮮の労働力の融合の場として、その価値を相互に認めるところである。

ただ、ここであらためて振り返ってみなければならないことは、南北分断の歴史的な意味づけである。南北の分断は、米ソ冷戦時代における両国主導のアジア支配秩序が形成されるなかで派生した。それは、三五年間に及ぶ日本の朝鮮植民地支配を引き継ぐ内容でもあった。換言すれば、米ソ共同による戦後における新たな朝鮮植民地支配、つまり、新植民地主義が貫徹された朝鮮半島地域の新たな出現と言える。戦前は日本一国で、戦後は米ソ二国による支配が、事実上継続してきたと言うことだ。そこから、朝鮮戦争を脱植民地化のプロセスから読み解こうとする研究も今後期待されるところでもある。「国際内戦」と言われた朝鮮戦争を国際政治

からだけでなく、アジア近現代史の視点から捉えることも、極めて重要な課題に違いない。

休戦協定締結以後、南北朝鮮は一九七二年の「七・四南北共同声明」で祖国統一の三大原則に合意し、一九九一年には「南北基本合意書」を取り交わし、南北関係を国家と国家の関係でない統一を志向する関係と規定した。要するに、所謂米ソ冷戦下で南北朝鮮の意志を充分に反映していない形で国家形成が行われた歴史の克服が目標とされたのである。

そこから指摘できるのは、分断の歴史的性格からして、朝鮮統一とは分断以前の状態への単なる復元ではないことだ。統一とは復元することではなく、朝鮮民族固有の歴史と文化とを踏まえ、新たな国家を創造することである。その意味で統一とは、創造することなのだ。それゆえ、「六・一五南北共同宣言」の内容にも明記されたように、南の連合制案と北の連邦制案の共通性が確認されたのである。「連合」と「連邦」との国家創造案に、大差はない。重要なことは、そこに〝連邦制〟による統一国家の形成を志向しつつ、朝鮮民族が共同して、新たな民族国家を創造しようとする、未来志向溢れる方向性が示されていることである。

そうした南北朝鮮共同の歩みは、アメリカの朝鮮半島を中心とするアジア秩序に根底から改編を迫る質を内包していたがゆえに、アメリカは従来通りに分断と対立の固定化を継続強要している。それと併行して、これまでにも、中国やロシアを筆頭に緊張緩和への努力が継続されてきた。しかし、アジアでの脅威の対象であったソ連が崩壊し、中国との和解が進む中で、アメリカは北朝鮮を脅威の対象国と認定し、その了解を韓国と日本に要求してきた。それが、ジョージ・W・ブッシュ米大統領による北朝鮮の「悪の枢軸」呼ばわりだった。

アメリカは北朝鮮への先制攻撃と体制転換を仄めかし、南北共同宣言の実現を阻止することに懸命となった。それが結果的には、「六・一五南北共同宣言」や「日朝平壌宣言」（二〇〇二年九月）以後における南北朝鮮間の和解と緊張緩和の方向性を潰し、二〇〇三年の危機を招来したのである。それは、核兵器搭載可能なステルス戦闘機Ｆ１１７ナイトホークによる北朝鮮寧辺《ニョンビョン》の核施設空爆計画であった。

以来、緊張関係が継続しているが、近年、南北朝鮮は対立と不信の関係から、和解と信頼の時代に入ろうとしていると捉えられよう。しかし、それはアメリカの思惑と異なる。南北朝鮮の対立と朝鮮半島の不安定化は、アメリカの朝鮮半島への軍事プレゼンスを正当化する意味合いがあり、今回韓国で文新大統領の下、南北朝鮮の対話が促進されるようになると、それに比例してアメリカの対北朝鮮恫喝政治が強化される可能性は高い。

その圧力に韓国の文在寅新大統領が何処まで耐えられるかは、重大な関心を集めよう。文大統領が就任後最初の外国訪問地としてアメリカを選んだのも、アメリカの硬直化した姿勢を何としても緩和させたい、とする切実な思いからであろう。そうした時に、アメリカに対して、南北朝鮮への同時的恫喝を思い止まるよう、働きかけていく必要がある。この南北朝鮮の歩み寄りが進むためにも、アメリカにも対北朝鮮政策の抜本的な見直しが求められている。アメリカ自身が、アジア地域において平和プレゼンスを発揮すれば、アジア諸国民から受け入れられよう。

かつて韓国に米日資本の投入によって、「漢江《ハンガン》の奇跡」が起こり、韓国の経済大国化を後押ししたように、今度は韓国資本を中心に、〝大同江《テドンガン》の奇跡〟を起こそうとする韓国資本の動きも活発化する可能性が出ている。恐らく、韓国資本によって下支えされた北朝鮮の開城工業団地の再開も時間の問題ではないか。この動きを止めてはならない。

四　休戦協定を潰したアメリカ

ここで休戦協定の意味に少し触れておきたい。特に問題としたいのは、休戦協定第一三節のd条項に絡むことだ。それはアメリカが、朝鮮に新しい武器の持ち込みを禁止した内容である。しかし、アメリカは同条項を悉く反故にしてきたのである。すなわち、一九五六年九月、当時のアメリカのアーサー・W・ラドフォード統合参謀本部議長が、朝鮮半島への核兵器持ち込みを主張し、アイゼンハワー大統領（当時）の承認を得た経緯があった。そして、翌年の一九五七年六月二一日、在朝鮮国連司令部軍事休戦委員会会合で、アメリカは北朝鮮代表団に、国連軍（UNC）が休戦協定第一三節（d）に対する義務を履行しない、と通告した。この結果、一九五八年一月には、W7等の核砲弾発射可能のMGR1（オネスト・ジョン）と、W9及びW31核砲弾発射可能のM65二八〇ミリ・カノン砲が韓国に配備された。

以来、最近における弾道弾迎撃ミサイル・システムであるTHAADミサイル（Terminal High Altitude Area Defense missile）の配備に至るまで、アメリカは核兵器やロシア・中国・北朝鮮を対象とした攻撃・迎撃兵器を大量に持ち込み続けている事実は、繰り返し問題視せざるを得ない。

そうしたアメリカの姿勢に対抗してきた北朝鮮も、一九九四年を初回とし、最近では二〇一三年まで合計六回にわたり、休戦協定に拘束されないとする表明を繰り返してきた。その背景には、一九九六年一〇月、国際連合安全保障理事会が同議長の声明で、休戦協定が平和協定に転換されるまで休戦協定は十分に順守すべきとの要請を、アメリカが事実上拒否してきたからだ。

この間の真相は定かではないものの、これ以後、二〇一〇年三月二六日には韓国海軍の大型哨戒艦「天安《チョナン》」沈没事件が起こり、同年一一月二三日には、北朝鮮人民軍の多連装ロケット（BM21、北朝鮮名BM11）によると思われる砲撃が、韓国領土内の延坪島《ヨンピョンド》に向けて発射され、韓国軍も応戦した事件が発生した。こうした南北間の緊張関係が増幅する傾向を辿るなかで、二〇一三年に北朝鮮は「休戦協定は過渡期の手段」と主張し、平和協定への転換プロセスのなかで、停戦と平和の移行措置を講じる提案を行ってきた。

しかし、こうした対案にもアメリカは、無視し続けた。それどころか昨年の二〇一六年六月、韓米連合司令官兼在韓米軍司令官が署名して、新たな北朝鮮侵攻作戦計画「五〇一五作戦計画」の採用に踏み切った。「五〇一五作戦計画」とは、従来の「五〇二七作戦計画」と異なり、全面戦争開始前に迅速かつ積極的に北上侵攻作戦を進め、北朝鮮の壊滅を意図する作戦計画であり、韓米安保協議会（SCM）が北朝鮮の戦略転換に対応して作成したものである。同協議会では、これに併せて戦時作戦統制権（戦作権）の転換を、二〇二〇年代まで延長するとした。

このように、アメリカは南北朝鮮間で一旦合意された休戦合意を事実上廃棄し、自らの作戦統制権を確保して対北朝鮮恫喝政治を強行し、これを担保するために強大な核戦力を中心とする侵攻部隊を韓国及び日本に展開してきた。取り分け、THAADミサイル・システムは、北朝鮮以上に中国とロシアへの威嚇行為を発揮するものであり、両国の北朝鮮支援を軍事的威嚇によりブロックする意図が透けて見える。

従って、ここから指摘せざるを得ないのは、第一にアメリカが北朝鮮・韓国・中国・ロシア間に構想される、広範囲のアジア地域の安全保障体制構築を阻止しようとしていること、第二に、それゆえに南北朝鮮の和解と統一への動きを加速するためには、日本を含めた東北アジア地域からのアメリカの軍事プレゼンスの排除と、韓国における戦作権の放棄が主要な課題となろう。そこでも問題は、言うまでも無くアメリカのスタンスである。

五　アメリカがアジアでの軍事プレゼンスに執着する理由は何か

アジア地域に限定されず、アメリカはアジア（韓国・フィリピン・インドネシア等）や、ラテンアメリカ（アルゼンチン・チリ・ブラジル等）、中東（イラク・リビア等）の親米軍事独裁政権を支援し、その限界性が露呈されると見るや、表向きには「親米民主政府」、実際上には「民主的独裁」とも呼称し得る政権形成に奔走してきた。そうすることで、アメリカのプレゼンスを維持してきたのである。勿論、反米・脱米志向の強い政権と見るや、修正を迫ることも辞さなかった。アメリカにとって、軍事独裁であれ民主的独裁であれ、事実上の「独裁政治・独裁政権」を通して、アメリカの間接支配を貫徹する方向性のなかで、戦後世界秩序の先導者として自己規定してきたと言える。

日本もその例外ではなかった。かつては親中国の姿勢を、文字通り垣間見せただけの田中角栄首相をロッキード事件に絡ませて引きずり下ろし、アメリカの条件付き駐留論を説き、基地被害を緩和し、日米の対等な関係を模索した鳩山由紀夫政権に強いアレルギーを隠さなかった。全てアメリカの完全無比の統制下に置くことに異常なまでの執念を示すアメリカにとって、極めて明快な姿勢でアメリカとの対抗心を赤裸々にする北朝鮮は、その意味でも受容不可能な存在であり続けたのである。

そうしたアメリカの手法は、南北首脳会談の再演を模索する文新大統領にも向けられかねない。かつて北朝鮮政策として、所謂太陽政策を履行しようとした金大中大統領に対して、アメリカは一九九七年に韓国通貨

（ウォン）に対する投機的な猛襲を仕掛け、マクロ経済改革の断行を指示して、韓国経済を窮地に追いやる手法さえ敢えてしたことがあった。それと同様な手法が再度採用されるかも知れない危機を、文新大統領は警戒せざるを得ない。

アメリカ外交の常套手段は、分断政策である。かつてユーゴスラビアを解体し、続けてチェコスロバキア・中央アフリカ・イラク・シリア・スーダンと事実上の分断による内紛の常態化政策を直接間接に行った。それと同質の外交手法が朝鮮半島でも採用されている、とする把握も不可欠であろう。例えば、一九九七年成立の「アメリカ新世紀プロジェクト」（Project for the New American Century, PNAC）のように、アメリカ第一主義を掲げるアメリカの権力集団が、アメリカ主導の朝鮮統一を目途とし、朝鮮半島全域にアメリカの軍事力プレゼンスを展開し、アメリカの意向を汲んだ統一朝鮮を、新たな経済収奪対象地域と算定している。そこからアメリカとしては、自主的平和的統一を絶対に許容できない、とする姿勢を崩しておらず、ここに朝鮮問題の最大の問題が孕まれている。

そこからも思考すべきは、在韓米軍の核・通常戦力の存在は、北朝鮮を対象としたものだけでなく、実は韓国自体への威嚇と制圧を目的としたものであって、決して韓国の安全保障に寄与するものではないことである。それは在日米軍が、日本の安全保障を目的としたものでないのと全く同様にである。

従って、韓米同盟も日米同盟も、南北朝鮮の自主的平和統一の阻害要因であり、日本・中国・ロシアを含めた東アジアの平和と安全に帰結するものではないのである。そこから段階的であれ同盟関係の緩和、さらには解消に向けたプログラムの構築が大胆に検討されるべきであろう。そのプロセスと反比例する恰好で、南北朝鮮の和解と統一という、希望のシナリオが初めて実行に移されるはずである。それゆえ現在最も対話を必要としているのは、北朝鮮とアメリカとの対話と同時に、日本・韓国・朝鮮・中国・ロシアの五カ国が、アメリカの東アジア政策の変更を促すための対話ではないか。

六　中ロはなぜ動き得ないのか

北朝鮮の誤った脅威論を解消できず、また、アメリカの北朝鮮恫喝政治を許し続けてしまっている現状の要因に、中国とロシアの動きがある。なかでも北朝鮮に最も強い影響力を保持している中国は、従来から対話と協商を通して朝鮮半島の非核化を実現すること、それによって平和と安定を守護する、という外交目標を掲げ、確かに実践しようとしてきたはずである。当然ながら、ここでは二つの問題がある。

第一には、中国が排他的かつ固有の立場を充分に活かしきれていない責任問題、第二は、その中国さえ現状を変更できない課題の深刻さ、という問題である。六者会談が不首尾に終っている責任は、全ての国がある意味で等しく負わなければならないが、中国の役割期待が果たされていないことは、期待が大きいだけに失望もまた大きい。しかし、それは別の意味から言えば、それほどまでに中国に局面打開への過剰な期待をかけてしまった側の、無責任さをも告白しているようなものである。

しかし、これも根本的な問題ではない。最大の問題は、中国を含め、韓国と北朝鮮以外の四カ国が、南北朝鮮が究極的な目標とする自主的平和的統一という分断解消へのシナリオを、何処まで理解し、支持しようとするスタンスを持っていたのか、ということではないか。単に北朝鮮の核武装化を抑止しようとするならば、何よりも先にアメリカの朝鮮半島への核の持ち込みを阻止すべきであった。

北朝鮮の核武装化の直接原因は、既述の如く、アメリカの朝鮮半島の核持ち込みと軍事的恫喝政策にあり、その反作用として北朝鮮の核武装化が選択されてしまった現実を認識することが先決であろう。その意味で、朝鮮半島の軍事的緊張化は、アメリカによって誘引されたものであり、そこに中国が介在する余地は大きくなかったと見るしかない。

そのことは、ロシアも同様である。ロシアは、二〇一六年一一月に公表した「ロシア連邦の外交政策概念」において、「政治的対話の発展を通した朝鮮半島における対立レベルの低下と緊張緩和と南北朝鮮の和解と相互協力関係の発展のために努力するであろう。ロシアは一貫して朝鮮半島の非核化を支持し、六者会談を通じて朝鮮半島の非核化を達成するために可能なすべての措置を講じるであろう」（第八九条）と謳っている。要するに、南北朝鮮問題の要諦は、「対話による緊張緩和と非核化」である。こうした外交政策は、内実は別としても温度差こそあれ、関係諸国間で共有可能な内容のはずだ。しかもロシアも北朝鮮とは、歴史的地理的関係の極めて深い国である。しかし、中ロ関係、米ロ関係、日ロ関係の軋轢や矛盾が表面化するなかで、このロシアの対北朝鮮政策を充分に行動に移し得ていないのが現状である。

中国とロシアはアメリカほどの圧倒的な核戦力を保持している訳でないにせよ、北朝鮮からすれば強大な核武装国家である。従って、ここでは日本及び韓国という非核武装国家が、朝鮮半島の非核化を唱える好位置にあったはずだ。しかし、その日本も韓国も、アメリカとの同盟国の立場で物言えぬ国家になってしまったのである。アメリカの圧倒的な核戦力を絶対的脅威とみなしている北朝鮮が、直ちに核兵器を廃棄することは相当の勇気と、敢えて言えばアメリカをも含め、核武装国家への信頼醸成が条件となろう。

核武装国家が、北朝鮮の非武装化を迫る論理として核拡散防止を掲げることの矛盾を、実は中国もロシアも自覚しているはずだ。同時にアメリカの核戦力の相対的な軽減に北朝鮮の核武装が、一定程度有効との判断も存在しているのかも知れない。

しかし、こうした発想は要するに核兵器保有が、国家間の力のバランス論から出たものである限り、朝鮮半島問題の本質との乖離は否めない。朝鮮半島問題の本質とは、繰り返すが、南北朝鮮の自主的平和的統一を如何に前進させるかであり、大国の論理に翻弄されて生まれ、民族を割いた分断の負の遺産を清算することにこそある。そこに大国間の核バランスの問題を持ち込むのは、本質に目を背けるものでしかない。

七　作為された〝脅威論〟の果てに

恐らく本書に通底するテーマとなる北朝鮮〝脅威論〟の虚妄性についても触れておきたい。多様な視点から指摘されることになろうし、重複するかも知れないが、筆者の端的な結論は、それが「作為された脅威」ということだ。確かに、今や北朝鮮の核兵器は存在し、その大陸間弾道弾（ＩＣＢＭ）化への技術の進展は、日進月歩の感がある。それがどの国の通常兵器であれ核兵器であれ、戦争のための兵器自体が平和と安全を希求する人々にとっては脅威である。その意味で言えば、北朝鮮の核兵器は通常兵器と同様に、そのレベルや兵器運用計画如何に関わらず、物理的かつ精神的に脅威である。

ただ、ここで言う脅威とは、外交軍事政策を履行するために、現実に利用される可能性が高くなったとき、それに比例して上昇する意味での脅威である。したがって、そこでは軍事技術上のレベルの問題ではない。レベルを低位に見積れば脅威も低く、高位であれば脅威も高いという意味で、脅威論を語っているのでもない。

最大の意味は、この〝脅威〟がアメリカの朝鮮半島における軍事プレゼンスを正当化するために利用されていること、そして、日本では安倍首相の言う「東アジアの安全保障環境が変わった」という言辞によって、集団的自衛権の行使容認から安保関連法、さらには共謀罪まで次々と法制化されていく外交軍事政策の口実にされていることが、実は平和を希求する人々にとって、本当の脅威であることだ。

勿論、それでは北朝鮮の物理的意味での脅威は零かと言えば、決してそうではない。ただ、明確にしておくべきは、北朝鮮の核戦力が今後さらに高度化されたとしても、それはアメリカの侵攻作戦を事前に防禦するための、所謂防御的抑止力の要とされるものであって、圧倒的な侵攻軍事力を蓄えたアメリカが先制確証破壊の軍の論理を優先させて、文字通り核先制攻撃をも辞さないと言う意味での、所謂懲罰的抑止力とは決定的に異なることだ。北朝鮮には韓国であれ日本であれ、さらには遠くアメリカ本土であれ、ミサイル攻撃をし、侵攻作戦を継続して担える正面整備もなければ、またその意図も皆無であろう。

防禦的抑止力の向上を目的に、今後もミサイル発射実験を繰り返すことは充分に予測されるが、それはアメリカの具体的な侵攻作戦が発動されない限り、先んじて動くことはあり得ない。ましてや文大統領の登場によって、南北首脳会談を含め、統一へのシナリオを押し進める可能性が出てきた今日にあってはである。勿論、自主的平和的統一までには紆余曲折があろうが、少なくともアメリカを筆頭として、そのプロセスを阻害してはならない。

確かに繰り返されるミサイル発射実験により飛翔距離如何によっては、既に現実となっているように、日本の排他的経済水域（ＥＥＺ）への落下が懸念されている。航行中の艦船や航空機への被害想定がなされ、安全が担保されるかの問題は残る。ただ、その可能性は極小であり、それ以上にＥＥＺとは、天然資源及び自然エネルギーに関する主権的権利や環境保護・保全に関する管轄権が及ぶ水域であって、そうした権利発動の機会を有してはいるものの、そこに如何なる飛翔物が落下したとしても、それは権利侵害に相当しない。安全を棄損する可能性がある以外には、国連海洋法上において特段の問題はないのである。

ただ、地方自治体には国民保護法に則り、万が一北朝鮮のミサイルが日本本土に着弾した場合に備える訓練が各地で企画実践されているようだ。その事態とは、まさに戦争事態であって、その可能性は既述した通り、アメリカの先制攻撃による戦争発動が無い限り、絶無である。ところが、ある種の政治プロパガンダの一環として地方自治体や住民を巻き込んで、所謂脅威の実態化に躍起となっている。残念ながら、この政治宣伝は〝成果〟を挙げており、朝鮮のミサイル発射実験を危険視する世論は勢いを増す一方である。

北朝鮮のミサイルは軍事目的だけでなく、政治目的の観点から繰り返されている政治パフォーマンスでもある。勿論、北朝鮮は限られた資源を軍需に充当しながら軍事技術の向上に懸命である。しかし、それは防御的抑止力の向上を意図するものであって、韓国や日本を先制攻撃するものではない。加えて、北朝鮮としてはアメリカの朝鮮半島における核戦力使用を極力抑え込むための苦肉の策としてある。

その意味で言えば、アメリカや日本の政府が言う北朝鮮の脅威とは、北朝鮮に脅威を与え続けているアメリカの脅威を鏡に映し出したようなものだ。国民総生産（GNP）でアメリカの〇・五％、軍事費で〇・六％しかない北朝鮮が、アメリカに単独で軍事的に先制攻撃を行い、戦争に引き摺り込むとは、誰も思わないであろう。実はアメリカにとっては、数字的に見れば北朝鮮は敵ですらない、とも言える。

しかし、かつてアメリカがリビアやイラクに空襲を敢行し、侵攻作戦に踏み切ったような、軍事侵攻を控えている重大な理由が、北朝鮮の核武装であることも間違いないことだ。純軍事的に見て、アメリカの先制攻撃で機動性と秘匿性を高めている北朝鮮の核戦力総体を完全に無効化することは極めて困難になっているからである。朝鮮半島を核戦争の戦場にすることは、韓国や日本の国民だけでなく、世界の世論が許容しないはずだ。アメリカの先制攻撃で甚大な被害を受けるのは韓国と日本、そして中国東北部である。

その意味で〝脅威論〟の作成者としてのアメリカと、これに全面的に同調する日本は、その作為された〝脅威論〟が、逆に東アジアの安全保障の脅威となっていることを自覚すべきであろう。つまり、北朝鮮の物理的軍事的な意味での脅威ではなく、アメリカと日本の両政府が繰り返す〝脅威論〟を払拭することだ。その先にこそ、本当の東アジア安全保障が確約されるに違いない。

最後に次の発言を引用しおきたい。すなわち、「朝鮮民族が北と南にわかれていまなおたがいに反目し対決しているのは、みずから民族の統一的発展をはばみ、外部勢力に漁夫の利をあたえる自殺行為です。これ以上民族の分断を持続させてはならず、われわれの世代にかならず祖国を統一しなければなりません。」と。さらに続けて彼は言う。「北と南が統一の同伴者としてたがいに尊重し、協力していくためには、相手方を刺激する敵対行為をとりやめなければなりません。相手側にたいする敵対行為は不信と対決を助長し、関係の改善をさまたげる主な障害です。」と。彼とは、北朝鮮の最高指導者金正恩《キムジョンウン》労働党委員長である（チュチェ思想国際研究所編『金正恩著作集』第二巻、白峰社、二〇一七年刊）。

今となっては、金委員長の言葉を信じるしかない。ただ、一つ言えば、「相手側にたいする敵対行為は不信と対決を助長し、関係の改善をさまたげる主な障害」と断言するならば、その相手側が韓国政府・同胞だけでなく、アメリカとその同盟国の日本にも向けて欲しい。アメリカや日本の国民・世論から見て、「挑発行為」と映ってしまうミサイル発射事件等の示威的行動が実際に意味するところは、小論で述べてきた通りだ。しかしそうではあっても、南北朝鮮の和解と統一の大儀の前に、ここは北朝鮮から先んじてアメリカとの対話をも是認する度量を見せる好機ではないか、と思う。そして、その前に恐らく、文大統領は、今後力強く統一への道を果敢に歩き出すに違いない。金委員長が、これに呼応することを期待したい。

何故ならば、金委員長の発言は、冒頭で引用した「これが同盟なのか。サードを持って消えろ！」と連呼する韓国同胞の思いと、表現こそ違え、根底で深く響き合うものであるからだ。朝鮮半島の平和の先導者は、アメリカでも、ましてや日本では勿論なく、間違いなく南北朝鮮なのである。先の韓米首脳会談の折、韓国の韓米安保ただ乗りに言及したアメリカ政府に、「トランプ大統領は選挙戦で（韓国は安保面で）『無賃乗車だ』と批判していたが、韓国は国内総生産（ＧＤＰ）比で最も大きな額の国防費を支出している同盟国の一つ」であり「米国の兵器の最大輸入国で、在韓米軍の駐屯地の費用もすべて韓国が負担している」との的確な反論を行った文大統領の言動のなかに、「これが同盟なのか」とする、強い怒りを感じ取ったのは私だけであろうか。

4

李明博・朴槿恵政府における「従北」レッテル貼りと「排除の政治」

李　昤京

二〇一七年七月六日に韓国の文在寅《ムンジェイン》大統領はG20首脳会合出席のため訪問中のベルリンで「新朝鮮半島平和ビジョン」を発表し、朝鮮民主主義人民共和国（以下、北朝鮮）に対して核やミサイル開発による挑発をやめて対話の場に戻るよう呼びかけた。ドイツ統一の象徴的な場所のベルリンで文大統領は「北朝鮮の崩壊を望んでいない、吸収統一も人為的な統一も追求しない」と宣言した。南北統一より朝鮮半島の平和構築に重点を置きつつ北朝鮮体制の安全を保障する姿勢を明らかにしたのである。大韓民国憲法には平和的統一政策を樹立すると明記されている。南北統一は朝鮮民族の念願であり大韓民国の大統領が成し遂げるべき任務だ。対話への努力をせずに統一だけを主張する李明博《イミョンバク》、朴槿恵《パクグネ》保守政府の呼びかけは、体制維持を何より重視する北朝鮮としては受け入れ難いものだった。なぜならばその統一論は北朝鮮の崩壊による吸収統一だからである。北朝鮮が自ら核を放棄するまで待つというオバマ米国大統領の政策で二〇〇八年一二月から「六者会談」は中断され、南北の間で何の対話も行われないまま北朝鮮は核の小型化と軽量化に成功した。文在寅大統領は北朝鮮に核を放棄させ平和を構築するためにも吸収統一はしないという。

しかし文在寅政府を取り巻く昨今の情勢は厳しい。二〇〇六年一〇月、初の核実験を行った北朝鮮は二〇一六年九月に第五次核実験を行い、今年（二〇一七年）に入ってからはミサイル発射実験を強行している[1]。今年の一月一日金正恩《キムジョンウン》朝鮮労働党委員長は大陸間弾道ミサイル（ＩＣＢＭ）発射実験準備が「最終段階」だと表明し、八月中旬まで一一回のミサイルを発射した。これに対して米国は四月、原子力空母カール・ビンソンを朝鮮半島へ向かわせ、北朝鮮に対する先制攻撃を示唆した。圧力を強める米国に対して北朝鮮も強硬一辺倒の姿勢で対応して「朝鮮半島危機説」が急速に広がり、米国による先制攻撃可能性の報道が数回も流れた。この「危機」の四月、韓国では朴槿恵大統領の弾劾と罷免によって、一二月の大統領選挙が前倒しに実施され、五月九日の投票で野党「共に民主党」の文在寅候補が大統領に選ばれた。文在寅政府が成立してからも北朝鮮は七回のミサイル発射実験を行った。一方日本では今年三月の秋田県男鹿市を皮切りに山口、福岡、山形、広島、新潟などで内閣府の主導で北朝鮮の弾道ミサイル攻撃に対備する住民避難訓練が続いている。

ベルリン演説二日前の七月四日にも北朝鮮がＩＣＢＭを発射したが、文大統領は南北対話呼びかけの演説の延期も変更もしなかった。軍事的緊張の悪循環が限界に到達したからこそ対話の必要性が大事だと演説で強調したのである。八月に入ってから北朝鮮と米国の間で極端な舌戦が行われたが、文在寅政府は強硬姿勢を見せながらも戦争だけは食い止めるため外交による平和的な解決と対話を呼びかけている。これに対して野党と保守メディアは「安保の不感症」だと激しい攻勢を強めている。これからの情勢と政策の趨勢を注視しなければならないが、韓国政府の対北朝鮮政策が平和構築のための対話路線へ舵を切ったのは確かである。

文在寅政府による対北朝鮮政策の転換は韓国国内政治に如何なる影響を与えるだろうか。この問いへの答えは二〇〇八年からの李明博政府五年と二〇一三年からの朴槿恵政府四年にわたる保守政府において北朝鮮脅威論がどのように使われ、何を生み出したのかへの分析から得ることができる。この際にキーワードとして「従北」を用いることにする。

日本では「親北（親北朝鮮）」とも翻訳される、北朝鮮に従うという言葉の頭文字をとった「従北」という造語は、二〇〇一年初めて登場して今や韓国社会に蔓延している。現在は政府や国策に抵抗する人や勢力をはじめ自分と価値観が違う人たちにまで「従北」とレッテルを貼りバッシングされる状況が生じている。

一　「従北」とは

民主労働党の路線論争から登場した「従北」

韓国には「従北」の類似語として「アカ」があった。一九四八年八月一五日に米国の反共冷戦戦略のもとで朝鮮半島の分断とともに大韓民国は誕生した。一九四八年四月の「済州島四・三事件」をはじめ一九五三年七月に休戦で終わった朝鮮戦争まで韓国では約一〇〇万の民間人が自国の警察・軍、そして右翼団体によって「アカ」だとして虐殺された。そして反共を国是とした朴正煕《パクチョンヒ》・全斗煥《チョンドゥファン》軍事独裁政権は反共法・国家保安法や反共教育で国民に反共イデオロギーを再生産・再学習させた。時には政権維持のため漁民や在日朝鮮人などを北朝鮮の「スパイ」・「アカ」に捏造し、「他者」として排除してかつ国民の自己検閲をも強化させた。このような歴史を振り返ってみると「従北」は「アカ」の二一世紀バージョンと言えるだろう。

ところが「従北」という言葉は皮肉にも左派陣営から発せられた。二〇〇一年一一月、社会党代表が民主労働党との統合を拒否する記者会見で初登場した。社会党の代表は「民衆の要求より北朝鮮の朝鮮労働党の外交政策を優位に置く従北勢力とは統合できない」（強調は筆者）と言って「北朝鮮に追随する傾向や態度」を持つ民労党の主流派を批判した。当時まだ聞き慣れなかった造語「従北」は、この頃北朝鮮と親しいという意味の「親北」とも言われた。民主労働党との路線論争から登場した「従北」は二〇〇七年から公論の場でよく使われるようになる。同年三月二五日、盧武鉉《ノムヒョン》大統領の「韓国が生きるためには親米でもあり親北（朝鮮）でもあらねばならない」という発言に対して、当時ハンナラ党のスポークスマンが「親北ではなく従北」だと批判したのが契機だった。

選挙の季節ごと吹く「北風」

二〇〇八年三月李明博政府が成立してから「従北」は北朝鮮と関係ない用法として広範囲で使われ始める。二〇一二年一二月大統領選挙の際に巻き起った盧武鉉前大統領の「ＮＬＬ放棄発言」論争がその代表的な例である。

それ以前にも北朝鮮関連の出来事が選挙を左右する、いわゆる「北風」の例は多い。一九六〇～八〇年代の軍事独裁政権は選挙の時に都合よく北朝鮮のスパイを捏造して「アカ」を「生産」してきた。それは時代が変わっても無くなることがなかった。一九八七年一月、安全企画部は単なる殺人事件を「女性スパイのスージー金事件」と捏造し、発表した。[2] 一二月の大統領選挙を控えての捏造だった。一一月二九日には大韓航空機爆破事件が起き大統領選挙投票の前日一五日に犯人金賢姫《キムヒョニ》がソウルへ護送される様子が全国に生放送され、「安保の危機」を煽る政治工作の疑惑が起きた。民主化運動によって勝ち取った直接選挙で行われた大統領選挙だったが、全国民の関心は大韓航空機爆破事件へ集まり、かつ北朝鮮脅威論が力を発揮して盧泰愚《ノテウ》が当選した。

一九九二年の一二月大統領選挙では、二カ月前の一〇月に安全企画部が「北朝鮮が赤化統一を果たすという目標のもと、朝鮮労働党政治局候補委員の李善実《イソンシル》をソウルに送り韓国内に北朝鮮工作指導部を構築して南労党以来、最大規模の韓国朝鮮労働党を結成した」と発表し、関係者六二名を国家保安法違反の容疑で拘束した。当時与党と野合して民自党候補になった金泳三《キムヨンサム》側はライバルの金大中《キムデジュン》候補の思想を問題視して李善実事件への政界関係説を提起し、選挙にも勝った。[3] このように現在の国家情報院の前身である安全企画部と中央情報部などが北朝鮮と関連付ける政治工作に深く関与して選挙に影響を与える「北風」を引き起こした。

北朝鮮とは関係ない「排除の政治」の仕組みとして動員される「従北」

ところが、二〇一二年一二月大統領選挙で巻き起った盧武鉉前大統領の「ＮＬＬ放棄発言」論争は当時の北朝鮮の動向とは全く関係がない。二〇〇七年の「南北首脳会談の会議録」が問題になった。一〇月南北首脳会談で盧武鉉大統領が金正日国防委員長に西海北方限界線（ＮＬＬ）を放棄したと、与党のセヌリ党が盧武鉉の後継者である文在寅候補を批判したのが始まりだった。もし従来のように「北風」を選挙に利用するならば、二〇一〇年三月に起きた天安艦（哨戒艦）被撃事件と一一月の北朝鮮軍による延坪《ヨンピョン》島砲撃事件、さらに選挙日一週間前の北朝鮮の人工衛星「光明星三号二号機」発射の初成功を利用するはずなのに、セヌリ党と朴槿恵候補は「ＮＬＬ放棄発言」のみを取り上げた。大統領選挙六カ月前に保守言論を代表する趙甲濟《チョカプチェ》は『従北百科事典』を発刊して「従北」国会議員を攻撃し、セヌリ党の議員は本の内容を拡大再生産した。ところが民主党や進歩側はこれについて公式的な対応をしなかった。翌年に発売された著書『一二一九終わりが始まりだ』で文在寅は「従北フレイム捏造の成功が朴槿恵候補の決定的な勝因」で「それに無力だったのが私と民主党の決定的な敗因」と明かした。従来、北朝鮮関連の具体的な事件を伴った「北風」が、二〇一二年からは北朝鮮という主体または主語のない敵「従北」へ「進化」して選挙に影響を与えたのである。

二　李明博政府における「排除の政治」と作られる敵「従北」

行動する保守「大韓民国父母連合」と「従北」

なぜ李明博政府では「従北」が北朝鮮とは関係なく広範囲に使われるようになったのか。まず李明博政府の成立をみる必要がある。韓国の保守勢力は金大中・盧武鉉の民主政府期を「失われた一〇年」と言いながら、盧武鉉政府と進歩的な市民運動への激しい攻勢を繰り広げた。朝鮮日報、中央日報、東亜日報など主要大手新聞は、民主政府の支援を受ける市民団体に対し、かつてないほど批判した。その転機になった一つが二〇〇〇年総選挙で威力を発揮した落選運動だった。「総選連帯」が目星をつけた保守系の落選対象者の六五％が落選した。衝撃を受けた保守的な政治家とメディアは落選運動の大成功を政治と市民社会の境界線の崩壊だとして、猛烈な市民運動への攻撃を始める。落選運動以前までは保守メディアが市民運動を批判することはあまりなかった。そして、保守メディアはその市民運動の支持を受けていた盧武鉉政府の成果を否定するために、かつて民間人虐殺など国家権力による暴力とスパイ捏造など人権侵害を明らかにする過去事清算事業の成果を無視するだけではなく、むしろ「自虐史観」だと攻撃を強めた。

一方、独裁の準行政的組織とされていた守旧派団体は変貌を遂げた。自由総聯盟、在郷軍人会、派越戦友会など「反共」で武装した元軍人団体に「大韓民国父母連合」（二〇〇六年五月結成）のような「愛国」団体が続々登場した。そして分配と福祉、北朝鮮抱擁政策、過去事清算などを掲げた盧武鉉政府を左派とみなした、かつて民主化運動から転向した知識人や反共自由民主主義を標榜する学者・宗教人・言論人らが作ったニューライト団体も登場して、保守的市民運動が勢いを伸ばしていく。このような勢力の支持を受けて誕生したのが李明博政府である。ここでは著しく世間の注目を浴びた「大韓民国父母連合」の例を挙げる。

「大韓民国父母連合」の事務所の壁には韓国の国旗と李承晩《イスンマン》・朴正熙・朴槿恵前大統領の写真、そして「従北・左派・アカの除去」のスローガンが貼ってある。一九六〇年五月、朴正熙が起こした軍事クーデタは革命という彼らの基本的な信条と言えるのが「反共」「親米」「愛国」「国家主義」だ。「大韓民国父母連合」は主に進歩的団体の集会のカウンター集会とデモを開く活動をしていたが、二〇〇八年李明博政府が成立してからはひたすら親政府・親与党の声をあげた。二〇〇九年四月、北朝鮮が長距離ミサイルを発射するとソウル中心部光化門の前で北朝鮮のミサイルを火刑に処するパフォーマンスを行った。火を消そうとする警察に向けて高齢の会員一人が火のついたミサイル模型を振るって物議を醸した。後述するＭＢＣの「ＰＤ手帳」制作陣が二〇一〇年一月、名誉毀損で訴えられた一審裁判で無罪判決を受けると、翌日朝に日本の最高裁判所に当たる大法院の大法院長の車に卵を投げ、大法院長を火刑に処するパフォーマンスをしながら退陣を要求した。同年四月には「天安艦事件は北朝鮮と無関係」という内容の座談会を開いている老人会の会員一〇名に暴行を振るった。事件を米国と関連づける「従北」は許せなかったという。一二月には親環境・無償給食条例案を再議決するソウル市議会に乱入して、関係者と記者を暴行する事件を起こした。「無償給食はアカ」という保守メディアの主張を彼らが行動に移したのである。このように「大韓民国父母連合」は集会やデモごとに酷い暴力を振るい、誹謗中傷の極端な主張を繰り返すので、韓国では各種の社会的葛藤の中心、極右団体として問題視されている。安倍晋三首相の人形や旭日旗を燃やすデモの様子に韓国「反日」というテロップが付けられ、日本のメディアにも度々放送されたことがある。

「大韓民国父母連合」に思想的武装をさせるのが毎日のよう行われる会員対象の安保講演であり、中心人物である五一歳の事務局長は「安保が保証されねば国家も存在しない」と強調する。元国家情報院の幹部であり「自由市民連帯」の共同代表や保守系教会の牧師、弁護士などが高齢の会員向けに「アカ・左派」への猛烈な罵倒を繰り返す安保講演では、必ず国旗へ礼をして国歌を歌う。このように国家主義と反共・親米で思想武装した大韓民国の「父母」は街で「従北」バッシングの行動部隊になっている。

公共メディアの掌握

二〇〇七年一二月に大統領に当選した李明博は翌年二月政府発足までの引き継ぎ委員会の時からすでに韓国放送（ＫＢＳ）、文化放送（ＭＢＣ）の公営放送はもちろん、政府の株式持分が多いＹＴＮ、聯合ニュースなど公共メディアの掌握を始めた。まず手を着けたのが放送会社の理事・社長など経営責任者を自らの側近などに入れ替える人的掌握だった。

二〇〇八年五月、ＹＴＮ理事会は大統領選挙当時の李明博候補陣営の言論特別補佐官だった具本弘《クボンホン》を社長に内定した。全国言論労働組合ＹＴＮ支部は「天下り社長」に強く反発し、株主総会を阻止しようとしたが、七月一七日ＹＴＮは外注ガードマンを動員して奇襲的に株主総会を開き、四〇秒で具本弘を社長に選任した。社長になった具本弘はＹＴＮが報道の公正性を守るために維持してきた「報道局長推薦制」を無力化し、一〇月具社長の退陣を求めた労組の前現職幹部たち三三名を解雇・停職・減給・警告処分した。これは一九八七年の民主化以後初めて発生した言論人の大量解職・懲戒事態となった。

李明博政府は大統領の最側近を放送通信委員長に任命して放送通信委員会の理事は与党側の人に替えて二〇〇八年七月から、進歩的だったＫＢＳの理事と鄭淵珠《ジョンヨンジュ》社長を解任した。解任の際に動員されたのが「従北」だった。[4]ジャーナリズムの歪曲を牽制すべき放送規制機構の放送通信委員会が権力の代わりに人的掌握を進めながら、政府に批判的なプログラムと言論人を弾圧した。さらに、ＫＢＳの各部署の幹部をニューライト系人物に交代して官僚主義的上命下達式の統制を復活させる。その過程で政府や与党に批判的番組は廃止、批判的な言論人は左遷・解雇させられた。

ＭＢＣの看板時事プログラム「ＰＤ手帳」への弾圧はより酷いものだった。二〇〇八年四月一八日政府が米国と米産牛肉の輸入を決めると、二九日ＭＢＣの「ＰＤ手帳」は「米国産牛肉、果たして安全なのか」で米国産牛肉の狂牛病の危険性を報道した。報道後狂牛病への恐怖が全国へ広まり、五月二日から三カ月間延べ数百万名の人々が米国産牛肉の輸入反対のろうそくデモを行った。この出来事は李明博大統領が「デモ・集会フォビア（phobia）」になるきっかけになる。朝鮮・東亜・中央日報が「ＰＤ手帳」が怪談と虚偽の内容で国民を扇動してろうそくデモを起こしたと激しく攻撃すると、公正放送を謳う国家機構の放送通信審議委員会は公正性・客観性に反したとして「ＰＤ手帳」に「視聴者への謝罪」という最高水準の重懲戒を下す。そして農林水産食品部は制作陣を名誉毀損の嫌疑で告訴、検察は特別捜査チームを作り調査を行い、ついに制作陣を嘘の報道をしたと起訴する。政府への言論の批判と牽制について論理や事実で争ったのではなく、李明博政府は権力を介入させたのである。三年四カ月後二〇一一年九月に大法院は「ＰＤ手帳」制作陣に無罪判決を言い渡したが、会社側は制作陣への嫌がらせをやめない。他方、ＭＢＣに政府広報番組を新設して親政府的世論を醸成し、「従北」と北朝鮮による危機を煽った。似たようなことは聯合ニュースでも起きた。露骨な親政府・与党の不公正な報道が続くと、それぞれ抵抗をした各局の労働組合は二〇一二年国民日報の労働組合と共に五九六日間の連帯ストライキを展開したが、解雇二一名を含めて四五二名が不当な懲戒を受けた。

メディア関連法の改悪

李明博政府はこれと並行して一般国民の表現の自由、とりわけ金大中・盧武鉉政府の時に発現・拡張されたインターネットにおける公論の場への弾圧と縮小にも取り掛かった。二〇〇九年一月九日検察はインターネット論客として注目を集めていたＩＤ「ミネルヴァ」を拘束・起訴した。彼が数カ月間ポータルサイトＤＡＵＭの討論掲示板「アゴラ」で書いた政府の経済政策についての批判と分析が虚偽だとのことだった。三カ月後「ミネルヴァ」は無罪・釈放されるが、ネット上で政府について批判的な意見を書き込んだ人たちへの弾圧が相次いだ。人たちがいつの間にか自己検閲をするようになったなか、政府は関連法を改正した。

二〇〇八年七月法務部長官がネット上の虚偽の情報拡散による名誉毀損を取り締まる「サイバー侮辱罪」の導入を進め、通信事業者の監視・盗聴装置の設置を義務化した「通信秘密保護法」と「電気通信事業法」の改悪、情報通信サービス提供者に対するモニタリングを強化・強制して、表現の自由一般とネットでの公論を萎縮させた。このような李明博政府の統制と弾圧を根拠に二〇〇九年「国境なき記者会」は韓国を報道の自由度ランキングが六九位の「ネット監視国」に分類した。盧武鉉政府の二〇〇六年には三一位だった。

公共メディアの掌握とネットへの監視が一段落すると、二〇〇九年李明博政府は直ちに放送関連法を改悪して、地上波に総合編成ＴＶを導入した。この際に活躍したのが、李明博政府に起用されたか、与党のハンナラ党の推薦を受けて国会議員になった多数のニューライト系出身者だった。各種の世論調査で六〇～七〇％の市民が反対したにもかかわらず、政府は新聞と放送の兼業を許可する放送関連法を改訂、従来の世論市場の強者である朝鮮・東亜・中央日報が総合編成ＴＶに参入できた。

総合編成ＴＶには保守論客や北朝鮮からの北朝鮮離脱住民（以下、脱北者）らが出演して北朝鮮の崩壊説と「従北」の脅威論を一日中流し続けた。「政府・国策に反対＝従北」という基調で危機を煽る番組と「戒厳軍は光州市民に向かって発砲していない」「光州五・一八は北朝鮮特殊部隊の仕業だ」「済州島四・三は北朝鮮とアカによる暴動」などの歴史歪曲により視聴率はかなり低いが、病院や食堂など人が集まる場所ではチャンネルが固定されている場合が少なくない。多くの言論人や知識人などは「どうせＴＶ朝鮮だから」と無視してきたが、インターネット上や年寄りなど一部の歴史認識や政治意識の変容に「ＴＶ朝鮮」は多大の影響を与えている。「ＴＶ朝鮮」のフェイクニュースがそのままかり通る状況が続き、世論の多様性は歪曲されている。

公安政治の復活

本来公共の安全と秩序を意味する「公安」が、南北分断と冷戦下における韓国では「対共産主義」の意味として使われた。言論掌握とともに李明博大統領が取り掛かったのが公安政治の復活だ。盧武鉉前大統領が廃止した国家情報院（以下、国情院）など情報組織から大統領への単独報告制を復活させた。警察、検察、国情院の長に自分の側近を就かせて、政府政策に疑問の声を上げる人たちを「従北」と弾圧した。まさに、公安機関を「国家安保」ではなく「政権の安保」のために働かせる公安政治時代への回帰である。まず、その中心にいたのが国情院である。二〇〇九年五月初めの米国産牛肉の輸入反対ろうそくデモへの過度な鎮圧と罰金、二三日盧武鉉前大統領の死亡などで世論が政府に不利となると、国情院はあらゆることに「従北」を言及した。例えば、七月七日ＤＤｏＳ（分散サービス拒否）攻撃があった際に北朝鮮、または「従北」が背後にあると目星をつけ、天安艦被撃事件の時には政府の調査結果を疑う人たちもまた「従北」と名指しした。

二〇〇九年二月国情院長に就任した元世勲《ウォンセフン》は、食事の席で「済州四・三における鎮圧は政府側が酷い対応をした側面がある」と話したベテランの幹部を「左派」だと左遷させた。元世勲は李明博大統領選挙陣営の政策分野の特別補佐だった。今年二〇一七年八月三〇日元世勲前国情院長についてソウル高等法院は、国情院が朴槿恵前大統領の当選選挙に介入したと四年を言い渡した。元世勲前国情院長は裁判で二〇一二年総選挙と大統領選挙における国情院によるネット世論操作と政治・選挙への介入を否定し続けてきた。しかし、さる七月二四日検察は彼について「選挙運動はすなわち国家安保だと認識して政府・与党に反対すると従北とみなして心理戦団によって攻撃するように指示したのは国情院長の地位を利用して大統領選挙に関与した選挙運動」だと懲役四年と資格停止四年を求刑した。

さらに、文在寅政府が作った「国家情報院積弊清算タスクフォース」（ＴＦ）は、国情院が二〇〇九年から四年間世論を操作するために民間人で構成された三〇のネットの掲示板に書き込みをする「サイバー外郭チーム」を運営し、総選挙と大統領選挙があった二〇一二年の一年間で三五〇〇名チーム員に国民の税金三〇億ウォン（約三億円）を人件費として払ったと、発表した。「サイバー外郭チーム」には脱北者も雇われた。国情院の内部組織の「心理戦団」が「サイバー外郭チーム」と共に「世論操作」活動をしたのも確認された。彼らは進歩的傾向の書き込みが多いサイトや極右保守の人たちの言説が嫌悪・憎悪書き込みが多いサイト「日刊ベスト」、ＤＡＵＭとＮＡＶＥＲのポータルサイト、ツイッターなどＳＮＳで活動した。主に「北朝鮮の広告マン文在寅、文在寅の師匠は金正恩」のような野党候補への誹謗、「従北」、「左派アカ」、地域主義を助長する「全羅道」をキーワードに、「北傀（北朝鮮傀儡）＝朴正熙反対＝米軍撤退＝済州島江汀《カンジョン》海軍基地反対＝朝鮮・中央・東亜日報反対＝ＦＴＡ反対」などの公式で数十・数万件の書き込みをして、「従北」バッシングの世論を作り上げた。

ネット上だけではない。国情院は二〇一一年「自由主義進歩連合」という保守団体に七月二一日『文化日報』に「希望のバス」[5]を批判する意見広告を掲載、一二月二八、二九日『朝鮮日報』に意見広告を掲載し、その内容を心理戦団がネットで拡大再生産させた。

国情院が「従北」をバッシングする世論を作り上げると、公安検察は「従北」を取り締まる。民主化後から金大中政府までも韓国で公安検察の力が弱まることはあまりなかった。金大中政府期における公安検察の改革の失敗を教訓に盧武鉉大統領は人事だけではなく組織と制度の改革にも挑んだ。ところが盧武鉉の改革も失敗に終わり、その時に人事から外された公安検察は李明博政府のもとで実権を握った。盧武鉉大統領が廃止した大検公安三課は復活、軍事独裁の時代に悪名高かった「関係機関対策会議」を格上げして、定例化させた。とりわけ二〇〇八年の米国産牛肉の輸入反対ろうそくデモに能動的に対処するために「公安通」の検事らが大挙配置された。狂牛病牛肉の危険性を報道したＭＢＣの「ＰＤ手帳」制作陣を逮捕した検事は、担当ＰＤに「反米・従北主義者ではないか」と聞き、番組の作家のメールを押収・捜索した。二〇〇九年検察総長は新年の挨拶で「我が社会は親北左翼勢力を抜本塞源しなければならない」と述べ公安政治の復活を告げた。二〇一一年八月一二日に新しく就任した韓相大《ハンサンデ》検察総長は「従北勢力との戦争」を挨拶で宣言して、デモや集会参加者と労働者、統一運動団体会員らの多くに対して無理な拘束令状を請求、裁判所は実刑を言い渡した。国家保安法の違反の立件・拘束・起訴率は李明博政府五年間増え続けた。

ニューライトの御用学者たちが政府側の考えを擁護する「主張」をする、保守メディアと保守市民団体はそれを「広め」、政府が関連法令や基準を変更して「押し進める」。そして公安機構が政府の政策と考えに反対する市民を「従北」として捜査・逮捕する。このトライアングル協調体制に基づいて李明博政府の公安当局は、北朝鮮とは直接関係なく広範囲の「従北」を国内政治に利用、北朝鮮脅威論を拡大した。このような李明博政府が謳う南北統一の主張が北朝鮮に届くはずもなく、北の挑発に李明博政府も強硬路線を維持した。

三　朴槿恵政府における「従北」による「排除の政治」

李明博政府が保守団体・保守メディア・公安勢力のトライアングルの協調体制で構築した「従北」レッテル貼りとバッシングの「排除の政治」を朴槿恵政府もそのまま受け継いだ。『朝鮮日報』は二〇一四年一一月二二日開かれた統一トークコンサートを「従北コンサート」と命名し、コンサートでは出なかった「北朝鮮地上楽園の発言」という嘘を報道して「従北」世論を起こした。朴槿恵政府の放送通信委員会は総合チャンネルの二次再承認審査で歪曲と不公正の報道などで不合格になった「TV朝鮮」を不当に救済した。他方、保守政府九年の間に二〇名あまりの言論人が不当解雇され、数百名が懲戒処分された。李明博政府との違いは、利益集団として軍出身と公安勢力が政治の前面に出たことである。公安検察勢力は法務部と大統領府をも掌握し、財閥と軍まで朴槿恵政府の「従北」を生産して排除する政治に加わった。朴槿恵政府において「従北」はさらに重要な統治の用語になった。

政権中枢となった軍出身と公安検察

　朴槿恵大統領は父朴正煕の「維新体制」の人脈を復活させた。大統領府と政府の要職である安保室長や警護室長、国情院長、国防長官には、一九四〇年代生まれで朴正煕の時代に活躍した陸軍士官学校出身者が相次いで就任した。また朴正煕の五・一六軍事クーデタに参加した人物の息子が朴槿恵政府で国土交通部長官になるなど軍人脈の二世も登用された。

　朴槿恵政府では公安検察が政府の中枢になった。金淇春《キムギチュン》大統領秘書室長は朴正煕時代の維新憲法の素案を作成した人物。彼は中央情報部の對共捜査局長の一九七五年に在日韓国人留学生の若者たちを北朝鮮のスパイにでっち上げた「一一・二二」事件と金芝河《キムジハ》拷問・懐柔を専担して出世する。九一年には盧泰愚政府の公安統治と汚職などについて焼身自殺などで抵抗する学生やデモを潰した。金淇春を頂点に大統領府の民生ラインの全てには公安検察が配置され、彼らは国情院の国内問題担当など国情院の要職も握った。与党でも発言力を持つのは公安検事出身の議員だった。彼らが与党・政府・大統領府を繋ぐ公安通の役割をした。朴槿恵政府は成立初期から前記した「国情院の大統領選挙介入事件」に足を引っ張られ、政府を揺るがすスキャンダルが起きた。しかしそのたびに、かつて軍事独裁時代に反共・「アカ狩り」で抑圧支配をしていた公安勢力は、今度は大々的に「従北」狩りの反撃を行い、政権の安泰を図った。

「統一大当たり論」と脱北者をターゲットにしたスパイ捏造事件

二〇一四年一月、新年記者会見で朴槿恵大統領は「統一は大当たりだ」と述べた。三月朴大統領は欧州訪問中にドイツで「ドレスデン宣言」を発表。人道的支援と南北交流協力の拡大を通じて「統一大当たり論」を具体化するための提案だったが、朴槿恵政府の「北朝鮮崩壊」という認識に裏付けられている。二〇一六年一〇月韓国軍創立記念式典で朴大統領は公然と北朝鮮の住民に韓国へ脱出するよう呼びかけた。北朝鮮を刺激して挑発を誘導し、国内問題を安保問題へ転換しようという狙いだった。他方、国内の脱北者はスパイにでっち上げられ、国内政治に利用された。

二〇一三年一月国情院はソウル市の公務員ユ・ウソンを北朝鮮のスパイ嫌疑で緊急逮捕、検察は国家保安法違反で起訴した。国情院と検察は二〇〇四年脱北した在北華僑出身の彼がスパイ活動をしたと主張したが、二〇一五年大法院はユ・ウソンに無罪確定判決を下した。国情院の捏造は明らかになったが、六カ月間独房で脅迫と暴行を受けて「スパイ」にされたユ・ウソンと彼の家族が受けた被害と傷は計り知れない。検察もホン・カンチョルを「北朝鮮保衛部スパイ」と起訴したが、裁判所は無罪を言い渡した。このようなスパイ捏造の手口はかつて在日韓国人をスパイに捏造した時と酷似している。大統領は北朝鮮の住民に脱北を呼びかけ、検察や国情院は脱北者をスパイに捏造するか、捏造に加担させたのが朴槿恵政府だった。

文化芸術界支援排除名簿（ブラックリスト）と官製デモの「ホワイトリスト」

二〇一四年から朴槿恵政府は政権に批判的な人のリスト、いわゆる「文化芸術界支援排除名簿（ブラックリスト）」を作成して排除していたことが政権交代後明らかになった。野党「共に民主党」のソウル市長や大統領候補を支持した文化人や、三〇四人が死亡・行方不明になった二〇一四年の大型旅客船「セウォル号」沈没事故で政府の対応を批判した文化人ら韓国社会全分野にわたる約八千名と約三千の団体が「左偏向人物」、「従北」として排除の対象になった。ブラックリストを作成して支援の打ち切りを指示した金淇春前大統領府秘書室長は起訴され、この七月二七日に実刑判決が宣告された。

政府に対する批判を源泉封鎖するためにブラックリストを作成して排除する一方、「大韓民国父母連合」など親政府傾向の団体には官製デモと大統領弾劾反対デモを要請、「全国経済人連合会」に支援金を要請した。国情院と「大韓民国父母連合」は統合進歩党の前代表やソウル市長、『産経新聞』への糾弾デモなど朴槿恵政府と対立した様々なデモにバイトとして脱北者を動員したことも明らかになった。

朴槿恵政府の「従北」バッシングの絶頂は五月に行われた大統領選挙だったかも知れない。自由韓国党の洪《ホン》準杓《ジュンピョ》候補は「文在寅が大統領になると金正恩が政権を取ることと同じなので従北左派を一掃しよう」と、文在寅を「従北」と名指しした。また、自由韓国党が支持を訴えながらネットで公開した広報チラシが物議を醸した。投票用紙のデザインには各候補の所属政党の代わりに国旗が描かれ、洪準杓候補には韓国の国旗が、文在寅と安哲秀《アンチョルス》候補の欄には北朝鮮の国旗が描かれていた。候補討論会で洪準杓は終始一貫して文在寅に対し、ミサイル発射実験を繰り返す北朝鮮に対する明確な態度表明を強要した。これに答えない、あるいは北朝鮮へ理解を示すと、北朝鮮と同一視して「従北」というレッテルを貼り、バッシングをする。これは単に洪準杓という一人の保守政治家の資質の問題ではない。洪準杓支持者や「大韓民国父母連合」などは日常の場でも、意見が違う人に「従北」バッシング攻撃を繰り返した。日本でも流れた朴大統領弾劾に反対する側のデモでの暴力行為と言説がまさにそれに当たる。朴槿恵政府と支持勢力は野党や反対勢力のイメージを北朝鮮のイメージと一体化させ国内政治の過程で「従北」を社会的処罰、排除、追放の仕組みとして動員した。「従北」はさらに進化して、女性やＬＧＢＴ、障害者、外国人労働者、脱北者まで「従北」の対象は多様化している。

終わりに

北朝鮮の三代世襲についての立場から海軍基地建設の反対、韓米同盟から四大河川事業の反対に到るまで様々な政治・政策的懸案において「従北」が動員された。そして統合進歩党から野圏連帯に到るまで、全国民主労働組合総連盟と全国教職員労働組合など大規模の労働組合からインターネットサイトの一般使用者まで、数多くの対象に「従北」のレッテルが貼られた。このように異質で多様な問題を「従北」というひとくくりでレッテル貼りができたのは、保守勢力の見解と異なるから、ということ一つだった。李明博・朴槿恵の九年間保守政権は国家情報院や検察・警察・軍などの国家機関を通じて北朝鮮の「脅威」を誇張すると同時に「従北」を利用した「敵」作りとバッシングを行なった。そして今もネット上で浮遊している「従北」と関わるフェイクニュースと情報は拡散されている。

朴槿恵前大統領の弾劾・罷免と五月大統領選挙について、日本では国民が自ら選んだ朴大統領を能力不足なだけなのにどうしてこれほど暴力的にバッシングするのか、不思議な思いで報道を見ていた人が少なくなかった。「文在寅は反日・親北」という単純化しすぎた日本メディアの韓国についての報じ方にも甚だしく問題があるが、安倍政府について批判的な報道が少ないのも大きく影響を与えたと思う。現在の日本でも政府や国策に批判・反対する人は「非国民」とされている。政治家や保守的な言論人とネットにおける沖縄や在日朝鮮人への差別と市民運動への中傷誹謗は韓国の「従北」バッシングと似ている。

ろうそくデモで市民がよく歌ったのは「大韓民国は民主共和国」という憲法第一条の文言を歌にしたものだった。人々が望んだのは李明博・朴槿恵政府の九年間失われた民主主義を取り戻すことだった。その熱望と支持を受けて誕生した文在寅政府は、対北朝鮮政策を対話と平和路線に換え、国内的には検察、国家情報院、警察、軍など国家機関による公権力の乱用と人権侵害を正して、破壊された民主主義を復元する課題に取り組んでいる。文在寅政府は八月一一日、朴槿恵政府がかつて済州島海軍基地建設に反対する江汀の住民を相手に提起した数十億ウォンの訴訟を取り消し他の方法を模索すると発表した。「従北」を国内政治に利用しない、排除の政治を行わないということである。

政府の改革だけではない。大統領が代わるだけで多様な変化は起きている。二〇一七年七月、第二野党「正しい政党」は「従北狩り・保守清算」討論会を開いて、「従北はいない、従北狩りは極右の無能で卑怯な戦略」だと非難した。八月四日ＹＴＮ労働組合と経営側は二〇〇八年に解雇された記者三名を復職させると暫定合意した。二〇一四年一一月裁判所の不当解雇の判決にもかかわらず復職できなかった彼らは二八日、九年ぶりに出勤した。ＭＢＣの記者やアナウンサーと制作陣は、極右的なイデオロギーに基づき偏った報道指示と排除・隔離の人事をしてきた社長の退陣をあらためて求めている。

他者との差異を認めない、嫌悪による排斥が「従北」に込められて韓国社会のコミュニケーションを阻害してきた。誰が大統領になろうとも、北朝鮮脅威論と「従北」を用いた排除の政治、民主主義の破壊ができないよう、まず長年の間に積み重ねられてきた弊害を清算して制度を再構築しなければならない。決して簡単ではない。それでも、韓国では市民たちが自らの手でそれを始め、新しい時代の幕を開けようとしているのだ。

【注】

1　朝鮮半島における核の危機と北朝鮮の核開発の歴史は一九四五年日本の敗戦まで遡る。これについては、拙稿「朝鮮半島における『核問題』と朝鮮人被爆者に関する歴史の一考察」木村朗・高橋博子編『核時代の神話と虚像――原子力の平和利用と軍事利用をめぐる戦後史』(明石書店、二〇一五)を参考にしていただきたい。

2　「スージー金」事件は一四年が経った二〇〇一年に捏造が明らかになって韓国政府はスージー金の遺族に四二億ウォンを賠償するように判決が言い渡された。

3　二〇〇六年八月国家情報院の「国情院過去事真実究明を通じた発展委員会」は李善実と中部地域党の実体は事実だが「安企部が同事件を膨らませて大統領選挙に政略的に活用しようとした」と指摘した。

4　『東亜日報』の解雇記者出身の鄭淵珠は盧武鉉政府の時に市民・言論団体の推薦でＫＢＳ社長に任命されてまだ任期が残っていた。李明博政府初期保守新聞と右翼団体、ハンナラ党は鄭社長が「不動産投機をした、賄賂を受け取った、左傾・従北だ」と非難して辞退の世論を作りあげ、監査院と国税庁は税務調査をして世論を裏付けるようなモードを作った。この中、検察は鄭社長を背任嫌疑で起訴した。鄭社長が解任されてから三年半がすぎた二〇一二年大法院は一月に鄭社長の背任嫌疑について無罪、二月に解任処分取り消しの確定を言い渡した。

5　二〇一〇年一〇月二〇日に始まった釜山韓進重工業における整理解雇反対ストライキの際にクレインに上がってデモを行っていた労働者と組合員たちを応援するために市民が集まって六～七月まで運行したバス。この「希望のバス」に乗ってデモに参加した一六七名を検察は道路の不法占拠などの罪で略式起訴して罰金刑を求めたり、起訴したりした。その内、略式起訴された参加者の一人が罰金刑を不服として正式裁判を起こした結果、二〇一六年二月無罪が確定された。

第3部

激動する東アジア情勢の中での沖縄

1 沖縄問題と日本の安全保障

屋良　朝博

一　沖縄問題の実相

在沖米軍基地をめぐる議論が迷走するのは、責任の所在が明らかでないためだ。日本政府は基地集中を沖縄の「地理的優位性」のせいにする。他方、米国は「基地提供者である日本の責任だ」と突き放す。日米でたらい回しが続き、昨今世論は「沖縄の反対はうんざりだ」と冷淡になった。

この思考の閉塞は何に起因するのだろうか。そもそも沖縄問題は単純で、米軍の過度な集中配備であり、カート・キャンベル元米国務次官補は「多くの卵をカゴに詰め過ぎ」と表現した。沖縄の基地の七割を占有する海兵隊は鹿児島や熊本などに駐留していても運用、任務遂行にはまったく支障がない。その理由は後述するとして、日本が安保政策のひとつとして海兵隊駐留を求めるのであれば、負担が大きな沖縄でなく、本土移転も検討すべきだが、そのような発想は起きない。

沖縄が負わされる「多くの卵」とはいったいどれほどなのか。アジア太平洋地域に前方展開する米軍兵力は約一〇万人で、うち沖縄配備は二万五〇〇〇人である。在日米軍は日本防衛のみならず、アジア太平洋地域の平和と安定を目的としている。同盟国五カ国（日本、韓国、豪州、フィリピン、タイ）の面積を合計すると八九〇万平方キロメートルで、沖縄はその中の〇・〇二五％の面積でしかない。その針の先ほどもない小さな島にアジア展開兵力の二五％を押し込めている。この是正が沖縄問題へのアプローチにほかならない。

しかし日本政府はいまのところ沖縄の「地理的優位性」を基地集中の根拠とし「ハワイやグアムに比べ沖縄はアジアに近い」と論じる。なぜ熊本や鹿児島など九州と比較しないのだろうか。ハワイやグアムと比較するのなら、常識的に考えても沖縄でなくてよかろう、という結論になるはずだ。

なぜこうも不合理な論理を作り上げ、沖縄の不平等な基地負担を正当化できるのだろうか。客観的な分析がないまま、「日米同盟＝米軍基地＝沖縄」という既成概念が当たり前のように広まった。沖縄問題は軍事、安保の領域で語るのではなく、日本の政治や社会問題にカテゴライズするほうがよっぽど理解しやすい。

NIMBY

この論考では米軍基地が沖縄に集中する「仕組み」を検証してみたい。

二〇一六年九月にワシントンを訪れ、米軍基地問題について複数の対日政策専門家と議論した。在京シンクタンク「新外交イニシアチブ」の企画で沖縄基地問題の解決策を探るプロジェクトの一環だった。

著名なシンクタンクの理事長で、かつて国務省高官だった人物は沖縄問題を一語で表現した。「NIMBY

（ニンビー）だ」（Not In My Back Yard［俺の裏庭はやめてくれ］というイディオムの頭文字）。必要性を認めながら、迷惑施設なので忌避する社会現象のことだ。日本人の多くが日本防衛のため米軍の駐留を必要だと考えるが、自身の近所に米軍基地を設置されることは嫌がる。それが沖縄問題と見切っているのは、米側から見るとかくもシンプルなのだ。

その観察には歴史的な根拠がある。

海兵隊はもともと本土に駐留していた。一九五三年、朝鮮戦争が休戦した後の北朝鮮を警戒するために岐阜や山梨などへ配置された。ところが一九五六年になぜか朝鮮半島から地理的に遠い沖縄へ移転してきた。そのころもそして現在も沖縄には海兵隊を運ぶ艦艇、輸送機はないので、沖縄配置を軍事的に説明することは難しい。政治的な理由だったことは疑う余地がない。

沖縄はスケープゴート

五〇年代といえば国内各地で反基地闘争が燃え盛っていた。石川県内灘、長野県浅間山、群馬県妙義山で米軍の演習場を設置するため、日本政府は土地接収を進めようとしたが、ことごとく住民の抵抗運動で断念せざるを得なかった。東京立川飛行場の拡張工事に対する住民の反対運動は「砂川闘争」として広く知られる。

米政府はこうした反基地運動の広がりに危機感を抱いていた。一九五六年一二月、米国務省の公文書「日本における米国の軍事的立場の再考」は、日本人の基地に対する感情が悪化すると、日本にある軍事施設を有事に使えなくなるとの懸念を深め、「米軍基地の存在を（日本国民の）目にとまりにくいようにして、反基地感情を減らすべきだ」と警告している。そして具体策として、「日本に駐留する政治的コストが高騰した場合、本土から撤退し、沖縄を主要基地として保持し続ける」との方針を明示した。

海兵隊が沖縄に移転した一九五六年は経済企画庁が経済白書「日本経済の成長と近代化」で、「もはや戦後ではない」と記述し、流行り言葉になった。そのころ家電を中心とする耐久消費財がブームとなり、冷蔵庫、洗濯機、白黒テレビの「三種の神器」が出回り始めた。この年、歌手・大津美子の「ここに幸あれ」が大ヒットした。

日本が奇跡の高度経済成長へと浮上していくころ、沖縄では海兵隊を配置するために新たな基地拡張が進められた。海兵隊の沖縄移転が決定する直前、伊江島で米軍は土地を奪うため住民に銃剣を向けて追い払い、ブルドーザーで家屋を倒し、田畑を海砂で埋めた。宜野湾市伊佐でも同様に土地強奪があり、その後沖縄本島中北部の二一町村で、土地接収約四万エーカーがほぼ海兵隊を本土から移転するために接収された。強制立ち退きは約五〇〇戸にも及んだ。こうした基地拡張に伴う強引な土地接収を沖縄では「銃剣とブルドーザー」と呼ぶ。

沖縄の人々は日本本土の基地反対が裏事情であることを知っていた。当時の議会に当たる沖縄立法院、琉球政府、市町村長会、軍用土地連合会、市町村議長会で構成する五者協議会は、同年六月三〇日、土地接収に反対する声明を出した。「新たに土地を接収することは住民の生活権を奪うものである。日本から移駐してくるマリン隊（海兵隊）のものときいているが、なぜ広大な日本から土地の狭い沖縄に移駐してくるのか了解に苦しむ」と訴えた（鳥山淳『沖縄／基地社会の起源と相克一九四五―一九五六』勁草書房、二四九頁）。

沖縄に基地が集中した理由は、本土で反基地感情が高まり、日本駐留の政治的コストが高騰したためだった。その近代史が完全に忘却され、政府が主張する「沖縄の地理的優位性」というフィクションが何ら疑いなく受け入れられる。日米合作によって進められた沖縄への基地集中は、半世紀を経て既成事実化された。

二　米軍再編　兵力大削減

沖縄への基地集中から半世紀。在沖米軍の配置が見直された。日米両政府は二〇一二年に米軍再編（改定版）に合意し、一万八〇〇〇人の在沖海兵隊を約半分に削減する方針を決めた。沖縄の海兵隊は戦闘兵力といえないほど小ぶりな部隊に縮小される。再編によって何が変わるのかを論述する。

戦闘力は四分の一に

陸海空・海兵隊の四軍のうち、海兵隊は沖縄の米軍兵力の六割、基地面積の七割を占有する。日米同盟は日本の安全のため不可欠で、米軍駐留がその担保となる、との論議は、実体としては海兵隊の沖縄駐留が日本の安保に必要不可欠だという意味になる。だとすると米軍再編で海兵隊が大幅に削減された後、在日米軍の即応体制、抑止力は低下しないのだろうか。日本周辺の安全保障環境が厳しくなったと政府は繰り返す一方、在日米軍の大幅削減に合意することに矛盾はないのか。

現在、在沖海兵隊は地上戦闘兵力である第三海兵師団（第四海兵連隊、第一二海兵連隊など）を核に、第一海兵航空団のオスプレイやヘリコプターが普天間飛行場に配備され、第三海兵役務支援群が物資、弾薬を補給する。地上、航空、支援の三部隊が連動しながら任務を遂行する。

これとは別に機動部隊「第三一海兵遠征部隊」（31ＭＥＵ、二〇〇〇人）が冷戦後の一九九〇年代初頭に沖縄に配置された。ミニ空母を中心とした強襲揚陸艦隊に乗り込み、アジア太平洋地域を巡回している。

今回の再編によって、地上部隊と補給部隊はグアム、ハワイ、オーストラリアへ分散配置され、沖縄に残るのは司令部と31ＭＥＵだけとなり、31ＭＥＵが洋上遠征するときミニ空母に搭載するオスプレイ、ヘリコプターの航空部隊が沖縄に継続配置される。

この再編は海兵隊実戦兵力の事実上の撤退を意味する。戦闘力は現在のほぼ四分の一に縮小される。戦闘力は地上部隊の規模によるが、現在沖縄に駐留する連隊（歩兵、砲兵）がすべて撤退し、第三一海兵遠征隊の上陸大隊およそ八〇〇人だけになる。しかもこの遠征隊は沖縄にいるよりも遠征期間が長いため、駐留実体はほとんどなくなる。

遠征隊

遠征隊はアジア太平洋地域を巡回し、オーストラリア、タイ、フィリピン、韓国など同盟国をはじめ友好国を訪問し、諸国軍と共同訓練を実施する。年に数回、大規模な合同演習を企画することで多国間の連携を確認しながら、「軍事交流」「軍事外交」を展開している。沖縄の海兵隊は平時の任務に限定した部隊規模に縮小され、それは多くの日本人が期待しているような「敵軍を蹴散らしてくれる」兵力には程遠い部隊規模になる。

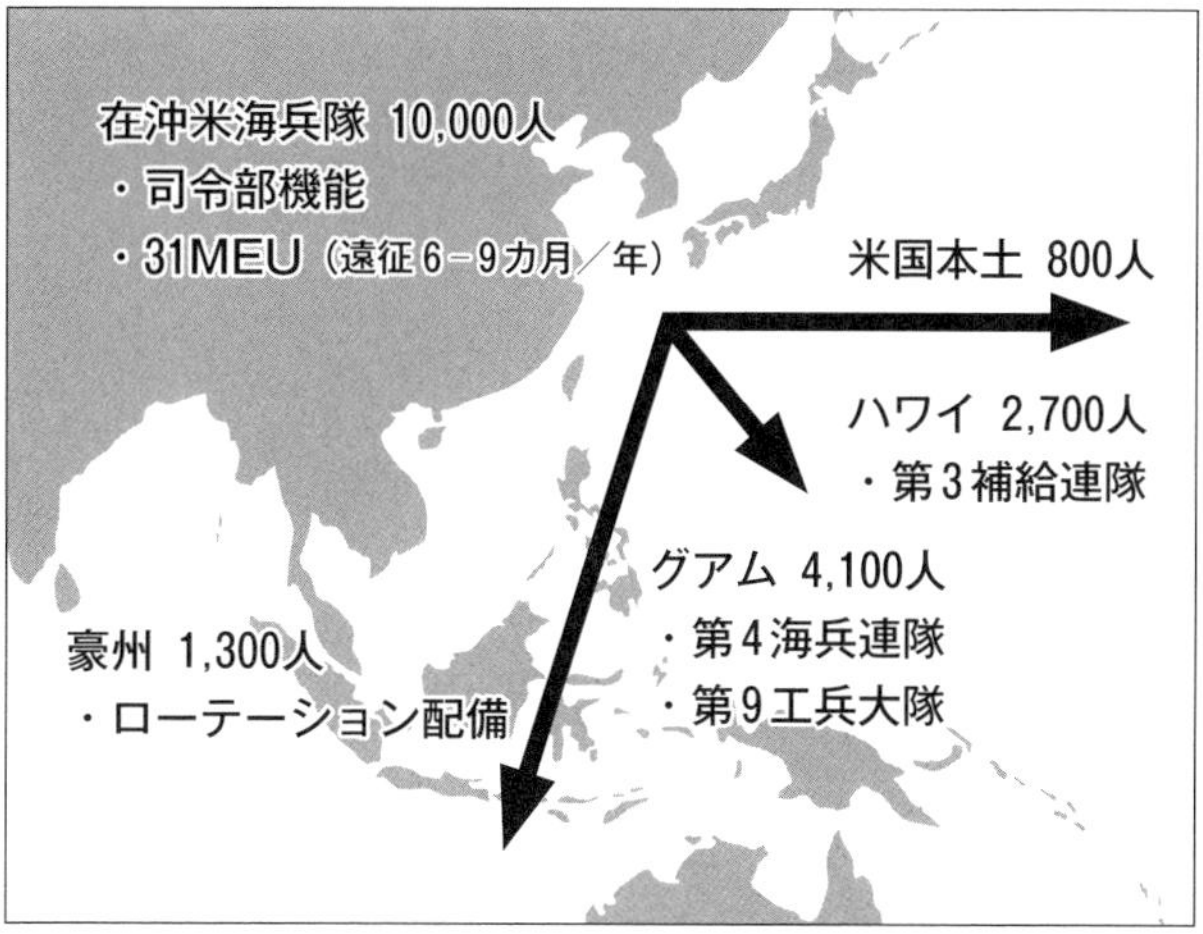

米軍再編・見直し（2012年）

この再編の意味を理解するため、部隊編成の概要を簡単に説明する。海兵隊の組織としての売りは、任務の種類、規模によって遠征部隊を大小自在に変えることができる柔軟性と即応性だ。歩兵や砲兵、偵察部隊、航空部隊、物資補給部隊などさまざまな部隊があり、司令官は任務の種類によって必要な部隊を抜き出して遠征部隊を編成する。仕事に応じて道具箱の中身と大きさを替えるようなものだ。

大きく分けて三編成あり、大規模な紛争、国家同士がぶつかる戦争には海兵遠征軍（ＭＥＦ四万五〇〇〇人）を二個（計九万人）起動させる。戦う相手が国家ではなくテロリストなど限定的で小規模な紛争には海兵遠征旅団（ＭＥＢ一万五〇〇〇人）を編成する。

最も小規模な編成で、紛争以前の平時の任務を担当するのが海兵遠征隊（ＭＥＵ二〇〇〇人）である。例えば紛争地に取り残されたアメリカ市民を救出するＮＥＯ（Non-combatant Evacuation Operation、非戦闘員救出作戦）、海賊対策や麻薬など密輸取り締まりで艦船を臨検、人道支援活動、災害救援活動などを主任務とする。継続的に国際情勢に関与していくための機能として遠征隊は常時、世界の海に展開している。

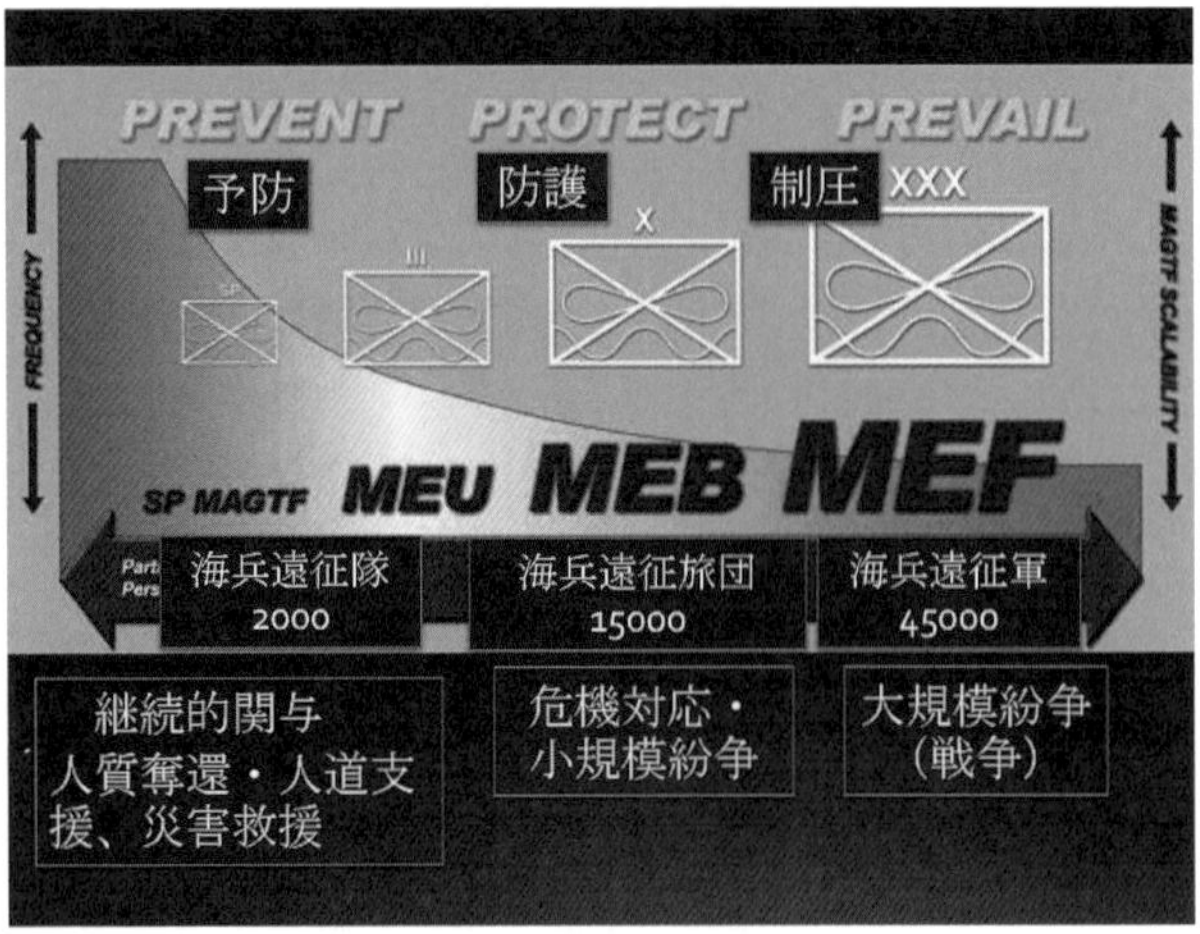

米海兵隊が遠征、出撃する際の兵力編成方式

平時と有事／体制と態勢

海兵隊の運用を理解するには平時と有事の態勢を明確に区別する必要がある。加えて日本有事の際に米軍が来援してくれることを前提とした日米安保体制と、平時に太平洋地域に前方展開兵力を配置する軍事態勢も区別して考える必要がある。

戦時には海兵遠征軍（ＭＥＦ）と海兵遠征旅団（ＭＥＢ）、平時の遠征任務、米軍プレゼンス維持は海兵遠征隊（ＭＥＵ）が対応する。現在、沖縄に駐留する海兵隊は一万八〇〇〇人しかおらず、遠征旅団を編成するために必要な兵力には足りない。ハワイに配備されている隊員の増派で補うことになっている。

平時はＭＥＵが海軍艦艇で常に世界の海をカバーしている。沖縄の遠征隊がアジア太平洋を担当し、インド洋からアフリカ東海岸はカリフォルニアの基地から、大西洋と地中海とアフリカ北西部はノースカロライナの基地から遠征隊がそれぞれ派遣されている。世界のどこかで起きる地域紛争で、アメリカ人を救出するのがＭＥＵの重要な任務だ。

対テロ戦など小規模紛争に対応するＭＥＢは司令部だけで一一五八人、地上戦闘部隊の約五八〇〇人は戦車三二両、大砲二〇門、ロケットランチャー四基、上陸用水陸両用車六九両などを装備する。航空部隊は五五六〇人でオスプレイ四八機、ジェット攻撃機一八機、ヘリコプター五一機が標準装備だ。地上、航空の両部隊を支援する補給部隊二七三二人は軍用車両大小合わせて約五〇〇台も保有する。

これに比べ、沖縄に残る31ＭＥＵは上陸大隊の八〇〇人はライフル小隊三個、大砲六門、装甲車七台、水陸両用車一五台で戦車は遠征隊に四両配置されるが、沖縄に戦車はない。航空部隊は五〇〇人で、オスプレイ一二機、ヘリ一一機、ジェット機は六機。補給部隊は三〇〇人だ。

輸送に必要な艦艇の数は、ＭＥＵは三隻に対し、ＭＥＢは一五隻だ。戦力の違いは歴然としている。兵器と数字の羅列は難解で、読んでもイメージが湧かないだろうが、平時と有事の部隊編成は前者が二〇〇〇人だけで後者は数万人を米本国から大動員するということを分かっていただきたい。戦争状態になれば米軍は本国から大型輸送機で兵力と物資をピストン輸送する。ＭＥＵで常時パトロールし、事が起きるとＭＥＢ、ＭＥＦが本国から大挙来襲する、というイメージだ。

部隊編成について詳述しているのは、米軍の沖縄駐留で日本は安全だ、という〝常識〟がどれほど観念的であるかを指摘したいからだ。米軍再編によって在沖海兵隊は小振りな遠征隊に縮小され、有事対応ではなく平時任務を主とするＭＥＵになり、対処可能な任務も限定的だ。

沖縄に基地が集中するのは日本の「安全保障」のために仕方ないことだ、と多くの国民が受け止めている。沖縄の基地反対について、「日本を取り巻く厳しい安全保障環境を理解していないナイーブで身勝手な感情論に過ぎない」という意見をよく聞く。しかし実際に沖縄にどれほどの米軍が駐留し、何をしているのかなど、中身を見ずにイメージだけの議論は政策を誤らせる。

米軍再編によって海兵隊の戦闘力は四分の一に激減する。海兵隊が沖縄に駐留することが日本の安全保障に不可欠だと主張し続けるのは、器の中が半分以下に減ることに気づかず、器の形だけに満足しているようで、間が抜けている。

安保とは何か、米軍の駐留とは何か？　そろそろ実体的に議論するべきだ。

三　安全保障環境は悪化した？

米軍再編後も沖縄に残る31ＭＥＵは沖縄を拠点にアジア太平洋諸国を訪問し、同盟国、友好国と共同訓練を実施しながら、軍事外交を展開している。軍と軍との信頼醸成に余念がないのだ。日本とは尖閣諸島の領有権争いがある中国とも米軍は定期的に共同訓練を実施している。

ハード・ソフトでスマートパワー

冷戦終結から一〇年を経て二〇〇〇年代になると、米中は安保分野で関係を深めている。米国はオバマ政権下で軍事主体のハードパワーに加えて、外交、経済交流などのソフトパワーも駆使した「スマートパワー」と呼ばれる戦略を採用している。米軍は諸外国軍との〝軍事外交〟を活発化させ、麻薬取引の監視やパンデミック対策、人道支援、災害救援など従来は任務外とされてきた分野にも積極参入してきた。

中国も〝軍事工作〟と呼び、一〇年ほど前から国際協力任務を積極的に取り組んでいる。いまや国連の平和維持活動に最も多くを派遣する国になった。

二〇一二年九月、日本が尖閣諸島を国有化したことに中国側が猛烈に反発し、一部の暴徒化した中国市民が日系デパートを襲撃した事件は記憶に新しい。そのころオバマ政権のパネッタ国防長官が北京に習近平国家主席を訪ねていた。尖閣問題の仲裁ではなく、二年後の二〇一四年に開催される環太平洋合同軍事演習への参加を呼びかけるためだった。もちろん習主席もこれに応じた。

米中両軍は二〇一三年にアフリカのアデン湾で海賊対策訓練を実施して以降、積極的に共同訓練を実施し、信頼醸成を進めている。同年四月、フィリピンで開催された米比共同訓練「バリカタン」で米側は沖縄の31ＭＥＵを中心に参加、人道支援活動のほかに大規模災害の救援シミュレーション訓練が実施された。自衛隊やオーストラリア軍、ベトナム軍など一一カ国が救援活動の役割分担などを確認した。その時、中国軍が初参加した。同年一一月、フィリピンを襲った巨大台風「ハイアン」で中国も病院船「ピースアーク」を派遣するなど、諸外国とともに救援に尽力した。

二〇一四年二月にはタイで行われた米タイ合同演習「コブラゴールド」に中国は地上部隊を派遣し、アジアの多国間共同訓練に本格参加した。アジア諸国のみならず欧州、南米などから計約三〇カ国が参加する最大級の国際合同演習だ。中国軍元陸軍司令官の徐光裕氏（退役将軍）は「中国軍の参加は米中がアジア太平洋地域の安全保障でより緊密な協力関係を構築していこうとする意思の表れだ」とコメントした（香港、*South China Morning Post*、二〇一四年二月一一日）。

その直後に開催された環太平洋合同演習（ＲＩＭＰＡＣ）にも中国は初参加している。これは冷戦期に米国中心の西側陣営がソ連、中国を封じ込めるために実施した西側の合同軍事演習だった。これにロシア、中国が参加するようになったのはまさに冷戦後の世替わりを象徴している。

米中関係は経済、安全保障の両面で関係構築が進む中、東シナ海では日本が尖閣諸島を国有化したことに対し中国が猛反発し、日中関係はかつてないほど冷え切った。米政府は尖閣をめぐる日中の武力衝突を想定した議論は「こっけいでばかげたこと」とし、日本の対応が稚拙だとみていた（元国家安全保障会議東アジア担当上級部長、ジェフリー・ベーダー「オバマと中国　米国政府の内部から見たアジア政策」）。

「失望した」

さらに日本は自ら深刻な事態を招いてしまう。安倍晋三首相が二〇一三年一二月、靖国神社を参拝したことが米政府の逆鱗に触れ、米側は「失望した」と憤りを露わにした。唯一の同盟国である米国との信頼関係を毀損させる致命的なエラーだった。米側は直後に予定されていた日米共同訓練を突然キャンセルするなどの〝制裁〟を課した。

時系列で並べてみると安倍首相の靖国参拝に米側が激しく反発する理由がわかるような気がする。この時期は中国が米国主導で実施しているアジアでの国際合同演習に参画し始め、ＲＩＭＰＡＣにも初参加を予定した。中国を国際社会に引き込もうと米国が細い糸を手繰り寄せていたなら、安倍首相の靖国参拝が中国を刺激し、アジア安保をかき乱す行為だったに違いない。

多くの日本人は、米国はいつでも日本の味方だと信じている。尖閣も沖縄の米兵が命を賭して守ってくれるという裏付けのない期待がある。そのせいだろうか、米政府に「失望した」と言わせる首相がどれほど日本の安全保障にダメージを与えたのかは問われなかった。その後も安倍首相は日米首脳会談で決まって沖縄問題に触れ、「普天間の辺野古移転を再確認しました。日米同盟は強固です」というフレーズが定番となっ

2012年	環太平洋合同演習（RIMPAC）に中国を招待
2013年	アデン湾米中共同訓練　海賊対策
2013年４月	米比合同演習バリカタン　中国初参加
2013年11月	フィリピン台風被害、中国病院船「ピースアーク」
2013年12月	安倍首相靖国参拝で米政府「失望した」
2014年２月	米タイ共同訓練コブラゴールド　中国本格参加
2014年６～８月	RIMPAC中国参加

ている。どうも辺野古移転を推進する決意表明が日本側の失点を補う材料に使われているようだ。

鳩山由起夫元首相が普天間を「最低でも県外へ」移転する方針を打ち出したものの、結局移転先が見つからず、「学べば学ぶほど抑止力」という迷言とともに辺野古回帰を決めた。その後、辺野古反対は抑止力を危うくする〝反動〟の烙印を押される。沖縄が反発しようが機動隊を投入して辺野古の埋め立てを強行することが日本の安保政策になってしまった。

不思議な現象だ。辺野古を埋め立てた滑走路を誰が何のために使うのかという目的はほとんど議論されないまま、大規模な埋め立てが進むほど、日米関係が強固になると盲信しているかのようだ。

四　内弁慶の安保観

二〇一七年二月の米タイ合同演習「コブラゴールド」で米軍が中国とインドの両軍とともにタイ山間部の小学校に多目的教室を建設する共同プロジェクトが注目された。また、インド軍兵士がタイ北東部のブリラム県で民間道の舗装作業を行い、中国軍、米軍、タイ軍がサポートした。

軍事外交と邦人救出

国境の領土紛争がある中印の両軍隊が共同の人道支援プロジェクトで軍事交流を実現させたことは画期的だった。多目的教室が竣工した二月二三日の式典でギリン・デービス駐タイ米大使は、「コブラゴールドは米タイ同盟にとどまらず、インド・アジア・太平洋全域の関係構築に重要であり、共通の利益をもたらす。参加国がつくり上げた協力の輪は、未来へ通じる道を切り開いた」と国際協力の成果をアピールした（海兵隊ホームページより）。

他方、同じ行動訓練で自衛隊も自然災害や紛争などで被災地に取り残された約二〇〇人の民間人を救出する「非戦闘員救出作戦」（ＮＥＯ）に参加している。このうち九〇人はタイ在住の日本人で、訓練名を「日本国民の救出作戦」（RJNO: Rescue Japanese National Operation）と銘打った。着の身着のままで、身分証明が難しい避難民を国籍ごとに分けて帰還させる手続きを演習した。

中印の共同訓練を演出することに成功したコブラゴールドの中で、日本メディアを通して国民に伝えられたのは自衛隊の「邦人救出」だった。敵対国でも軍事外交で共同プロジェクトを実現させる中印と、自衛隊の邦人救出は好対照だ。

領土問題をはじめ、いくつかの国々は個別な問題を抱えながらも、アジア安保の枠組みは軍事交流を通して中国の参加を促す方向に向かっている。このダイナミズムを日本が体現できないのはどうしたものだろうか。

沖縄の犠牲が日本の安全を担保するという考え方はもはや健全でないばかりか、アジアの国際情勢と大きくかけ離れている。

安保課題と沖縄

冷戦終結で世界は変わり、米軍は役割（戦略）を見直した。二〇〇〇年代に入るとテロとの戦い、大規模災害との戦いで人類が直面する安全保障の課題は大きく様変わりした。「9・11」「3・11」にどう対処するかがいま国際社会にとって大きな挑戦であり、アジアにおいては米軍が音頭取りをする合同演習に中国も積極的に参加している。全人類的な課題に取り組む中で、敵対国であっても関係改善を図る営みを通し安全保障環境を良くする試みはすでに始まっている。

「近年、日本を取り巻く安全保障環境が厳しくなっている」というワンフレーズで安倍政権は特定秘密保護法、集団的自衛権、安保関連法、共謀罪を成就させ、そして憲法改正へと突き進もうとしている。沖縄では地元の反対にも関わらず普天間飛行場の辺野古移転を強引に進め、対米政策の得点稼ぎに使っている。このような行動からはアジアの中で日本がどう関わり、どのような生き方を選択していくのかという思考、議論がまったく見えてこない。

テレビの討論番組で、中国や北朝鮮の脅威にどう対処すべきか、という課題について、「日米関係を強化すべきだ」というコメントをよく聞く。そんな言葉を聞くと、揚げ足取りのようだが、日米関係はまだ強固でないのか、と首をかしげてみる。どれほど強化すれば気がすむのだろうか。同盟は共通の敵の存在が必要だ。日本が仮想敵とする中国は米国にとっても敵なのだろうか。

「安保環境が厳しい」という掛け声で自衛隊を憲法で位置付けるべきだという主張はどのような成果を期待しているのかが分からない。憲法改正で安保環境は改善されるのだろうか。むしろ中国を刺激することにならないのだろうか。さらには自衛隊を国防軍に名称を変えるべきというが看板の掛け替えで安保環境は良くなるのだろうか。

安全保障を軍事だけに頼るのは非現実的だ。それがなせるのは世界でダントツの軍事力を誇り、他の追随を許さない米国だけだ。国家予算に見合った防衛力を持ち、近隣諸国と仲良くできればそれで十分ではなかろうか。冷戦終結後の安保構造は大きく変容している。その事実を一切無視して軍事力を安全保障のすべてのように考えるのは世界の潮流からずれている。

大事なことは、日本はアジアの中でどのような生き方をするかを問い直すことではないだろうか。その自立した思考の中に沖縄問題を解決する鍵があるはずだ。

2

沖縄と「本土」を考える

――「基地引き取り」の課題と可能性

渡辺　豪

沖縄に偏重して押しつけてきた在日米軍基地を県外自治体で引き取るよう呼び掛ける「基地引き取り」運動は、二〇一七年四月に全国五団体が連なる「辺野古を止める！　全国基地引き取り緊急連絡会」（以下、緊急連絡会）の発足により、大きな転換点を迎えたように映る。本稿では、基地引き取り運動がもつ可能性と、それを取り巻く「本土」世論の課題などについて論考したい。

緊急連絡会は大阪、福岡、長崎、新潟、東京の五団体（以下、団体名ではなく、地域名で表記）で構成。二〇一五年三月に発足した大阪を皮切りに二〇一七年二月発足の東京まで各地で誕生したグループが連携し、活動を強化するためのプラットホームだ。総勢約八〇人のメンバーの年齢は二〇代～七〇代、学生、主婦、牧師、公務員、書店員、会社員、教員など多岐にわたる。

この時期の緊急連絡会結成に至ったのは、「取り返しがつかない」とされる辺野古埋め立ての第一段階となる二〇一七年四月の護岸工事着手が大きい。一義的な目的は、会の名称にも表されているように「普天間飛行場を本土に引き取り、辺野古の新基地建設を止める」（福岡・里村和歌子氏）[1]ことにあるからだ。ただ、活動目的は「沖縄県にある米軍基地」を「本土」に引き取ること、と広く設定[2]している。

運動の趣旨は以下の説明に集約されるだろう。

「日本の沖縄への植民地政策、差別政策が最も見える形で表われているのが、米軍基地の偏在、基地の押付けであると感じています。私たちが基地引き取りを訴えるのは、この差別を止めるためです」（大阪・松本亜季氏）[3]

このベースを共有するうえで不可欠なのが、沖縄と日本（ヤマト）をめぐる歴史認識だ。すなわち、一六〇九年の薩摩藩による琉球侵攻に始まり、一八七二〜七九年の明治政府による琉球処分（併合）を経て、沖縄を「本土」の捨て石にした一九四五年の沖縄戦へと連なる歴史的過程である。武力による威嚇を伴って強権的に版図に組み込んだうえ、太平洋戦争末期には「本土決戦の時間稼ぎ」として県民の四人に一人が犠牲になる地上戦を導いたのは、まさに「植民地政策」の帰結と言うべきだろう。

米軍基地配備の起点となる戦後も、この構図は変わらない。ヤマトが一九五二年のサンフランシスコ講和条約発効によって主権回復を果たす一方、米軍統治下に置かれ続けた沖縄の基地負担はますます増大していく。とりわけ、「本土」で反米軍基地感情が盛り上がった一九五〇〜六〇年代には「本土」の米海兵隊などが沖縄に移駐。「本土」では一九七〇年代以降も「関東計画」などを経て基地の整理縮小が進む一方、沖縄の米軍兵力は四軍の駐留が固定化された。一九七二年の沖縄の日本復帰に際しては、県民の要望をくみとることなく米軍基地の温存が図られた結果、国土面積の〇・六％の沖縄本島に七割超の在日米軍専用施設が集中する現在の状況が編み出された。

松本氏は「こうした経緯を知る日本人はほとんどいない」と指摘する[4]。この現状認識は今後、「本土」で引き取り運動を広げるポテンシャルの高さを暗示したともいえる。実際、沖縄の基地問題に無関心だった人ほど、上記の歴史的過程や沖縄の基地負担の現実を知ると、引き取り運動に理解を示す傾向が強いという[5]。ネットを中心に沖縄をめぐる「フェイク」が氾濫する中、自らに都合のよい歪んだ歴史認識ではなく、客観的な史実に基づく近現代史を社会で共有する重要性を再認識させられる。

「本土」と沖縄の関係を考えるうえで留意したいのが、緊急連絡会のメンバーのほとんどが本土在住の沖縄出身者ではなく、いわゆるヤマトンチューで占められている点だ。「本土」の主体的な活動である証左ともいえるが、個々のメンバーはどのような経緯や動機に基づいて合流したのか。

それをうかがい知る一例として、二〇一七年五月二〇日に都内で開かれた「沖縄の基地を引き取る会・東京」の初の公開シンポジウムでの登壇者らの発言を紹介したい。

「本当に実現させることができるだろうか、これから先どのような道筋が描けるかという思いは今もあります」

シンポジウムの冒頭、共同代表の飯島信氏は率直な思いを吐露した。

飯島氏は日本基督教団の牧師だ。二〇一七年二月に会を立ち上げた際も、「ためらいはあった」と振り返る。「基地引き取り」は反基地運動に共感する人たちを含め理解を得られないのではないかとの思いもあり、対外的な発信は控えてきた。しかし会合を重ね、ヤマトの沖縄に対する歴史的な加害性について理解を深める中で、「公開」活動に踏み切ったという。

もう一人の共同代表、カトリック教会司祭の浜崎眞実氏は教団内の「正義と平和協議会」の一員として約二〇年間、辺野古に足を運び、反対運動にコミットしてきた。浜崎氏の心に焼き付いているのは、二〇一〇年にカトリック那覇教区から同協議会に向けて発せられた、こんなメッセージだという。

「基地反対を呼び掛け、沖縄に連帯して不正義に基づく沖縄の基地に真剣に取り組む姿勢があるなら、沖縄に来て〈座り込み〉や基地を取り巻く〈人間の鎖〉などに参加するよりも、東京で大集会を開いてください」「沖縄に本気で連帯する気持ちがあるのなら、沖縄ではなく政府のおひざ元で大集会を開く行動をとるべきです。国益の名のもとに、沖縄だけに犠牲を強いているのを平気で見過ごし無関心でいる日本人に日本のど真ん中で大衆のうねりを見せてください」

身内からの指摘に、反発も覚えた。しかし、普天間・辺野古の問題が浮上したこの二〇年間、沖縄の基地をめぐる状況はどんどん悪くなる一方だと感じ、真の「連帯」の意味を考え直すようになった。浜崎氏はシンポでこう告白した。

「基地はどこにもいらないとか、基地は命を壊すものだからいらないというのはある意味、自分で勝手に価値判断を下していることに気付いたのです。思考停止に陥っていたのかなと、今振り返ってみると考えさせられます」

パネリストを務めた二〇代女性は、辺野古の座り込みに参加した際、「本土で基地を引き取ってほしい」と沖縄の人から直接求められた経験を明かした。「基地はどこにもいらない」というシュプレヒコールを一緒に挙げながら、割り切れない思いでいる沖縄の人たちの本音に接し、戸惑ったという。

普天間飛行場所属の米軍機オスプレイの佐賀県への移転の可否を検討していた政府が二〇一五年一〇月に断念を表明したことが、女性が「基地引き取り」に傾倒する大きな要因になった。

「本土が壁となって沖縄の人たちの県外移設要求を拒んできた実態がよくわかりました」

そう語る女性は、「引き取り」と辺野古での阻止行動が対立するものではない、とも強調した。

「引き取り運動も阻止行動も、どちらも辺野古の海を守ることが共通目的です。辺野古に行ける人は現地で阻止行動し、行けない人の選択肢の一つとして、引き取り運動があってもいいのでは」

「基地引き取り」をめぐっては、喫緊の課題である辺野古新基地建設に歯止めをかけるうえで、どれだけ有効なのか、との懐疑的な見方は根強い。[6]

だが、「本土」の人間が辺野古の阻止行動に参加するのは、時間的、経済的負担が格別重いのも事実である。一方で、頻繁に辺野古へ駆けつけることはできなくとも、地元での引き取り運動であれば定期的に参加できる、という人も少なくないはずだ。

辺野古新基地をはじめとする米軍基地の撤去・負担軽減を求める沖縄の声を封じてきたのは、詰まるところ「本土」の世論であるという現実に加え、「沖縄ヘイト」が勢いを増す現状を踏まえれば、沖縄の声に呼応する層が「本土」で拡大する意義は小さくない。

とはいえ、実際に「本土」で基地を引き取る可能性については、なかなか現実味を帯びた議論には発展しにくいのが現状だろう。五月の東京での公開シンポではフロアからこんな意見も出た。

「どこに、どう引き取るかということを具体的に示していかないと、ただの理念で終わるのでは」

「引き取りは『本土』の差別や責任の問題とされていますが、安全保障という政治の問題をある程度踏まえた議論にしないと、簡単ではないと思います」

こうした指摘に、「引き取り運動」はどう応答していくのか。

先述したように、緊急連絡会は辺野古をめぐる切迫した情勢に鑑み、発足した経緯がある。しかし、引き取り対象は普天間・辺野古のみを念頭に入れているのではない。メンバーは以下の見解[7]を示している。

「戦後七二年間の圧政、琉球処分から一〇〇年以上の沖縄の犠牲を考えれば、完全に沖縄から基地がゼロになるまで引き受けるべきだと考えています。そんなことできるわけないよ、という批判はもちろんあると思う。ただ、理想を言う前にとりあえず現実的に（沖縄の米軍基地の）たった〇・四％の普天間飛行場ぐらいは引き取れることを示さなければ、引き取りなんて絵に描いた餅じゃないかということになる。何も答えていないことになる。私たちは一つひとつ実現化していきたいと思っています」（福岡・里村氏）

海兵隊は普天間飛行場所属の航空部隊単体で構成・運用されるのではなく、陸上部隊を含む「空地一体」である点に配慮し、引き取りは「海兵隊全体」を視野に入れている、との意見も示された。

「訴えやすさというところで普天間・辺野古という言葉をもってくることが多いが、もちろん普天間の県外移設を実現しようとなれば沖縄の海兵隊全体の規模で、今ある基地をどうするかを考えていかなければいけないと思っています。決して普天間だけと限定して考えていなくて、海兵隊全体をどのように本土で引き取っていくか、もちろん検討していきたいと思っています」（福岡・細井実人氏）

一方、引き取り先の候補地についてはこんな見解[8]が示された。

「『辺野古が唯一』と言う政府に対して、唯一ではない、本土で引き取るという解決策があることをまず示す必要があります。潜在的にはすべての自治体が候補地になると思っています」（新潟・福本圭介氏）

ただ、具体的な移転候補地が表に出た途端、地元で反対の声が沸き上がるのは必至だ。そうした中、地元住民か否かにかかわらず、「引き取り」を表明するのはかなりの摩擦や葛藤が予想される。

米ジョージ・ワシントン大学のマイク・モチヅキ教授（日米関係論）は米軍の前方展開戦略について、こう唱えている。

「万が一、朝鮮半島が有事になった場合、沖縄では遠すぎる。海兵隊の輸送揚陸艦は佐世保基地（長崎県）に、戦闘機や給油機の部隊は岩国基地（山口県）にある。九州で、米軍と自衛隊が共同使用できる場所を陸上に造ることが一番合理的だと思う。埋め立てでなく、既存施設も検討できる。もちろん地元は『来てほしい』とは言わないだろうが、しっかり交渉して何らかの妥協を見いださなければならない。沖縄県民を納得させるより、早く実現できると思う」[9]

また、軍事に詳しい森本敏氏は防衛相だった二〇一二年一二月、普天間飛行場の移設先について問われ、「軍事的には沖縄でなくてもよいが、政治的に考えると沖縄が最適の地域だ」と述べた際、「例えば日本の西半分のどこかに、ＭＡＧＴＦ（海兵空陸任務部隊）が完全に機能するような状態であれば、沖縄でなくてもよい。軍事的に言えばそうなる」と表明している。[10]

こうした専門家の見解を踏まえれば、海兵隊の引き取り先として九州が有力候補地の一つであることは否定し難い。

福岡の里村氏は引き取り先について、「福岡も例外ではない」と認識していると言う。そのうえで、辺野古新基地を含む沖縄の米軍基地の成り立ちを否定することと、沖縄以外の地で「引き取り」を実現するプロセスの整合をセットで図る必要性を唱えている。

「沖縄の米軍基地はすべて民主的な手続きを経ていません。引き取る以上は民主的なプロセスを経ない限り引き取ることはできません。私たちが国民主権、基本的人権、平和主義を守る憲法をいただく民主主義国家の国民として『引き取る』ことは、その理念の下で生きるという表明だと思っています」[11]

復帰前の沖縄では、米軍の軍事占領下で布令・布告に基づき、「銃剣とブルドーザー」による強権的手法で土地接収が行われ、基地が拡充された。辺野古新基地に関しても、選挙で示した民意を無視する形で建設が強行されている。いずれも日本国憲法に基づく民主主義国家としての体をなさない形で進められた一連の手続きを、いったん無効化すべきである、というのは正当な主張である。

だが、この論は沖縄の基地の成り立ちや現状を糾弾することには有効だが、その延長線上に「本土」で基地を受け入れるという目標設定がある場合、「日本国憲法に基づく民主主義国家としての正当な手続き」を踏むべきであるという主張が、壁となる可能性は十分考えられる。

基地引き取りは米軍の事件事故の拡散という面がある、との指摘に対する応答として新潟の福本氏はこう述べた。

「今の沖縄の苦しみは基地の集中です。本土で引き取るのは集中を止めて拡散するということです。しかし単なる拡散ではなく、拡散させながら変質させる必要があると考えています」[12]

福本氏は「変質」させる手立てとして、憲法学者の木村草太氏が提唱している、憲法九二条（地方自治の本旨）や九五条（住民の投票）といった権利に基づく住民投票の実施を経て、移設先を決める案[13]を例示する。これは先に紹介した、「民主的なプロセスを経ない限り引き取ることはできません」という福岡・里村氏の発言にも通じる考えだろう。だがこれも、住民投票の結果、「引き取りノー」の民意が示された場合、引き取り運動の継続が困難になるのは避けられない。

しかし、だとしても、植民地政策や沖縄差別を止めるために基地を引き取るべきだ、という訴えは普遍的な説得力、有効性をもつ。実際、過去にはSACO（日米特別行動委員会）合意に基づき実施された、在沖米海兵隊による県道一〇四号越えの実弾射撃訓練の「本土」への分散実施などは、「沖縄の負担軽減」の名目で政治主導により実現した経緯がある。また、普天間所属のオスプレイの県外訓練についても、「負担は限定的」と捉えられた可能性もあるが、「受け入れ」は実現している。これらは地元自治体への交付金や振興策といった「アメ」が有効に作用した面も否めないが、留意したいのは「沖縄の負担軽減」という大義名分があればこそ、「日本国憲法に基づく民主主義国家としての正当な手続き」を踏んだ形で「引き取り」が実現している事実だ。

一方で、負担受け入れに伴う複雑な地元の利害にも目を向ける必要がある。

岩国基地を抱える山口県岩国市の福田良彦市長は、厚木基地（神奈川県）からの米空母艦載機部隊約六〇機の受け入れ条件に、治安・騒音対策のほか、普天間返還・移設問題の進展を挙げた。これは辺野古新基地建設の進展にほかならない。福田市長は二〇一七年六月二三日の受け入れ表明に際しては「北朝鮮の弾道ミサイルの発射事案などの情勢を考えれば、日米同盟の約束がこれまで以上に重要」[14]との考えを強調した。

こうした「表向き」の理由とは別に、福田市長が二〇一七年六月二三日に同部隊受け入れに至った内実は、米軍再編交付金の期限延長と拡充などの経済的恩恵や、政府とのパイプの重要性などを総合的に勘案した結果といえるだろう[15]。これに対し、市政の継続を脅かすほどの地元の大きな反発は筆者の知る限り伝えられていない。だが、こうした岩国市の「民意」は、国によるあからさまな「自治への介入」によって形成されたともいえる。

前市長の井原勝介氏が二〇〇六年三月に実施した米空母艦載機移駐の是非を問う住民投票は、移駐受け入れ反対が八七％を占めた。井原氏が受け入れ拒絶に傾く中、国は市役所の建て替えに必要な補助金を一方的に凍結する。

井原氏は当時をこう振り返っている。

「一年目三億円、二年目一一億円と補助金は約束通り順調に交付され、庁舎の建設は順調に進み、基礎工事も終わり、最後の三年目、仕上げの段階になって、突如、国と地方の公的な約束が一方的に反故にされた」[16]

国の執拗な「締め付け」を受け、市議会も移駐受け入れ容認派が多数を占める中、井原氏は市長を辞職。出直し市長選に打って出た結果、現市長に敗れた経緯がある。

こうした不条理な力学は、国の「本気度」次第で他の自治体でも「引き取り」に際して同様に働く可能性は高い。このような過程を経たとき、端的には住民投票と市長選の結果のどちらを「民意」と判断するのかなど、引き取り運動の立ち位置も局面ごとに問われるであろうし、何よりも利害が複雑に絡む地元世論にどれだけ浸透していけるのか、という課題は重く、厳しいと言わざるを得ない。あくまで「引き取り」にこだわれば、見ようによっては国策推進の権力の片棒を担ぐような形になってしまう。住民投票で受け入れ反対が多数を占めれば、その時点で運動を停止する判断が妥当かもしれないが、そうなれば基地は沖縄に固定化されることになる。

引き取り運動は理念の段階では比較的共感を得やすくとも、肝心の基地引き取りが具現化する段階になれば自己矛盾と向き合うリスクを否定しきれない。その意味で引き取り運動は、成就する状況に近づけば近づくほど真価が問われる宿命をあらかじめ負わされている。

「理念は正しいが、机上の空論にすぎない」との批判をかわすためにも、さらなる議論と経験の積み重ねが必要なのは指摘するまでもないだろう。そのためには、「本土」の自衛隊を含む基地所在自治体の住民との意見交換や交流は避けて通れないのではないか。

引き取り運動の拡大を図るうえで避けて通れないのが、「本土」で「辺野古阻止」に共感する層の多くが、日米安保体制廃棄を志向している事実だ。「本土」の基地引き取りは、「本土の沖縄化」であるとして拒絶反応を示す人は少なくない。このいわば身内どうしのスタンスの違いをどうやって乗り越えるのか。

大阪の松本氏はこう唱える。

「日米安保条約・体制を肯定していても、廃棄すべきだと考えていたとしても、日本社会の八割以上の人が日米安保条約・体制を肯定している中で、米軍基地の負担を背負わず、それを沖縄に押しつけ続けてきたという立場は同じです。この私たちの政治的立ち位置を踏まえたときに、沖縄に押しつけてきた基地を自分たちの責任として引き取り、自分たちの問題として対処していくのは当然のことだと思っています[17]」

しかしこれを「当然のこと」とは割り切れない層が、いわゆる「革新系」に少なくないのも事実である。「本土」への「基地引き取り」について沖縄の人たちはどう受け止めているのか。『琉球新報』紙上で、「本土」と沖縄の読者の間で展開された「論争」を紹介したい。

二〇一七年五月一一日付『琉球新報』に、「『県外移設』論・『本土へ引き取る』論には賛同しかねます」とする「本土」の読者の論考が掲載された。主な論旨はこうだ。

「『県外移設』『基地を引き取る』をスローガンにした運動は、いかに暫定的だとしても、基地の存在すなわち日米安保の継続を前提にしたものになります。『県外移設』と『無条件撤去・日米安保廃棄』は両立しません。たとえ『安保廃棄』が絶対的少数で『状況を変えるには何十年もかかる』としても、正しいことは主張し続け、それをスローガンにした運動を続けねばなりません」

この寄稿者は「『本土』の人間の一人」として沖縄への構造的差別に対する「責任・罪を負わねば」ならない意識をもつことを表明しつつ、「そのせめてもの罪滅ぼしは、『日米安保廃棄』の声を一層大きくすること」であると結論付けている。

五月一八日付同紙で、この投稿への反論が掲載された。

寄稿したのは沖縄県南城市に住む仲村峯夫氏だ。

仲村氏は「『県外移設』は普天間の危険性の除去、辺野古への新基地反対の実現のための苦肉の策であり、日米安保破棄とは別の次元で考えるべき」だと唱える。その理由は、「保革を超えオール沖縄で闘わなければ勝算はない」からだという。

さらにこう論述する。

「日米安保破棄を前面に押し出せば『辺野古の闘いは一部の活動家の、アイデンティティーよりイデオロギーの闘い』に変貌し、県民が分断されてしまい、オール沖縄が瓦解してしまう」

そのうえで「県外移設論」については、「差し当たって、沖縄の現状を他府県の人々に認識してもらうための切実な方策だ」と評価している。

仲村氏に寄稿した思いを直接問うと、こんな答えが返ってきた。

「どうしても言っておかなければいかんという思いでした」

仲村氏は「『県外移設』論・『本土へ引き取る』論には賛同しかねます」とする「本土」の読者の指摘についても、「一理はあるとは思います」と理解を示す一方、「最近はそう言っておられないんですよ、差し迫っているんですよ」と訴え、こう言葉を継いだ。

「辺野古の工事がなし崩し的に進んでいます。既成事実をつくられてしまうとどうにもならなくなるので、焦りみたいなものは多かれ少なかれ、多くの沖縄県民がもっていると思います」

仲村氏は「造られると一〇〇年、二〇〇年後も基地が固定化される」と考え、辺野古の新基地建設には反対の立場だ。

「僕も沖縄以外に住んでいたら同じようなスタンスをとると思います。人間は他人事と自分事は別ですから。しかし、住んでいる人間は住んでいる人間なりの視点で主張し続けなければいけないと思うのです」

「本土」の無関心にも一定の理解を示しつつ、仲村氏は引き取り論についてこう述べた。

「『姑息なやり方』であることは認めます。しかし、本当に基地が来るとなれば、少しは県外の人たちも日米安保の負担について考えるようになるのでは」

仲村氏の見解は緊急連絡会の設立趣旨とも重なるといってよいだろう。

基地引き取りは、日米安保体制を是認する「本土」の多数世論に働き掛けるとともに、沖縄の声に「呼応」する運動でもある。大阪・松本氏はこう述べている。

「基地引き取りは、そもそも日本人の中から自然発生的に出てきた思想ではありません。基地を引き取ってほしいという沖縄からの訴えは、もう何十年も前から発せられてきました。しかし私たちは、この声を聞きながら何も答えてきませんでした。じつは何も聞いていなかったのだと思います。基地引き取りは沖縄から基地をなくすための行動ではありますが、その核心は日本人が自らの生き方を改める、主体性を取り戻すための行動だと思っています[18]」

筆者には忘れ難い記憶がある。

二〇一〇年七月。普天間飛行場を離着陸する米軍機の騒音を違法だと訴える「普天間爆音訴訟」の福岡高裁那覇支部での控訴審判決後、原告団の島田善次団長は思い余ったように会見場に詰めかけた全国メディアの記者に訴えた。

「沖縄の苦しみを他府県に押し付けたくないという仏心でやってきたが、いつまでたっても抑止力だ、安保条約だといって沖縄に押し付けている。皆さんが沖縄の現実を報道しなければ伝わらない。安保が必要、抑止力が必要と言うのなら、まず自分のところに持っていきなさい[19]」

島田団長のこの発言に、会場の原告や支援者から割れんばかりの拍手がわき上がった。当時、沖縄の地元紙記者の立場でこの報道に接し、快哉を叫ぶ人々の気持ちはよく理解できた。

沖縄では近年、基地が経済発展の妨げになっているとの認識が着実に浸透している。沖縄県はホームページで、基地経済の依存度は五％台にすぎないことを説明したうえで、こう明示している。

「米軍基地の返還が進展すれば、効果的な跡地利用による経済発展により、基地経済への依存度はさらに低下するものと考えています」

「引き取り運動」は「本土」への米軍基地の持ち帰りが真の目的でもゴールでもない。誤解を恐れずに言えば、「引き取り」というインパクトの強い表現で世間の耳目を集め、沖縄に対する基地政策の欺瞞と不条理を全国に訴えるのが真の目的なのではないか。これ以上、沖縄を弾圧し続ける側に立ちたくない、という人たちによる、やむにやまれぬ運動と言ってもよいだろう。

「本土」では他にも、沖縄が抱えさせられている米軍基地問題と主体的にかかわろうとする動きがある。

本書の共著者の一人である屋良朝博氏を含む安全保障の専門家などで構成するシンクタンク「新外交イニシアティブ」は、海兵隊駐留は日本の抑止力には直接関係がない、としたうえで、米軍再編の流れも踏まえた運用見直しによって、国内に新たな基地を造ることなく普天間飛行場返還は実現できる、との政策提言を行っている。

辺野古の埋め立て用土砂の搬出元とされる西日本の一八団体で構成する「辺野古土砂搬出反対全国連絡協議会」は、環境破壊や自治の観点から行政への働き掛けや冊子を発行するなど粘り強い活動を展開している。

「沖縄ヘイト」との闘いは、東京がまさに最前線ともいえる。東京ＭＸテレビが一七年一月に放映した番組「ニュース女子」[20]に抗議する、「沖縄への偏見をあおる放送を許さない市民有志」による精力的な街頭活動は抑止効果の面でも重要度を増している。

加えて、筆者を含む本書の執筆陣の複数がかかわる「東アジア共同体・沖縄（琉球）研究会」も同列に連なるものと認識している。

これらは特定のイデオロギーや政党の枠に収まらない「本土」の民意を体現したものだ。いずれも根源の目的は「沖縄に対する差別政策の解消」である。互いに牽制したり、敬遠したりするのではなく、それぞれの団体・個人が「専門部会」のような役割を果たし、いざというときは連携していく態勢を構築できないものだろうか。

沖縄が抱えさせられている基地問題は、「本土」においても保守対革新、与党対野党といった二項対立の枠組みで解決できるものではない。「軍事」を国任せにしない市民レベルの意識の共有が求められている。その意味で、基地引き取り運動の消長は一つの試金石ともいえるだろう。

【注】

1　二〇一七年六月一六日に都内で開かれた「緊急連絡会」の発足と全国知事アンケート結果の発表会見（以下、六月の会見）での発言。
2　六月の会見での配布資料の【趣旨】より一部抜粋。
3　六月の会見での発言。
4　同。
5　同。
6　『週刊ＡＥＲＡ』二〇一六年六月二七日号、目取真俊×高橋哲哉対談など。
7　六月の会見での発言。
8　同。
9　二〇一七年六月四日付『琉球新報』インタビュー記事。
10　二〇一二年一二月二六日付『琉球新報』など。
11　六月の会見での発言。
12　同。
13　二〇一六年四月一日『沖縄タイムス』など。
14　二〇一七年六月二三日夕刊『毎日新聞』など。
15　同。
16　井原勝介著『岩国に吹いた風――米軍再編・市民と共にたたかう』高文研、一二〇頁。

17　六月の会見での発言。
18　六月の会見での発言。
19　二〇一〇年七月三〇日付『沖縄タイムス』など。
20　東京のローカル局「東京メトロポリタンテレビジョン」（ＭＸテレビ）が二〇一七年一月二日に放送した番組「ニュース女子」で、沖縄の米軍基地の反対運動参加者を「テロリストみたい」などと表現する内容が流された。番組内容に批判が上がり、放送倫理・番組向上機構（ＢＰＯ）の審議対象になった。

3
生き続ける悪夢の日米合意

高嶺　朝太

トランプ政権下で、朝鮮半島情勢では変化が起こる可能性はある。しかし、沖縄については、普天間の「辺野古移設」計画はそのまま進められ、「防衛政策見直し協議（Defense Policy Review Initiative/DPRI）」で合意された米軍、自衛隊基地の共同使用や共同演習などが進む可能性がある。また自衛隊の部隊増強、施設の拡張も行われるだろう。

本稿では、トランプ政権がアジア太平洋の安全保障環境にもたらす変化、安倍政権の役割、沖縄の軍事基地に将来どのような影響を与えるか、また米メディアのトランプ政権報道を巡る状況について考える。

一　トランプ政権は北朝鮮と和平交渉を開始する可能性がある

トランプ政権は朝鮮半島では、「軍事的な手段で対応することは良い選択ではない」との立場を取り、中国、韓国、ロシアも外交政策を支持している。北朝鮮も韓国との対話再開に前向きである。

『ミリタリー・タイムズ』紙（二〇一七年五月二一日付電子版）は、専門家らのインタビューで構成した「米軍の対北朝鮮戦争シナリオ」を発表し、民間人に多数の死傷者が出て、戦争は長期化し、米国の世界的な軍事的即応体制が維持できなくなる可能性があると指摘している。シナリオによると、沖縄と日本本土は、上陸作戦の出発点（jumping off point）としての役割を担う。開始時に沖縄の米海兵隊は艦船に装備品を積み込み、出動する。北朝鮮の攻撃を阻止するため沖縄の海兵隊も投入され、韓国海兵隊と韓国の東西海岸から上陸作戦を行い、嘉手納基地も重要な役割を担うことになっている。

またマティス米国防長官は五月一九日に開かれた米国防省での記者会見で「（北朝鮮問題が）軍事的な解決に進展すれば、想像を絶する規模での悲劇が引き起こされる」と述べ、トランプ政権は国連のほか、日中韓とともに外交的な解決策を模索していくとの立場を示している。

米国内には北朝鮮に対する制裁強化を支持する声は根強いが、トランプ大統領としては北朝鮮を交渉の場に引き出し、*The Art of the Deal*の著者として交渉の達人であることを示して、国内で低迷する支持率を上げる機会にしたいところだ。

韓国の文在寅《ムンジェイン》大統領も、トランプ政権と北朝鮮との和平交渉を後押しする意向を示している。米政府系放送局ボイス・オブ・アメリカの報道（二〇一七年五月二四日付電子版）によると、文大統領は、北朝鮮の度重なるミサイル実験にも関わらず、両国間の対話による交渉再開に前向きな姿勢を示している。文大統領は金正恩《キムジョンウン》政権への国際制裁と融和的アプローチのバランスをとり、両国間の緊張を緩和し、信頼関係を築こうとしている。文正仁《ムンジョンイン》大統領統一外交安保特別補佐官は「北朝鮮への人道的支援など両国間での漸進的な交流や協調などを文大統領は望んでいる」と語る。文大統領統一外交安保特別補佐官は、韓国は、外交政策を通して、米国と北朝鮮の両政権どちらもできない実行可能な妥協点を作ることができると強調し、「トランプ政権が北朝鮮との交渉で打開策を見いだすことは難しいだろう。しかし韓国ならそれをすることができる」と語っている。

また文大統領は、北朝鮮がミサイル実験を停止することを条件に米韓合同演習を停止するという、中国からの提案にも前向きである。文大統領は米軍の地上配備型ミサイル迎撃システム（ＴＨＡＡＤ／サード）の発射台の追加配備を中止する決定をし、環境アセスメントが完了するまでは追加配備はしないとしている。

トランプ大統領と文大統領は首脳会談を終えた後、七月一日に共同声明を発表した。声明では、「両首脳は、北朝鮮が挑発的な行為を中断し、真剣で建設的な対話の場に復帰するよう、最大の圧力を加えていくため、既存の制裁を忠実に履行し、新たな措置を実施することにした」とする一方、「トランプ大統領は朝鮮半島の平和統一環境づくりに、大韓民国の主導的役割を支持する」「トランプ大統領は人道問題を含む問題に対する南北間対話を再開しようとする文大統領の願いを支持する」などが明示された。

中国の習近平国家主席、ロシアのウラジミール・プーチン大統領も、北朝鮮核問題の外交的解決を支持している。

中国国営テレビによると、五月一一日に行われた文大統領との電話会談で、習主席は中国が朝鮮半島の非核化を常に支持してきたとし、核問題は対話を通じて解決されるべきだとの考えを示した（『ロイター通信』二〇一七年五月一一日付電子版）。また、朝鮮半島の平和と繁栄のために韓国を含む全ての関係国と引き続き努力する意思があると述べたという。中国の劉結一国連大使は北朝鮮の中距離弾道ミサイル実験に対して制裁を強化するつもりはないことを明らかにし、「対話による北朝鮮の非核化」を強調している。

またプーチン大統領は五月一二日の電話会談で、文大統領に北朝鮮の核問題で、ロシアは「建設的な役割を担う用意があることを伝えた（『ロイター通信』二〇一七年五月一二日付電子版）。

北朝鮮側も対話に向け前向きな姿勢を示している。北朝鮮外務省の崔善姫《チェソンヒ》北米局長は、五月一三日北京で「北朝鮮は『適正な条件下』で、米国側と対話する意志がある」と語っていた。ウォール・ストリート・ジャーナル（二〇一七年六月一八日付電子版）によると、崔北米局長と米国の外交官が、平壌や欧州で一年以上秘密裏に会談し、外交ルートの確立や米国人捕虜解放の交渉をしていたことが明らかになった。

米ランド研究所のジェームズ・ドビン上級研究員らは、米国政府が朝鮮戦争を正式に終結させ、北朝鮮の核問題解決に向けて和平交渉を始めないといけないと提言している（『ニューヨーク・タイムズ』二〇一七年六月八日付電子版）。

その一方、日本だけは、北朝鮮の核兵器開発、ミサイル開発、発射テストの脅威をあおり、米、韓、日による軍事的圧力を強め、経済的な制裁強化を求めている。

日本政府は、六月二七日の閣議で特措法施行令を改正し、北朝鮮に対する日本独自の追加制裁として、貨物検査特別措置法で禁輸対象になっていない品目でも、核・ミサイル開発に転用される恐れがある場合には海上保安庁や税関が検査、押収できる「キャッチオール規制」に乗り出すことを決定した。さらに米国が北朝鮮と取引している中国やロシア企業の資産凍結に踏み切った場合、同調することを検討している（『毎日新聞』二〇一七年六月二七日付）。

またＮＨＫの報道によると（二〇一七年六月二八日付）、日本政府が、北朝鮮のミサイルが落下した際に取るべき行動を周知しようと、スマートフォン向けの専用のウェブページを開設し、ミサイルの落下を想定した住民避難訓練を各地の自治体と共同で実施するなど、万が一に備えた対策を強化していると報道した。米、韓、朝、中、露などが外交的解決に向けて前向きな姿勢を示している中で、日本だけが取り残される可能性がある。

二　トランプ政権はアジア太平洋の米軍態勢の再編成、部隊の再配置、基地の見直しには手が回らない

ロシアの選挙介入疑惑に忙殺されているトランプ政権は、日米関係に関しては大きな動きを見せていない。沖縄の少女事件以降の米軍再編協議、そして「日米同盟：未来のための変革と再編（二〇〇五年一〇月二九日、ライス国務長官、ラムズフェルド国防長官、町村外務大臣、大野防衛省長官）」などで決まった流れは変わらないと思われる。

クリントン政権の国防次官補ジョセフ・ナイ氏、国防次官補代理（東アジア・太平洋担当）で、普天間飛行場の返還を含む日米特別行動委員会（ＳＡＣＯ）最終報告の作成にかかわったカート・キャンベル氏、ジョージ・Ｗ・ブッシュ政権で国務副長官を務めたリチャード・アーミテージ氏、同政権で国家安全保障会議（ＮＳＣ）の日本・朝鮮担当部長などを務めたマイケル・グリーン氏らは超党派の米知日派グループを形成し、ジャパン・ハンドラーと称される。上記のメンバーが集まるシンクタンク「戦略・国際問題研究所（CSIS: Center for Strategic and International Studies）」の提言は、日本政府の安全保障政策に強い影響を与えてきた。

しかし二〇一六年の米大統領選挙中、グリーン氏らがトランプ大統領の批判に回ったこともあり、ＣＳＩＳ

などのシンクタンクはトランプ政権に影響力を持っていない。しかし、「防衛政策見直し協議（Defense Policy Review Initiative/DPRI）」で合意された計画が変更される動きもない。辺野古新基地建設計画を含むＳＡＣＯ合意事項は、引き続き進められている。

また在沖海兵隊のグアム移転計画が遅れる可能性も出てきた。朝鮮半島問題、沖縄の一部海兵隊移転先のグアムやテニアンなどで環境団体からの同計画への訴訟、歴史遺跡などの保存問題や辺野古の反対闘争の影響で在沖海兵隊のグアム移転は遅れるか、最悪の場合、沖縄の基地拡張につながる可能性もある。

米会計検査院（GAO: Government Accountability Office）の報告「MARINE CORPS ASIA PACIFIC REALIGNMENT DOD Should Resolve Capability Deficiencies and Infrastructure Risks and Revise Cost Estimates」（二〇一七年四月一七日発行）は、沖縄から海兵隊部隊をグアムに移す計画に関して、海兵隊のハワイ、オーストラリアへのローテーション配備に伴うコストの見積もり、スケジュール調整作業などが十分でないと指摘している。また、普天間が担っている国際連合軍施設としての機能をどうするか、さらに辺野古代替施設の滑走路が短いため、普天間基地の代替機能を満たしていないなど、解決すべき課題があるとし、長い滑走路が必要な航空機が利用できる施設が他にも必要であると報告している。

普天間飛行場の返還を巡り、稲田朋美前防衛相が移設先の名護市辺野古の新基地建設が進んだとしても、それ以外の返還条件が満たされない場合は普天間が返還されないと明言し、沖縄県議会で議論になるなど波紋を呼んでいる（『琉球新報』二〇一七年七月四日付電子版）。六月一五日の参院外交防衛委員会で、民進の藤田幸久氏が普天間飛行場の返還条件の一つ「長い滑走路を用いた活動のための緊急時における民間施設の使用の改善」を挙げ、米側と調整が進まない場合に普天間が返還されないことがあるか確認した際に、稲田氏は仮定の話だとした上で「普天間の前提条件であるところが整わなければ、返還とはならない」と明言した。

昨年七月テニアン住民らを代表して環境保護法律団体アース・ジャスティスが在沖海兵隊のグアム移転に関して提訴した件で、上院歳出委員会国防小委員会で海兵隊総司令官のネラー大将は「北マリアナ諸島での訓練に支障をきたす可能性がある」と答弁した（*Pacific Daily News*二〇一七年五月二六日付電子版）。

アース・ジャスティスは在沖海兵隊のグアム移転に伴う、米軍の北マリアナ諸島での訓練は環境評価基準を満たしていないと主張し、同計画の中止を求めていた。環境上の問題点として、米軍の訓練による騒音、漁場、文化遺産、ビーチへのアクセス規制が指摘されていた。ネラー大将は「グアム、テニアンなどの島々で環境上解決すべき問題がある」と語った。

上院歳出委員会の海軍、海兵隊関係二〇一八会計年度（一七年一〇月～一八年九月）予算の公聴会で、ネラー大将はグアム移転計画の見直しに言及した。朝鮮半島問題の進展や北マリアナ諸島での環境問題を踏まえ、在沖縄米海兵隊のグアム移転計画の見直しを検討していることを明らかにした。

また在沖海兵隊のグアム移転がうまくいったとしてもそれで沖縄に駐留する海兵隊の数が減るわけではない。現役部隊を増援する役割を担っている海兵隊予備役部隊も含めてローテンションで沖縄、オーストラリア、ハワイ、太平洋地域に派遣している。米側は在沖海兵隊の実数を公表していない。また日本政府も把握していない。ロードマップ通りに物事が運んだとしても、沖縄の基地負担軽減にはならない。過去、周辺の情勢の変動によって沖縄に駐留する米兵の数は増減した。

また、嘉手納基地の機能も強化されている。嘉手納基地から空軍のＷＣ―１３５放射能探知機、ＲＣ―１３５電子偵察機、海軍のＰ３やＰ８哨戒機などが朝鮮半島、東シナ海、南シナ海など定期的にパトロールを行っており、これまでも米中間の大きな摩擦要因になっている。米、中両政府も不測の事態が起こらないか懸念している。同基地には常駐部隊以外にも岩国の海兵隊Ｆ―35Ｂ機、米本国の州空軍のＦ16機がローテーションで配備され、沖縄周辺で訓練している。周辺の住民の負担増になっているばかりか、対外的にも懸念材料である。

安倍政権は米国に従属する一方で静かに日本の軍事的プレゼンスの拡大に動いている。沖縄では自衛隊の基地拡大、米軍、自衛隊の施設、演習場の一体運用がさらに推進されていくと思われる。

沖縄中北部の米軍基地を米軍と自衛隊が共同使用し、共同訓練も実施している。金武町の海兵隊キャンプ・ハンセンは、自衛隊が共同使用することになった。日本版海兵隊、陸上自衛隊「水陸機動団」が来年春、新たに編成される（『東京新聞』二〇一七年六月一一日付電子版）。二〇一五年八月、うるま市沖で米軍ヘリが米軍艦船に墜落し負傷者を出した事故で自衛隊の特殊部隊員も乗っていた。日米防衛協力指針（新ガイドライン）は米軍と自衛隊の施設共同使用の拡大を明記し、キャンプ・ハンセンなどの共同使用や自衛隊「研修」が活発化している。

さらに宮古、石垣、与那国の自衛隊基地建設、部隊配備も進んでいる。

「ダークホース」のニックネームを持つキャンプ・ペンドルトン所属第五海兵連隊第三大隊が五月一一日にキャンプ・ハンセンに到着した。海兵隊総司令官のネラー大将は、春に地上のドローン兵器などハイテク装備の実験部隊を沖縄に配備すると表明していた。米保守系政策研究機関「ヘリテージ財団」は二〇一八年国防権限法（ＮＤＡＡ）に向けたトランプ政権への提言で、沖縄配備の第五連隊第三大隊のように海兵隊の実験的な取り組みを評価し、このような取り組みに特化した予算の支出を強化するように提言していた。日米両政府が沖縄の基地負担軽減を進めているとの主張とは逆に、在沖米軍基地機能の強化が進められている。

トランプ政権の誕生により、日本の安全保障政策に影響力を持っていた超党派の米知日派グループやCSISなどのシンクタンクはトランプ政権に影響力を失ったが、彼らが作成に関わった報告書や合意通りに在沖米軍基地の軍事要塞化は進んでいる。

三　米メディアとディープステート（影の政府）

米国のメディアの冷戦思考はワシントンを支配している。CIAなどの情報機関は対露融和政策などの外交政策をとろうとしていたトランプ政権を攻撃し、米国のメディアもそれに付き従っている。

米主要メディアは、トランプ政権に対して否定的な立ち位置をとり、CIAなどの情報機関からの匿名情報でトランプ政権とロシアとの共謀疑惑を積極的に報道している。しかしトランプ大統領個人やワシントンの政争劇に焦点を当てすぎた報道は米国民の不信感を招いている。

ハーバード大学の研究機関「ショレンスタイン報道・政治・公共政策センター」の研究報告（二〇一七年五月一八日付）によると米国、英国、ドイツなどの主要メディアのトランプ政権発足から一〇〇日間の報道は八割以上が否定的な立ち位置だった。トランプ政権がシリアを巡航ミサイルで攻撃したときだけ肯定的な報道が否定的な報道を大幅に上回った。

調査対象になったのはニューヨーク・タイムズ、ワシントン・ポスト、ウォールストリート・ジャーナルの米各紙印刷版と、米CBS、CNN、FOXニュース、NBCの米各テレビ、および英経済紙フィナンシャル・タイムズ、BBC、独公共放送ARDの報道である。

ビル・クリントン、ジョージ・Ｗ・ブッシュ、バラク・オバマ大統領など過去の大統領と比べてもトランプ大統領に対する否定的な報道姿勢は、際立っている。

調査研究を率いたトーマス・パターソン教授は、「視聴率や購読者増につながるため、メディアはトランプ大統領を中心に報道しすぎている。視聴率も下がり、読者離れも進む中、米国民のメディアに対する不信感は高い。大統領選挙で、トランプ大統領の勝利を予測できなかったことを照らし合わせて考えると、メディアは首都ワシントンを中心とした報道ではなく、米国民の実態を反映した報道をするべきだ」と語った。

これは日本のメディアについても当てはまる指摘である。日本では東京中心のメディアに対する沖縄の地元紙から不満がある。基地問題などの沖縄報道について在京メディアと地元紙に「温度差」があると指摘されている。在沖米軍基地問題だけでなく、福島の原発問題報道にも当てはまる構図である。

ハーバード・ハリスによる世論調査によれば（二〇一七年五月二四日付）、約三分の二の米国民が主要マスコミは「フェイクニュース」であふれていると回答した。共和党員の八割、無党派層の六割、民主党員の約五割がそのような見方をしている。八四％の有権者はオンライン上の情報を信頼するのは難しいと答えた。ハーバード・ハリスの共同ディレクターのマーク・ペン氏は「メディアのほとんどが民主党や共和党の党派で分断されている」と語る。

世論調査会社ギャラップによると米国民の報道機関に対する信頼度は、史上最低を記録した（二〇一六年九月一四日付）。

ＣＮＮのベテラン調査報道記者三人が、トランプ政権のロシア疑惑記事を取り消した後、辞職した。同社の広報担当によるとＷｅｂ上に掲載された記事（二〇一七年六月二二日付）がＣＮＮの報道基準を満たしていないことと一人の匿名情報しか記事の内容を立証できないことが理由であった。

ワシントンポスト、ニューヨーク・タイムズなど主要メディアはロシアとトランプ政権の共謀、ハッキング記事で誤報や、根拠がとぼしい報道をしてきた。ＣＩＡなどの情報機関からの匿名情報に過度に依存した報道姿勢、またロシアなどの国を脅威と位置づける冷戦思考が根強く主要メディアの中にもあることが明らかになっている。

また米国例外主義が報道機関の中にあることも事実である。トランプ大統領が、選挙期間中に、日本、韓国などの国々が米軍駐留経費をちゃんと負担しないなら、米軍を撤退させるといった発言に対して、ワシントンポストの東京支局長アナ・フィフィールド氏は反論記事を書いた（『ワシントンポスト』二〇一六年三月三〇日付電子版）。フィフィールド氏は、「日本政府は年間約一七億ドルの駐留米軍経費を支払い、韓国政府は約九億ドル支払っている。米軍によれば、米軍のアジア駐留により、ホスト国だけでなく、米国にとっても抑止力になっている」と書いた。またニューヨーク・タイムズのデビット・サンガー記者もロシア脅威論を強調する記事を書いていた（『ニューヨーク・タイムズ』二〇一七年六月一〇日付電子版）。これは米国の主要メディアに根深く残り続ける、冷戦思考および、米国が「世界の警察」としての役割を担い続ける必要があるという考えが表面化したものである。

四　情報機関によるトランプ政権に対するロシア疑惑攻撃

大統領選挙後、ＣＩＡ（中央情報局）などの情報機関は証拠を提示せず、ロシアがウラジミール・プーチン大統領の指示のもと、民主党全国委員会（ＤＮＣ）やクリントン陣営にハッキングし、トランプ大統領に有利になるように選挙介入したと発表した。ＣＩＡ、ＦＢＩ（連邦捜査局）、ＮＳＡ（国家安全保障局）は足並みをそろえてロシアによるサイバー攻撃であると報告した。ニューヨーク・タイムズ、ワシントンポスト、ＣＮＮなどの主要メディアは連日、情報機関からのリーク情報により、トランプ政権の閣僚とロシア側が接触したことをスキャンダル視する報道をしている。

エドワード・スノーデンのＮＳＡ告発記事でピューリッァー賞を受賞したジャーナリストのグレン・グリーンウォルド氏は、ディープステート／Deep State（影の政府）と呼ばれる政府内で影響力をもつ軍部、情報機関などの官僚勢力がトランプ氏の提唱する対露融和政策などの外交政策を危険視し、大統領を攻撃し、米国のメディアもそれに付き従っていると主張している（『ジ・インターセプト』二〇一七年一月一一日付電子版）。

この「影の政府」は、トランプ支持者がロシア疑惑をさけるために使用している陰謀論であるという声があったが、日増しに米国民の間に浸透していっている。ＡＢＣニュースとワシントンポストによる世論調査（二〇一七年四月二九日付）では、約半数の米国民が「影の政府」の存在を信じていることが明らかになった。

元ＮＳＡ職員のエドワード・スノーデン氏は、ロン・ポール元下院議員とのインタビューで（二〇一七年六月二〇日付）「『影の政府』とは、政党や政権を超えて、米社会に影響力を持ち続ける軍需企業、情報機関、シンクタンクなどである」と語った。

五　日本、沖縄はどうするべきか

二〇〇九年に普天間飛行場の県外移設を掲げた鳩山民主党政権の発足は、沖縄にとって希望が見えた時期だったが、政権は短命に終わった。オバマ政権で国家安全保障会議（ＮＳＣ）のアジア上級部長を務めたジェフリー・ベーダー氏は、著書『オバマと中国』（東京大学出版会、原題 *Obama and China's Rise*）で、鳩山首相がオバマ大統領の信頼を失った理由として、「東アジア共同体」の提案と普天間問題の対応などをあげた。オバマ政権は、首相の「東アジア共同体」提案をアジアの友好国の指導者が中国と米国をてんびんにかけたと受け取ったという。

二〇一二年七月にＣＳＩＳが作成した「アジア・太平洋米軍配置戦略報告書」の「辺野古」決定のプロセス部分は重要である。普天間の移設先として沖縄県内の複数の場所、嘉手納統合案、伊江島、下地島、石垣島、那覇第二滑走路、普天間に残る案を比較検証している。「辺野古移設計画は、地元の反対を含むいくつかの問題があり、計画の実現が妨げられているが、他の案も重大な欠陥がある」と指摘、しかし、「計画の実行性に問題はあっても、日米両政府が一度決定した計画を取りやめ、実行できないとなると、米国と日本の同盟関係に地政学的、政治的、軍事的な新たな問題を引き起こすことになる」と結論づけている。この報告書は、米連邦議会が国防権限法で国防総省に対して、太平洋軍の担当区域の配備態勢について第三者機関の評価を得るよう義務づけ、国防総省がＣＳＩＳに委託作成させたものである。つまり、米国、日本政府の事務方も含めて、クリントン、ブッシュ、オバマ大統領、日本の歴代の首相が関わって決めたのに、それができないとなると、困る、両政府のメンツだけの問題なのだ。

日本の安全保障政策に強い影響力を持っていたＣＳＩＳなどのシンクタンクがトランプ政権に影響力を持たなくなっても、「辺野古移設」計画や在沖米軍基地強化につながる合意は生き残り続けている。

鳩山政権の終焉以来、日本政府は、対米従属を続けながら、静かにその軍事的なプレゼンスをアジア・太平洋、世界に広げようとしている。日本政府は、誤った過去への回帰と冷戦思考を脱し、特に隣国のアジア諸国と友好関係を構築すべきである。外交を通し中国、北朝鮮との融和路線を歩み、アジアの懸け橋になるべきだ。そうしなければ、アジアだけでなく、世界から孤立してしまう。また、沖縄の基地問題も解決されないだろう。

4

朝鮮半島危機と沖縄基地問題への一考察

――歴史の教訓・分断体制論・自治体平和政策の視点から

金　成浩

はじめに

この論考では、まず最初に、一九五〇年に勃発した朝鮮戦争の原因について再考し、現在の朝鮮半島危機への「歴史の教訓」とは何か再検討してみたい。そこに現在の朝鮮半島問題に対する解決の手がかりがあるかもしれないからである。

次に、まだ萌芽的な段階であるものの、韓国の学会でも注目を集めている「分断体制論」をヒントに、東アジアを走る「分断線」の問題について考える。東アジアを走る「分断線」は、複雑に絡み合いながら、さまざまな地域に影を落としている。東アジアの分断線と、そしてそれとも連動する沖縄の基地問題、さらには、その解決のための方策として、東アジア共同体の創設、沖縄県の自治体外交（平和政策）についても考察してみたい。

一　朝鮮戦争からの「歴史の教訓」

冷戦期ソ連の「脅威認識」

国家が軍事介入の決定をする際、どのような要因によって影響されるのだろうか。これについては多くの論考があるが、ここでは、まず初めにソ連が一九七九年にアフガニスタンに介入した事例を手がかりにこの問題を考えてみたい。

一九七九年のソ連のアフガン侵攻当時、「ソ連の膨張性・攻撃性」に焦点があてられた説明が多くなされた。しかし、ソ連崩壊後に機密解除されたソ連共産党政治局会議議事録によると、ソ連がアフガニスタンに介入する際、自国の隣国アフガニスタンにおいて親米政権が成立することへの危惧、つまり、米国から「脅威を受けるという認識（脅威認識）」がその背景にあったことが判明している。[1] つまりソ連指導部の介入決定の要因として「脅威認識」が大きな部分を占めていたのであった。

他の冷戦期のソ連の軍事介入においても、同様に、ソ連の介入には、米国や西欧に対する「脅威認識」がその根底にあったことが、近年公開されたソ連共産党機密解除史料などからわかる。たとえば、ハンガリー動乱、チェコスロバキア事件（プラハの春）などにおいても、米国の勢力圏拡大を懸念し自己の国境線付近の安全保障に危機意識を感じたソ連指導部の姿があった。[2] 紙幅の都合で、ここではこれらの事例については、詳しく論じられないが、国家の軍事介入決定時には、こういった「脅威認識」が根底にありながら決定が下されることが、現代の紛争においては多いという点に留意したい。

朝鮮戦争開戦原因としての「脅威認識」

では次に一九五〇年に勃発した朝鮮戦争の事例について少し詳しく考えてみたい。その理由は、この事例に、現代の朝鮮半島をめぐる危機についても何らかの示唆的なヒント、「歴史の教訓」があるかもしれないからである。

朝鮮戦争は一九五〇年六月二五日に朝鮮民主主義人民共和国（以下、北朝鮮）側の南侵によって始まったことはすでに歴史的にも確定された事実である。ソ連側機密解除史料の公開によって、ソ連・中国・北朝鮮の共産圏側が南侵に向けてどのような具体的準備をしたのかという点もすでに判明してきている。

しかし、公開された史料にもとづく最近の研究の多くは、共産圏側の開戦にいたる準備の読み取りに力点がおかれ、この戦争の原因について、ある一面を見落としている。それは、当時の南北朝鮮に渦巻いていた「相互不信」という部分であり、互いが互いに持った「脅威認識」という部分である。

実は、ソ連側機密解除史料は、度重なる軍事境界線付近の小規模軍事衝突によって、北朝鮮側自身も韓国側に対して怯え、脅威認識を抱いていたという事実を浮かび上がらせているのである。例えば、一九四九年一月二七日には、平壌駐在ソ連大使シトゥイコフからモスクワのモロトフ外相あてに、以下のような報告書があげられている。

「……この一〇日間で南朝鮮警察隊と軍隊が三八度線を侵犯する件数が増加している。一月一五日、サガンリ地区で南朝鮮警察小隊が三八度線を越えて人民委員会委員長の屋敷を攻撃した。……」[3]

また、シトゥイコフからスターリンへ宛てられた一九四九年四月二〇日付けの電文では、一九四九年一月一日から四月一五日までに、三七回におよぶ韓国側からの侵犯事件があったと報告されている。[4] 当時、三八度線付近ではこのような小規模の軍事衝突が頻発していたのであった。

三八度線付近の小規模衝突については、韓国側からの証言もある。[5] ただ、韓国側の証言は逆に北朝鮮側が攻めてきたという認識を示している。当時の混乱した状況の中で、三八度線付近での小規模武力衝突は、それがどちら側から仕掛けられたかわからないほど、小規模紛争が常態化していた状況であったと推測される。そして、それは一方が他方に持つ「脅威認識」と猜疑心を助長する結果となっていたのである。

また、韓国側が北侵するのではないかという情報も、共産圏側には伝わっていた。一九四九年五月二日のシトゥイコフからスターリンに宛てられた電文は以下のようなものであった。

「……北側への軍事侵攻計画に基づき、南朝鮮当局は『国防軍』の兵員数を増加させている。……南朝鮮政府は大規模部隊を三八度線に隣接した地域に集中させている。……北朝鮮の諜報活動に関与している南朝鮮軍隊長によれば、この三八度線付近には三万名まで兵力が増強されるであろう。北側に対する作戦計画が準備されており、……六月中には、活発な動きが起きるであろうと予測される……」[6]

度重なる三八度線上での軍事衝突、さらには、南からの北侵の可能性が平壌からモスクワに報告が上げられていたのであった。

また、もう一つ注目すべきは、「日本軍」の復活という認識である。

以下は、一九四九年五月一七日にコワリョフ（中国共産党中央委員会でのソ連共産党代表）がスターリンに送った電文である。その中に、毛沢東による朝鮮情勢の分析であるとした以下のような報告がある。

「……朝鮮の同志たちは、おそらく近いうちに米軍が南朝鮮から撤退すると考えている。しかし、朝鮮の同志たちが恐れているのは、米軍部隊と入れ替わりに日本軍がやって来て、南側が北朝鮮に侵攻するのではないかということである。……」[7]

北朝鮮やその同盟国の中国には、米軍の手先として「日本軍」が復活する可能性、そして、それによる北侵統一の可能性があるかもしれないことを懸念する見方があったのである。

また、平壌駐在大使のシトゥイコフは、モスクワに以下のように一九五〇年一月六日に打電している。「受け取った情報によれば、一九五〇年一月、李承晩《イスンマン》傀儡政権の国会は、南朝鮮における政治状況を議題として審議を行った。……会議で特に強調されたのは、米国は、戦争遂行のためにも、戦争以外の方法による朝鮮半島統一のためにも、十分な援助を与えないこと。これと関連して、自分でも問題を解決し、『最終的で決定的な打撃』を加えることに力を集中させることが提案された。李承晩は、朝鮮を一撃で統一することを提案し、……その後、日本及び米国とともに広範囲な反共産主義運動を繰り広げることを提案した[8]」

このように、共産圏側にも北侵に対する懸念が存在したのである。[9]

朝鮮戦争と現代の危機

朝鮮戦争の開戦要因を考察する限り、こういった南北双方の「脅威認識」が根底に絡み合いあいながら、軍事介入決定へと傾いていったことがわかる。

軍事介入決断時、北朝鮮側には、このままでは、いずれ韓国側からの北侵があるかもしれないという「脅威認識」も根底にあり、もし「日本軍」が復活した場合、統一はもっと難しくなるという焦燥感などもあったことがわかる。

　では、約七〇年前のこの戦争は、現在の北朝鮮の核開発問題を巡る朝鮮半島危機に対してどのような教訓を提示するのであろうか。

　現在、北朝鮮も「脅威認識」を持ち、また、日本や米国、韓国も北朝鮮に対して「脅威認識」を持つ、こういった負のスパイラルの中にある。前述したように、「脅威認識」が戦争勃発の要因になりやすいことを勘案すれば、それは逆に北朝鮮に「脅威認識」を待たせないようにすること、また、同時に韓国・日本・米国の「脅威認識」も軽減する必要がある。

　では、この点について、現在の東アジアの国際情勢を振り返りながらもう少し考えてみたい。

　一九九〇年の韓ソ国交締結、一九九二年の韓中国交締結によって、朝鮮戦争時に北朝鮮の支援国であった中国とソ連（ロシア）は、すでに韓国と国交締結し北朝鮮の同盟国としての立場から事実上離れた。[10]

　それによって、有事の場合、朝鮮戦争の時のように、中ソ（露）から軍事援助を北朝鮮が得ることは不可能となった。また、韓ソ国交締結により、ソ連からの友好価格での石油供給が断たれた北朝鮮は、九〇年代に経済危機に見舞われ、北朝鮮国内の経済状況は悪化し大量の餓死者まで出す状況となった。北朝鮮の核開発やその運搬手段としてのミサイル開発は、このように追い詰められてきたことによる、自己防衛策的戦略の意味合いが強いともいえる。

　このような追い詰められた状況下では、北朝鮮が開戦に向けて「楽観論」を持つ余地はないだろう。しかし、その一方で、北朝鮮が「脅威認識」をもつ要因は増えている。韓国では文在寅《ムンジェイン》政権が太陽政策への転換を示唆しているとはいえ、米国、日本、さらには中国からの外交的圧力は増加しつつあり、これが逆に、北朝鮮により一層の「脅威認識」を持たせる結果を招いている。そして、また、北朝鮮自身も核開発とミサイル発射実験によって近隣諸国に「脅威認識」を与えてもいるのである。こういった、お互いがお互いに不信を抱く構造は、突発的な偶発事故で戦争が起こる可能性が高い極めて不安定で危険な状態である。

お互いが敵についてある一定のイメージを持つことで、ものの見方がゆがめられてしまう。敵を邪悪な存在とみなすことで相手に対する感情移入ができなくなり、敵が平和を求めていることや恐れを抱いていること、さらには敵が抱く怒りなどが理解できなくなってしまう。こういった構造の根底には、お互いがお互いから受ける「脅威認識」があるのである。

現在の朝鮮半島危機問題を解決するために、関係各国の「脅威認識」をどのように軽減させていくか、これが目下の最重要課題である。紛争へと発展する「種火（＝脅威認識）」を早急に消すこと、つまり、対話から相互理解を深めること、これが現段階で外交政策の優先事項としなければならないことであろう。

それが約七〇年前の朝鮮戦争からの一つの「歴史の教訓」のように思える。

二　「歴史の教訓」と太陽政策

かつて、太陽政策の発案者である金大中《キムデジュン》韓国大統領（一九九八〜二〇〇三年在任）は、二〇〇五年のインタビューにおいて、以下のようにその由来を語ったことがある。[11]

「二〇〇二年二月、ブッシュ大統領と会談した。北朝鮮を『悪の枢軸』と呼ぶブッシュ大統領に対して、この時私（金大中）はこのような話をした。

『レーガンは、ソ連を『悪の帝国』と呼んだが、ソ連と対話した。対話を重ねる中で、結局ソ連は崩壊していった。七〇年代のヘルシンキ宣言などもソ連を交渉の場につかせることで、ソ連国内の改革を促す一因となった。このように、共産主義国家に対しては、対話を通し、改革を促すことが重要だ。例えば、米国はキューバに対しては、五〇年あまり経済封鎖をおこなったが、キューバは崩壊していない。米国はベトナムで戦争をしても、共産主義をくい止めることはできなかった。中国の改革開放を促したのも、米国が国交締結に動いたことがきっかけとなった。共産主義を『封じ込め』によって、崩壊させることはできないということは、歴史が証明している。北と対話し改革開放させることが重要である』と。

中国は体制を維持したまま改革開放に成功した。また、韓国も以前は軍事独裁だったが、改革開放して民主化に成功した。北朝鮮も改革開放によって民主化の道を探すべきだ」

上記の言葉からもわかるように、韓国外交における太陽政策は、冷戦期の「歴史の教訓」から抽出された外交政策であった。圧力を意味する「北風政策」では、北朝鮮の脅威認識を一掃増幅させてしまう他なく、それによって体制の崩壊はできないと認識していたことがわかる。

二〇〇〇年に初の南北首脳会談を実現させた金大中政権後、盧武鉉《ノムヒョン》政権（二〇〇三～〇八年在任）は太陽政策を継続させ、二〇〇七年には二度目の南北首脳会談の開催にこぎつけた。しかしながら、二〇〇六年に北朝鮮が核実験を断行したこともあり、韓国国内で太陽政策への不満が高まる中、続く李明博《イミョンバク》政権（二〇〇八～一三年在任）は太陽政策から距離を置いた。そして、二〇一〇年には、韓国哨戒艦の沈没事件、延坪島砲撃事件など、南北関係はさらに不安定さを増した。続く朴槿恵《パククネ》政権（二〇一三年～一七年）も太陽政策に回帰することはなかった。韓国国内情勢の不安定化もあわさり、南北関係は停滞した。

二〇一七年に再び太陽政策を掲げる文在寅政権に成立した。これは、結局、対北朝鮮政策においては、太陽政策しか回答がないことを物語っている。

実は、太陽政策に関しては、韓国国内でも評価が分かれている。金大中政権下での北朝鮮への経済援助が、核開発の費用に回されたかもしれないという疑念からだ。しかし、経済制裁によって、北朝鮮の核ミサイル開発を止めることができたのかといえば、そうでもない。二〇〇六年に国連安保理での経済制裁決議を皮切りに、二〇〇九年、二〇一三年、二〇一六年、二〇一七年と、国連安保理において北朝鮮への経済制裁決議は連発されているが、北朝鮮の核ミサイル開発を止めることが出来なかった。危機的状況はますます深刻化している。それは、北朝鮮の核ミサイル開発の根底に、北朝鮮自身の体制が崩壊されかねないという「脅威認識」があるからであり、それを、経済制裁の強化という手段では除去できないからだ。

金大中元大統領は先のインタビューにおいて、はっきりと解決案を述べている[12]。

「北朝鮮には国際観がない。六カ国協議に戻るべきで、押したり引いたりすることを繰り返すのは、近隣国の北朝鮮への不信感を助長するだけだ。核問題の解決はある意味簡単だ。北朝鮮が核査察を受け入れ核放棄のカードを切り、米国は核放棄の見返りに何らかを与えるカードを切る。双方の切るカードがそろえば、この問題は解決する。しかし、現在は、米国は何のカードを切るか示していない。この状態ではゲーム（交渉）は成立しない」

この言葉からすでに一〇年以上の時が経過しているが、この提言はいまだに興味深い。現在の朝鮮半島の危機状態の平和的収束には、米国が北朝鮮と直接対話に応じ、米朝双方がカードを切るしかない。双方の「脅威認識」を対話で払拭していく、それしか解決方法がないのである。

三　東アジアの分断線と東アジア共同体

東アジア分断体制論

朝鮮半島の問題は、沖縄の基地問題にも影響を与えている。これの理解には東アジアにおける「大分断線」と「小分断線」が相互に作用しながら、国際関係が繰り広げられているとする「分断体制論」の見方が参考になる。[13]

日・米・韓と中国・北朝鮮の間には同盟関係で分断される「大分断線」があり、これは冷戦期の古いイデオロギー対立に端を発する大きな分断線である。朝鮮半島では、ここに南北朝鮮民族間の「小分断線」が絡み、この「小分断線」は「大分断線」の影響を受ける。例えば、韓国前大統領の朴槿恵は、二〇一三年に中国人民抗日戦争勝利七〇周年記念式典に参加するなど、中国との関係改善をはかった。しかし、二〇一六年には、北朝鮮のミサイル問題を意識し、米国の高高度地対空ミサイル「ＴＨＡＡＤ」の韓国配備を決定した。これは逆に中国との関係悪化を招いた。「ＴＨＡＡＤ」は、対米軍事戦略において中国のミサイルをも無力化する可能性があったからである。「小分断線」をはさむ南北朝鮮関係は、少なからずこのように「大分断線」の影響を受けたのであった。

また、沖縄と本土にも「小分断線」が基地問題を巡り存在する。この「小分断線」もまた、米中の間にある「大分断線」と朝鮮半島の「小分断線」の影響を受けている。朝鮮半島危機や日中の領土問題を受けて、現在の日本の安倍政権が行う日米同盟の強化は、そのまま、沖縄と東京にある「小分断線」に影響を与えている。

基地の固定化を嫌う沖縄県の翁長知事の辺野古工事差し止めへの動きとそれに対応する日本政府の態度は、沖縄と東京の間に分断線をより深く刻み込んでしまった。

このほか、「小分断線」は、中国本土と台湾の間、北朝鮮と日本の間にも存在している。例えば、日朝関係である。二〇〇二年に小泉首相の訪朝による平壌宣言により、両国は国交回復にむけて動き出したかのように見えた。しかし、拉致問題への非常に強い日本国内世論は勿論のこと、さらには、米国ブッシュ政権の北朝鮮を「ならず者国家」とする政策から日朝関係の改善は頓挫したのであった。このように日朝間の「小分断線」も、「大分断線」の影響を受けたのであった。

さらに、「大分断線」からの脅威により核とミサイル開発に出た北朝鮮によって、明らかに沖縄は影響を受けているのである。二〇一七年八月の米朝のグアムを巡るミサイル危機は、米朝の分断線が、沖縄に影響を与える可能性を示した。沖縄の地元紙『沖縄タイムス』はこう論評する[14]。

「……一九五〇年の朝鮮戦争勃発の際、沖縄の米軍基地は出撃基地として機能した。当時と違うのは安保関連法が成立していることだ。……北朝鮮は在日米軍が攻撃対象であることを明言しており、沖縄も自動的に戦争に巻き込まれる恐れがある。朝鮮半島の緊張は沖縄経済を下支えする観光にも影響を与えかねない。……周辺国にとっても沖縄にとっても平和的解決の道を探る以外の方法はないのである。……翁長雄志知事は北朝鮮によるグアム周辺へのミサイル発射計画に触れ、『沖縄に基地を集中させることへのリスクが軍事面からも出てきた。辺野古を唯一とする合理的理由がいままさに問われている』と指摘した」

そしてさらに、こういった分断線をめぐる国家・地域関係は、相互依存の進展とグローバル化の波の影響から、現実的な展開では複雑な様相を見せる。

日中は尖閣問題で領有権争いをしているが、それでも日中は「戦略的パートナーシップ」関係にあると外交的に公言されている。また、経済的にも日中の相互依存関係は進展している。そして、日韓関係においては、慰安婦問題や島の領有権問題によって関係が冷却化している。しかしながら、Ｋポップや韓流ドラマの流入は依然として日本国内でも続いている。

また、韓国と中国の関係は、慰安婦問題から「対日本」という軸で足並みがそろっていたかにみえた。しかし、北朝鮮ミサイルの迎撃のために韓国が米国製「ＴＨＡＡＤ」ミサイルを配備したことで、韓中関係は悪化した。この「ＴＨＡＡＤ」配備は米国による中国への牽制だと、中国側が米韓に反発したからであった。

一方で、中国は北朝鮮の核やミサイル開発については好ましく思っておらず、かつての「唇歯相依」関係ではない。そして、日朝関係は拉致問題から国交交渉は停滞し、北朝鮮のミサイル発射に日本は危機感をつのらせる状態が続く。

つまるところ、現在の東アジアの国際関係では、「大分断線」の影響を多分に受けるため、「小分断線」は関係改善へのプラスの方向に事を展開しようとしても、進展しない状態が続く。そしてさらに、「小分断線」同士も相互に影響しあうという複雑に「線」が絡み合う状況なのである。

東アジア共同体と分断線の解消

東アジアで連動するこれら大小の分断線の解消無くして、安定的な東アジア国際環境を作ることはできない。結局、これら分断線の解消は、東アジア共同体にむけての取り組みを本格化させる中で、一つずつ実現していく他ないのであろう。

いや、そんなことは、「絵に描いた餅」なのだろうか。たびたび来沖もしているM・ゴルバチョフ（旧ソ連元大統領）という人物を思い出したい。彼の外交は、「新思考」外交と言われ、それまでのソ連外交とは一線を画すものであった。通常、外交は「国益」が優先される。しかし、ゴルバチョフは、「国益」よりも「全人類的利益」を優先すると言い放ち、そして、その通り、冷戦を終焉させた。さらには、ドイツ統一を促し、結果的には、ＥＵ（欧州連合）設立の条件を整えた。イギリスの離脱や難民の流入問題など、ＥＵが直面する課題はあるものの、二度の世界大戦があったヨーロッパから戦争の炎を消したという意味では、ＥＵの存在が平和へ多大なる貢献をしていることは言うまでもない。

東アジアでは冷戦終結による平和の配当にはまだありつけていないが、ＥＵのような共同体創設のタイミングがなかったわけでない。ゴルバチョフ政権末期の一九九〇年に韓国とソ連が国交を回復、そして一九九二年には韓中間に国交が締結された。この時、日朝間では国交交渉は行われたものの、北朝鮮の核開発問題もあり交渉は暗礁に乗り上げた。それでも、一九九八年には、韓国の金大中政権が「太陽政策」を実施し、二〇〇〇年には北朝鮮と初の南北首脳会談にこぎつけた。また、韓国国内では一九九八年に日本文化を開放、日韓は二〇〇二年にはサッカーワールドカップを共催した。そしてこの関係改善の流れは、日本国内においては、「冬のソナタ」に端を発する韓流ブームと繋がった。二〇〇九年に成立した鳩山政権は、「東アジア共同体」の創設を明確に指向したが実らなかった。今思えば、この時は、東アジア共同体創設に向けて一つの好機であった。

一九九一年のソ連崩壊後、米国一極の世界秩序を模索してきたかに見える米国外交は、二〇〇一年からの対テロ戦争を経て、今は内向きになりかけている。アフガニスタンでの戦争は今も続き、いったん撤退したイラクでもＩＳの台頭などにより民主化への展望が見えてこず砲火は今も続く。結局、オバマ政権は、二〇一三年に「米国は世界の警察官ではない」と表明した。その後成立したトランプ政権も「アメリカ・ファースト」という保護主義的な政策をとっている。

国益がぶつかりあう今のような微妙な「バランス・オブ・パワー」による綱渡り的東アジア国際関係よりも、多少の軋轢はあったとしても「相互依存」を志向した安定した東アジア共同体[15]を目指すしかないだろう。

また、個別には、大国のパワー・ポリティックスに翻弄されないように「小分断線」を抱える地域は、こう言った「大分断線」の影響を「小分断線」に連動させないよう工夫することが肝要である。「小分断線」のある地域は、自らの主張をおこない、「大分断線」の影響を跳ね返す努力が求められる。では、小地域の立場からの対策はどのようなものになるべきか、次に沖縄について考えてみたい。

四　沖縄の平和政策とソフト・パワー

Ｊ・ナイの「ソフト・パワー論」の盲点

では、沖縄は具体的にどのような政策を取るべきなのであろうか。

中央政府と自治体の政策のねじれが生じているのが、現在の沖縄県の辺野古移設問題である。このような場合、沖縄県としては自治体の平和政策としての自治体外交を進める必要があろう。特に沖縄県の基地問題は、国内問題でもあるばかりか、国際問題でもあるからである。では、一自治体が平和政策としての自治体外交を展開する場合、どのような可能性があるのであろうか。ここでは、自治体の持つ「ソフト・パワー」を手がかりに、考えてみたい。

国際政治学者のジョセフ・ナイは、「ハード・パワー」の外交政策から「ソフト・パワー」による外交政策に転換することが米国にとって重要であると主張する。[16]「ハード・パワー」とは、誰でもよく知っているように、軍事力や経済力によって他国に政策を変えるように促す力である。これは今まで一般的に認知されてきた「力」の概念である。では、「ソフト・パワー」とは何なのか。ナイによれば、「ソフト・パワー」は、強制や報酬ではなく、「魅力」によって望む結果を得る能力であって、国の文化、政治的な理想、政策の魅力に生まれてくるとされる。相手が好みを変えて自分が望む行動をとるように、暴力（軍事力）や経済力（お金）をちらつかせる政治は、「ハード・パワー」による政治といえる。これに対して、否定しようのない「魅力」によって相手の行動を引き出すのが、「ソフト・パワー」の政治なのである。

ナイは、フランス外相のこのような言葉を引用している。「アメリカが強力なのは、映画とテレビによって世界の映像文化を支配しているために、他国の人々の夢と希望に影響を与えているからであり、同じ理由で、世界各国の大量の学生が勉学の仕上げをしようとアメリカに集まっているからである[17]」

さらには、冷戦の終焉にも米国の「ソフト・パワー」が一役買っていたという指摘がある。一九五八年から一九八八年までにソ連から米国に留学した作家、芸術家、ジャーナリスト、学者、政府関係者らは五万人を数えた。こういった文化交流はエリートを対象としていたので、この中で一人や二人でも重要な人物が出れば、政治的波及効果は拡大する。A・ヤコブレフは、ゴルバチョフの新思考外交とペレストロイカを支えた最重要ブレーンの一人であったが、ヤコブレフは一九五八年に米国のコロンビア大学で学び、米国政治学の強い影響を受けていた。つまり、四〇年前に米国がまいた種が四〇年後にソ連外交の方向性をも転換させたというわけである。[18]

しかしながら、「ソフト・パワー」の行使にはこのような事例もある。二〇〇三年の米国のイラク介入である。米国は確かにイラクに核兵器があることを軍事介入の理由にしていた。これに対して、イラクは、核兵器はないと国連で懸命に反論した。一部の先進国は米国の介入に反対論を唱えたものの、結局、米国の介入は黙認された。米国はイラクに入って懸命に核兵器を探したが見つからなかった。

結局、米国の主張は嘘であった。このような嘘が通ってしまった理由は、米国の軍事力や経済力を他国が恐れただけではないだろう。高邁な民主主義の理念を掲げ、世界有数の大学を抱えるあの米国が、また、米国発文化の魅力で世界を虜にしている米国の言う言葉は正しいのだろうと、世界が信じてしまった部分もあったのであろう。言って見れば米国の「ソフト・パワー」の誤用であり、イラク介入は米国の「ソフト・パワー」によって、米国の意見が間違って通ってしまった一例とも言えなくもない。

米国のイラク介入は、結局ＩＳの台頭を招く結果となった。イラクのサダム・フセインは、イラク新政権から処刑される前に、最後の言葉として「米国は決してイラクを治めることはできない」という言葉を残したという[19]。その言葉どおり、イラク情勢は依然として不安定である。戦争の前からわかっていたことだが、戦争では何も解決しない。むしろ、憎悪の連鎖を生み、テロに油を注ぐだけである。

ナイの「ソフト・パワー」論のひとつの盲点は、国家中心に思考している色彩が強い点である。もっとも、ナイ自身もＮＧＯや国際機関も「ソフト・パワー」を持ちうると述べているが、国家に属する自治体や地域などについては深く検討されていない。

情報革命の進展は、大国だけが「ソフト・パワー」を行使できる時代でなくなってしまったことを示す。小国やＮＧＯのみならず、国家に属する自治体からも「ソフト・パワー」を発信することができるし、影響力の行使は可能なのである。

　では、このような時代において沖縄はどのようにすべきなのであろうか。

沖縄の「ソフト・パワー」とその平和政策

　韓国の元大統領である金大中氏は、「一台の自動車を世界に輸出するより、一編の映画を作り世界に見てもらった方がいい」と、かつて述べたことがある。これは文化の持つ「ソフト・パワー」の重要性を見抜いた発言であり、「ソフト・パワー」が世界政治において大きな影響力を持つ時代が来ると予言した言葉でもあった。金大中政権時からアジアを席巻した韓流は、ＧＤＰでは下位の韓国から、上位の日本へという、文化の逆流現象をも生んだ。

　二一世紀の世界政治はこういった否定しようのない「魅力」によって相手の行動を引き出す「ソフト・パワー」が重要性を持つ時代を迎える。情報革命が進展した世界では、これは取りも直さず、大国だけがその力を謳歌する時代が終焉し、小国も「ソフト・パワー」を生かせば大国とも対抗できる時代が来ることを意味する。ナイは、「ソフト・パワー」の概念をさらに進め、「ハード・パワー」との抱き合わせの「スマート・パワー」をも提唱しているが、これは大国目線の見方である。世界を席巻している情報革命は、一個人やグループ、地域が、世界への発信を可能せしめたという点において、「ハード・パワー」のない小国や地域、自治体も国際社会で発信が可能となったことを示す。

　すでに沖縄の「ソフト・パワー」は相当認知されている。ナイは自然の美しさをソフトパワーの源泉として挙げていないが、環境意識の高まりや人間本性の追求としての自然の美しさは、人々を魅了する「ソフト・パワー」足り得るだろう。美しい海、沖縄の伝統芸能、発祥の地であってすでに全世界的な空手、毎年開かれるプロ野球キャンプ、さらには最近のオキナワン・ミュージックなどを通して、沖縄文化が発信する「ソフト・パワー」はＳＮＳの普及と共に着実に拡大している。

また、特筆すべきは、一九九五年、大田県政の時に創設された沖縄平和祈念公園の「平和の礎」である。沖縄戦の犠牲者を敵味方関係なく追悼碑に刻んだ点は、戦争犠牲者に関する追悼碑の中でも特筆に価するものである。こういった沖縄の平和を愛する心、「イチャリバチョーデー」という言葉に象徴される沖縄の人間と人間の信頼関係は、世界に向けて十分に訴えることのできる魅力、「ソフト・パワー」であろう。

翁長県政では、この「ソフト・パワー」を前面に押し出す県自治体外交を進めようとしているが、それはまだ、沖縄県民には広くその意味が理解されていないかもしれない。一つの問題は、これら沖縄の「ソフト・パワー」がそれをすでに発信している沖縄側にあまり意識されていない点であろう。言い換えれば、「ソフト・パワー」がゆくゆくは大きな力になることが意識されておらず、それを戦略的に展開する力が沖縄にはまだ弱いのである。

沖縄の魅力を増すことは、結局は、米国人も含めて海外から多くの人が来沖することを意味する。[20] そして、彼らが見ていくことは、やがて、ゆっくりであっても政治の中枢ワシントンにも広がっていくはずである。

二〇〇三年一一月、米国ネオコン派のラムズフェルド国防長官（ブッシュ政権当時）が、沖縄の普天間飛行場を視察し「危険だ。そして、老朽化している」と指摘、一方で辺野古沖を見て「美しい海だ」と漏らしたという。[21] つまり、ワシントンの政策決定者、マスコミ関係者、彼らに沖縄の基地の現状を見せる必要がある。基地を見れば、良心的な人は誰でもそれは問題であると認識する。ワシントンに居て地図だけ眺めて戦略を練っている人々に、沖縄の現状を見せなければならない。その見せる手段として、沖縄の「ソフト・パワー」が有効に活用されなければならないのである。

ワシントンに沖縄の基地問題をさらに認知させるためにも、沖縄の持つ文化的「ソフト・パワー」を発信しながら沖縄への関心を喚起していくことが重要である。そのためには、「ソフト・パワー」を由来とするパブリック・ディプロマシー（広報外交）を沖縄から積極的に展開する必要があろう。

【注】

1　拙著『アフガン戦争の真実――米ソ冷戦下の小国の悲劇』ＮＨＫブックス、二〇〇二年、二二三～八四頁。

2　拙稿「ソ連の安全保障観と国境」『ロシア史研究』九六号、ロシア史研究会、二〇一五年、四九～六一頁。

3　Ａ・トルクノフ著、下斗米伸夫・金成浩訳『朝鮮戦争の謎と真実――金日成・スターリン・毛沢東の機密電報による』草思社、二〇〇一年、二八頁。なお、本書は、朝鮮戦争に関する旧ソ連機密解除史料を集めたものである。

4　同右、三六頁。

5　たとえば、以下の韓国側将軍の回想録を参照。白善燁『若き将軍の朝鮮戦争』草思社、二〇〇〇年。

6　トルクノフ、前掲書、三九頁。

7　同右、一〇四～一〇五頁。なお、「日本軍」という表記は、原文（旧ソ連機密解除史料）にある「日本軍」という表記にそのまま従った。

8　同右、五二頁。

9　こういった視座から見ると、朝鮮戦争の民族統一戦争としての性格が浮かび上がる。例えば、進藤榮一がアーネスト・メイ『歴史の教訓』（岩波現代文庫、二〇〇四年）において記した「訳者解題：歴史政策学のすすめ」（三一五〜三三七頁）を参照。
10　韓ソ国交締結と北朝鮮との関係に関しては以下を参照。拙稿「韓ソ国交締結と北朝鮮――ソ連の朝鮮半島政策」『国際政治』第一三五号、日本国際政治学会編、二〇〇四年。
11　筆者によるインタビュー（二〇〇五年五月一四日、在ソウルの金大中邸にて）。
12　同右。
13　白永瑞「沖縄という核心現場から問う東アジア共生の道」日本平和学会編『東アジアの平和の再創造（平和研究第四六号）』早稲田大学出版部、二〇一六年、九九〜一〇一頁。
14　社説『沖縄タイムス』二〇一七年八月一三日。
15　例えば、平和学者のヨハン・ガルトゥングは、二〇一五年八月二二日、沖縄県浦添市での講演会において、沖縄に東アジア共同体の本部を置くことを提唱した。
16　ジョセフ・S・ナイ著、山岡洋一訳『ソフト・パワー：21世紀国際政治を動かす見えざる力』日本経済新聞社、二〇〇四年。
17　同右、三〇頁。
18　同右、八三頁。
19　「フセイン拘束：捕えられた独裁者の真実」『アナザーストーリーズ　運命の分岐点』NHK　BSプレミアム、二〇一七年八月一日放送。
20　例えば、沖縄〜ソウルの就航便は、二〇〇八年の週わずか数便から二〇一五年には週四二便に増便となった。（『琉球新報』二〇一六年五月二五日）当初、韓国では、沖縄に対して「基地の島」というイメージが強かった。しかし、沖縄で韓国プロ野球球団の春季キャンプなどが行われたり、韓国ドラマのロケが行われることによって、韓国メディアやＳＮＳを通して韓国内の沖縄イメージが変化し沖縄の人気が高まった。

21 『琉球新報』二〇〇四年二月二一日。

5

アジア独立運動における琉球人の主体的役割とその意味
――新垣弓太郎、蔡璋（喜友名嗣正）を中心にして

松島　泰勝

本論考の目的は、アジアの独立運動、脱植民地化運動に琉球人がどのように、なぜ参加したのか、その歴史的背景とは何なのかを考察することにある。それにより琉球人がアジア型国際関係の形成に能動的に参加してきた歴史過程を明らかにしたい。琉球における独立、脱植民地化運動はアジアの中で展開されてきたのであり、アジアと琉球とは「侵略―被侵略」の関係ではなく、被植民地主義の歴史を共有した連帯可能な主体同士であるという仮説を論証したい。

一　新垣弓太郎によるアジア型国際関係の構築

琉球は一八七九年に日本によって併合され、その植民地となった。近代琉球における植民地主義を象徴する

のが沖縄県知事・奈良原茂の暴政と、それに抵抗した謝花昇の自由民権運動であった。一八七二年に南風原村宮城で誕生した新垣弓太郎は、上京後、謝花昇とともに沖縄倶楽部の『沖縄時論』を創刊号から五号まで発行した。新垣は一八九八年ごろ『万潮報』の主筆、円城寺清に謝花を紹介し、奈良原の暴政を紙上で暴露させた。[1]

奈良原は自らの部下を上京させ、大親分の手下一〇数人を使って謝花、新垣、円城寺を襲撃させた。暴漢は抜刀して「琉球人のクセに知事様に失礼なことをしやがって」と言いながら三人を襲った。[2]

新垣は自由民権運動の一貫として琉球人の海外移住を進めていた。海外移住について外務省の担当官は「土人等は日本語を話せるか」など、侮辱的な言葉を新垣に浴びせた。それに対して新垣は「ハアー、俺達は自分の国の方言を使って居るから標準語は知りませんよ。然し指導者が知って居れば移民達も困りません」と言い返した。同担当官は「そうか、然し土人等の色は黒いかね」と述べ、新垣は「ハア、熱い所ですから黒いにきまって居ります。然し、東京に来たら貴方より白くなりますが」と反論した。[3]また新垣は次のように述べている。「圧迫され通しで台湾人以下に見られていたよ。我輩が上京したら、隣近所から琉球人を見にとやって来た奴があって『よく日本人に似ている』とか云っていたものだ」[4]琉球人に対する根強い差別がある中で、新垣は琉球人を解放するために自由民権運動を行ったのである。

新垣は東京における中国革命運動にも関わりを持った。新垣は一八九八年に下宿屋「龍昇館」を経営していたが、他の下宿屋で入居を拒否された中国や朝鮮の留学生を優先的に入居させた。[5]当初、龍昇館に住む留学生は二〇〜三〇人程であったが、後に三〇〇余人にまで増えた。[6]

新垣は東京で知遇を得た宗教仁から「中国革命に参加せられたい」との手紙を受け取り、直接、中国に赴いて革命に参加するようになった。新垣は一九二三年に琉球に戻るまでの一一年間、上海、南京、北京等において革命軍のメンバーとして闘った。[7]

孫文の第三革命軍が進撃していた時、敵がドイツ大使館に立てこもって機関銃を射撃した。新垣は中国人に変装して部下二人をつれて大使館に侵入し、ドイツ人将校を日本刀で斬り付け、大使館を爆破したため、革命軍は前進することができた。第一革命に失敗した孫文が日本に亡命した一九一二年に、清国やドイツ政府は日本政府に対して孫文の引き渡しを要求した。孫文は頭山満に保護されていたが、日本政府は孫文の身柄引き渡しを閣議決定した。新垣は頭山に対して「最悪の場合は加藤をおれにやらしてくれ」とその暗殺を提示した。頭山は「何でやるか」と聞くと、新垣は「おれ一人でじゅうぶんだ」と短刀を懐から抜いてみせた。頭山が「よし、それじゃもう一度おれが加藤にかけあってくる。それでダメならあとはお前にまかす」と述べた。[8]頭山が日本政府に孫文保護を再度求めたため、閣議決定は実施されず、新垣による加藤暗殺も行われなかった。

新垣は蔣介石とともに中国で闘った経験があり、「義行不朽　林鐵同志　蔣中正　民国四六年九月」と記された蔣介石からの書が新垣に贈呈された。新垣は中国において林鐵と呼ばれていた。また孫文からも「熱血可嘉」の書が新垣に送られた。[9]

新垣が中国革命に関わった理由の一つは、日本の覇道政治に嫌気をさしていたことである。新垣は口癖のようにヤマトを「東洋鬼《トンヤンコエィ》」と罵っていた。戦後、新垣は次のような琉歌を詠んでいる。「アメリカ世やミルク世ぬしるし大和世になりば地獄さらみ」（文意：アメリカ統治は豊かな時代の証であるが、日本統治になったら地獄になるだろう）日本による琉球の植民地支配に対し強い嫌悪の感情を有していた。[10]日本の侵略、植民地支配に対し独立運動を展開していた中国の人々の心性に対して、新垣が同じ被植民者として共鳴したことが中国革命への参加を促したと言えよう。

太平洋戦争中、新垣は妻とともに琉球に住んでいた。南風原村の自宅から沖縄島南部へ避難する時に妻が日本兵に射殺された。新垣が抗議しようとすると、日本兵はゲラゲラ笑って発砲してきた[11]。新垣は妻と自らの墓をつくり、墓石に「日兵逆殺」の文字を刻み込んだ。中国から琉球に戻った新垣の身辺には憲兵が張り付いており[12]、新垣は日本政府により「要注意人物」として監視されながら生活していた。「敵性人物」としての新垣は日本軍によって妻が殺害され、自らも殺されそうになった。日本軍による琉球人虐殺は琉球内の各地で発生した。日本軍は公文書『球軍会報』（一九四五年四月九日付）において「軍人軍属ヲ問ハズ標準語以外ノ使用ヲ禁ズ沖縄語ヲ以テ談話シアル者ハ間諜（スパイ）トミナシ処分（殺害）ス」と兵隊に命じていた。

新垣は次のように述べている。「戦前の日本政府は搾取政策をとり、本土決戦をとなえて沖縄を見殺しにしたのは沖縄をママ子あつかいした現れであり、沖縄戦当時の日本軍の不信行為に対しては天皇か首相が訪問し、謝罪すべきだ[13]」

東京での日本人による琉球人差別体験、日本兵による妻の虐殺等により新垣は日本に対する不信が深まり、戦後の日本「復帰」運動に対しても次のように認識していた。「日本復帰と何も騒ぐ必要はない。大体何で復帰運動をしなければならないのだ。早く復帰すれば今以上の生活が出来ると思うか。吾々は人質として敵に渡されたのだ。アメリカの援助を得て早く復興することだ。沖縄人はユダヤ人と同じようなものだ。いつでも強い者からいじめられ通しである。沖縄はまた戦争になると決して安住できる地ではない。全人民が早く適当な土地へ引越しユダヤ人の様にウンと金をもうける事だ。首里石嶺にいた支那人部隊があったが、よく支那の士官達が我輩を尋ねて来た。彼等は「豆つぶ位の日本のくせ、よくも我々をいじめやがった」と悪口を言っていた。我輩に好意をもってくれたのも、決して日本人だからではない。琉球人であり革命戦争に協力したという云うことだ。日本人は彼等に云わせると、トンヤンキ（東洋鬼）だそうだよ」[14]「（新垣の自宅に掲げられた『北止南進』の意味を記者から問われ）沖縄の北には狼がおる。言わずと知れたロシヤと日本（中略）沖縄人は南に伸びなければならない。南は沖縄人のための土地なんだ」[15]

琉球を植民地にし、琉球人を差別する日本、日本人という意識は、日本の半植民地になった中国の人々とも共有しうる歴史認識であり、それが新垣の中国革命参加への大きな動機になった。琉球は日本に「復帰」すべきではなく、南（つまり台湾を含むアジア地域）との関係を強化すべきであると訴えながら、一九六四年に生涯を閉じた。

二　琉球人のインドネシア独立戦争への参加

一九四五年八月一七日、インドネシアは独立を宣言した。しかし宗主国のオランダがそれに反対したため、四年余り続いた独立戦争が発生した。日本軍の八九四二部隊（海部隊）に所属していた琉球人の平良定三はバリ島において独立戦争に参加した理由を次のように述べた。「軍隊の幹部から大東亜戦争はアジアの人々のための戦争であると教えられていたし、当時は私もそう信じていました。捕虜になるより、少しでもアジアの役に立ちたいと心に決めて、阿南少佐（大分県在）に独立戦争に加担すると話しました」バリ島において独立戦争に参加した旧日本兵は平良を含めて二〇人だった。[16]

一九四九年一一月二日、インドネシアとオランダが締結したハーグ協定によって独立戦争は終結し、インドネシアはオランダの連邦国として独立した。スカルノが同国の大統領に就任したが、小スンダ列島にオランダの傀儡政権であるスクワティ大統領の政府が置かれた。スクワティ政権を排除し、インドネシアを統一するために発生したのが、ネガラカサトワン事件である。同事件にも平良は参加したが、逮捕され、三年間刑務所に投獄された[17]。

琉球人の徳山清教もインドネシア独立戦争に参加した。徳山はインドネシア独立に貢献したいと考え、現地駐在の内務省や参謀本部の幹部に対して、琉球人の同地残留を認めるよう訴えた。当時、約五〇人の琉球人は独立戦争に協力したいと考えていた。敗戦後、稲嶺一郎が一般の琉球人会長、徳山が軍人軍属の琉球人会長にそれぞれ就任して独立運動に参加した[18]。

琉球人の宮平秀昌牧師も、戦前からジャワ島で宣教する過程でインドネシア独立を真剣に考えるようになり、戦前戦後にかけて独立運動に身を投じた[19]。

戦後、琉球において琉球セメント、大東糖業、琉球煙草等の企業を束ねる企業グループ「琉展会」会長になった宮城仁四郎も、インドネシア独立運動に関わった。戦前からインドネシアで糖業に従事していた宮城は、敗戦後も同地にいた。戦後、住民達の反日感情が激化し、在住日本人に暴力が及ぶようになった。戦中、現地住民を虐待した日本の旧軍人や一般住民が連行、殺害、収容所送りになった。しかしジャワ人や華僑は宮城に対して「君は日本人ではなく沖縄人だから生命は保障する」と言って守った。インドネシア独立の気運が広がるなか、宮城もインドネシア人とともに独立の歌を唄い、指揮をして合唱させた[20]。

戦後、琉球石油を中心とする企業集団「りゅうせきグループ」を経営し、参議院議員にもなった稲嶺一郎もインドネシア独立運動に身を投じた。戦前、稲嶺は満鉄社員として働いていたが、一九四四年二月、ジャカルタの海軍武官府・華僑課長としてインドネシアに赴任した。日本軍の同地占領下に設置されたペタ（祖国防衛義勇軍）は、日本の敗戦後、インドネシア独立軍として編成されたが、稲嶺は同義勇軍の設立に尽力した。「『真の独立』のために日本軍に必要のない武器弾薬を引き渡したい」と稲嶺は考え、日本軍幹部に対して武器を独立軍に譲渡するように求めた。インドネシア独立軍への食料、武器の譲渡、助言等が問われ、稲嶺は同地のグルドッグ刑務所に一年間投獄された[21]。

琉球人は中国だけでなく、戦中から戦後にかけてインドネシアにおいても独立運動、脱植民地化運動に参加したことがわかる。琉球人は「侵略側―被侵略側」の関係性において後者の位置に立ってインドネシア独立軍と行動を共にしたのである。

三　東アジアにおける琉球独立に向けた動き

一三七二年に琉球の中山国王・察度が明国と朝貢冊封関係を始めて以降、琉球は中国と外交的、儀礼的、経済的に友好関係を築いてきた。しかし日本政府は、一八七二年に琉球国を一方的に「琉球藩」にし、強制的な併合への道を進めた。しかし一八七一年に締結された日清修好条規第一条における、両国に属する「封土」を「侵越するところがあってはならない」という規定に基づいて、李鴻章は朝鮮、琉球、台湾等の「藩属属土」を保護し、「中華世界の宗藩秩序体制」を再建しようと考えた[22]。

清国の福建按察使、駐英・仏公使等を歴任した郭嵩燾は次のような琉球論政策を提示した。①琉球問題を国際問題として位置づけ、万国公法の理念に基づいて処理する、②欧米各国駐日公使と日清両国特命大臣で構成される国際会議を開いて琉球問題を議論する、③清国政府は琉球の朝貢を免除し、琉球を自立国として存続させ、その独立を国際的に保障する[23]。

一八八〇年の分島改約の際に、清国は琉球国三分割案として琉球復国を模索した。それは沖縄諸島に琉球国を復活させ、奄美諸島を日本領、宮古・八重山諸島を清国領にするという案である。しかし、同案は実現されることなく、琉球は近代日本の植民地として固定化されていった。

抗日戦争の終盤頃から、琉球の政治的地位に関する議論が活発になった。中華民国（戦時首都重慶）は、日本軍がパールハーバーを攻撃した翌日、正式に対日宣戦を布告した。蔣介石の率いる国防最高委員会秘書庁内におかれた国際問題討論会で、戦後処理方針の検討・策定が行われた。一九四三年一一月、同討論会は「日本無条件降伏受理条項」において琉球は中国に帰属すると規定し、附註として、英米が琉球保有を堅持した場合、中華民国は①琉球を国際管理下におく、②琉球を非武装地域にするから一つを選ぶと定めた[24]。

蔣介石軍事委員長にあてた中華民国軍事委員会参事室の「カイロ会議で我が方が提出すべき問題草案一九四三年一一月（原本日付なし）」は、日本に求めるべき事項として、①旅順・大連の無償返還、②南満州鉄道・中東鉄道の無償返還、③台湾・澎湖諸島の無償返還、④琉球諸島（国際管理または非武装地帯とする）と明記している。カイロ会談で、ルーズヴェルトが蔣介石に琉球を望むかと尋ねると、蔣介石は琉球の共同管理及び米中共同での信託統治を希望すると答えた[25]。

またカイロ会談において蔣介石は、戦後の琉球は朝鮮同様に独立させるべきとも考え、カイロ宣言文の「日本が奪取したる他の一切の地域より駆逐せらるべし」の中に琉球も含むと理解していた[26]。つまり蔣介石、中華民国政府は戦後、琉球は日本から分離させ、国際管理地域にし、その後独立させるべきであると認識していたことが分かる。

中華民国政府は、サンフランシスコ平和条約における日本の琉球に対する剰余主権や信託統治の方式、琉球の政治的地位に関して以下のような見解を示した。剰余主権は国際法上確定した言葉ではなく、同平和条約の中にも文言として存在しない。日本政府の琉球に対する剰余主権は国際法及び条約上、根拠がなく、中華民国はこれを受け入れない。将来、琉球はアメリカが受託管理する国連の信託統治下に置くべきである。反植民地主義及び民族自決の原則に基づき、琉球人民の自治が実現できるように国際的な協力が必要である。[27] 日本政府が主張し、米政府が認めた琉球に対する日本の剰余主権を中華民国政府は否定し、琉球の信託統治領化を求めていた。

一九五三年八月、アメリカは奄美諸島を日本に返還すると日本に伝えた。同年一一月、中華民国立法院は、奄美諸島の日本への返還はサンフランシスコ平和条約第三条の規定に合致せず、事前に中華民国政府との協議も行われず、ポツダム宣言に違反し、反対であるとの決議案を採択した。同年一二月、中華民国政府外交部は奄美諸島の日本返還に抗議する声明を出した。[28]

また一九五三年一一月、中華民国政府外交部は次のような備忘録を駐華米大使に送付した。一三七二年から一八七九年の五〇〇余年の間、中国は琉球諸島に対して宗主権を有していたが、この宗属関係は日本の併合によって中断させられた。中華民国政府は琉球に対して領土的要求をせず、再び宗主権を確立する意図を持たない。琉球住民の願望が完全に尊重され、彼らの前途を選択する機会（自決・独立（赤嶺守注））を得ることを願っている。[29]

戦後、琉球が日本と政治的に切断されたとの認識に基づき、台湾内で次のような諸施策が実施された。台湾内の琉球人民協会は琉球居留民に対して琉球人民証明書を発給した。中華民国政府も、琉球居留民に対しては完全に日本籍民と法律的に区別し、琉球籍民としてその特殊性を認め、琉球籍民は日本国民ではないとする外交政策、法的取り扱いを行った[30]。

一九五五年九月、台湾の『中央日報』、『新生報』各紙に、駐華日本大使館が実施した国勢調査に基づく日本人登記に関する報告が掲載された。琉球人民協会は同大使館による日本人登記の公表は「日本の所謂『復帰運動』とか『残留主権』の不合法性を中外に暴露したもの」として抗議し、日本政府の外交保護権を拒否した[31]。

一九六一年六月に発出された、池田・ケネディ会談に基づく共同声明においてアメリカが日本の琉球に対する剰余主権を認めたことに対して、中華民国政府外交部は次のように反論した。

①サンフランシスコ平和条約はカイロ宣言やポツダム宣言に基づいている。琉球諸島及び、日本列島主要四島以外のその他の島嶼については、第二次世界大戦の同盟国が共同で定め、日本の主権外におくべきである。
②琉球は国連の信託統治を経て最終的に自治と独立を獲得すべきである。
③剰余主権は国際法の原則にそぐわない。琉球の日本への返還は、同条約第三条の精神に悖る。
④日本が琉球を侵占する前、中国は琉球に対して宗主権を行使していた。しかし今、中国は琉球に対して領土要求をしない。
⑤琉球は共産主義侵略に対抗する安全保障体制で重要な地位を占めており、信託統治領移行前において琉球の現状は保持すべきである[32]。

一九六〇年代に入っても中華民国政府は、日本政府の琉球に対する剰余主権を認めず、琉球は信託統治領になった後、独立すべきであると考え、琉球に対する領土的主張をしない立場を強調した。

琉球の日本への「復帰」が日米両政府によって決定された後、中華民国政府外交部は一九七一年六月に以下のような抗議声明を発表した。琉球諸島問題は、カイロ宣言やポツダム宣言の規定に基づいて処理されなければならない。日本の主権は本州、北海道、九州、四国及び主要国が決定する島々に限られている。よって琉球の地位は、同盟国によって議論される必要がある。サンフランシスコ平和条約において琉球の法律的地位及びその将来の処置について明確に規定されている。中華民国は主要同盟国の一つであり、この協議に参加しなければならない。しかしアメリカは一度もそうした協議を実施したことがなく、琉球を一方的に日本に返還することについては不満である。[33]

中華民国政府は琉球の日本への「復帰」が日米両国によって決定されたことに対して国際法に基づいて強く抗議したが、現在も「復帰反対」の立場に変更はない。

四　東アジアと琉球を「独立」を軸にして連結した蔡璋

次に台湾において琉球独立運動を展開した蔡璋（琉球名：喜友名嗣正）と東アジアとの関係について論じたい。蔡は一九一六年にホノルルで生まれ、那覇の小学校を卒業後、中国、東南アジア諸国、サイパン島、テニアン島、台湾、そして沖縄島で生活してきた琉球人である。[34]

一九四六年に設立された琉球青年同志会（一九四七年に琉球革命同志会に改称）の代表として蔡は、琉球独立運動を推し進めた。一九五四年二月、蔡は中国国民党中央委員会に「琉球情報」と題する報告書を提出した。

一九五四年以降、蔡には中央工作会議より毎月五千元の工作補助金が支給された。その後も、蔡は「在琉工作報告」を国民党中央委員会に提出した。一九五四年六月に中華民国が主導して「亜洲人民反共聯盟」が設立されると、蔡は台湾で開催された第一回大会に琉球総会代表として出席した。一九五八年一一月に独立を掲げる琉球国民党（党首は大宜味朝徳）が結成されると、蔡は台湾に支部を設置し、同党の副総裁兼渉外部長を務めた。同年以降、蔡への工作補助金は毎月一万元となった[35]。

一九五七年一二月、中国国民党中央委員会は中琉文化経済協会を設立した。翌年三月に中琉文化経済協会設立大会が開催されたが、同協会の理事長は方治、蔡は理事、大宜味朝徳は監事となった[36]。一九六五年、琉球と台湾との交流推進団体として中琉協会が設立されたが、初代会長には先に論じた宮城仁四郎が就任した。

蔡は反共主義者でもあった。一九六一年三月一一日に送付された蔡からキャラウェイ高等弁務官への書簡において、フィリピンのマニラで開催予定のアジア人民反共連盟反共問題討議への参加前に、弁務官への面会を求めた。蔡の同会議における報告文には次のような文言があった。「琉球諸島は元々日本の領土の一部ではなく、戦争の賠償として日本から割譲された領土でもない。琉球は一八七九年に日本による占領以前の、元々の独立国家の状態に回復させる必要がある[37]」ここには蔡の琉球復国への主張が見られる。

蔡は琉球復国とともに、中国「復帰」、中琉一体を掲げていた[38]。中国「復帰」の場合の中国とは中華民国を意味し、大陸中国を意味しない。現在の琉球独立運動において、中華民国または中華人民共和国への「復帰」を唱える団体や人物はほとんどおらず、蔡の琉球独立論の特異性、「冷戦時代」という時代性を示していると言える。

サンフランシスコ平和条約締結の前に蔡は次のような認識を有していた。「中華民国と琉球とは日本が琉球を武力侵略する遥か前から緊密な関係にあっただけでなく、政治的、血統上、経済的、文化的にも関係があり、両国との歴史的関係は二千年以上前まで遡ることができる。我々の先祖は中国から来た人々である。（中略）我々の祖国（自由中国）は日本の侵略に対して闘い、最大の被害を受けたが、日本を打ち負かす上で最大の貢献をなした。（中略）中華民国が同平和条約に平等な立場で参加することによってのみ、アジアの平和が実現するだろう。（中略）我々は琉球の自由中国への復帰または独立と自由が付与されることを主張する」[39]

蔡は、中華民国と琉球との緊密な関係性や、太平洋戦争における中国の貢献を強調した上で、サンフランシスコ平和会議に中華民国が参加することを希望し、琉球の独立と自由を求めていた。

五　李承晩による琉球独立運動支援

次に一九四八年〜六〇年まで韓国の大統領であった李承晩《イスンマン》と琉球独立運動との関係について論じたい。一九五四年六月、蔡璋が李承晩と会見した際に、李は琉球独立運動への支援の意志を示した。一九五六年一二月、李が琉球の日本「復帰」に公式に反対したことに関して、翌年一月、蔡は李に感謝の書簡を送付した。一九五七年四月、蔡璋は韓国の新聞上に琉球独立に関する長文の声明書を掲載した。[40]

李は琉球独立を直ちに実施することを求めたのではなく、日本「復帰」に反対し、将来の適切な時期に独立させることを考えていた。李のこのような考え方は「独立保障論」と呼ばれている。一九五七年一月、韓国政府は米政府に対して琉球の日本「復帰」に反対し、「沖縄返還を求める日本帝国主義を挫折させるために積極的に行動をとれ」と要求する声明文を発表した。同年一月、李は国務会議（閣議）において、政府の広報室が様々な手段を使って琉球独立を宣伝するよう命じた。同年一一月の国務会議において李は、琉球独立を米政府に勧告するための研究を開始するよう外務部と国防部に指示した。一九五八年四月になると、李は、崔徳新・駐南ヴェトナム韓国大使に対し琉球での現地調査を指示した。崔は琉球に赴き、米軍関係者、独立運動家等と接触した。崔は、琉球の将来の地位を決定するために韓国、アメリカ、中華民国、日本の四カ国共同委員会を設立するとともに、南北朝鮮の統一と中華人民共和国等の共産主義の脅威が除去されるまで、琉球の現状を維持すべきであると建議した。また崔は駐華米大使ドラムライトに次のように述べた。沖縄住民は日本人とは異なる民族集団である。「もし機会が与えられれば、琉球人は自主決定と自主統治を望むだろう。米国は琉球人の自主決定の声明を促すことに失敗した。もしわれわれが琉球人を促せば、彼らは日本の支配を拒絶し、独立を表明するだろうと確信している」。しかし調査後、崔は、琉球において自主決定や独立を要望する声があまり強くないことを知ったと語った[41]。

一九五八年四月、崔大使は琉球に関して次のように述べた。韓国政府は世界におけるナショナリズム、独立に対する強い熱気に関心を持っている。日本への依存に反対する感情が琉球においても勃興していると韓国政府は認識している。琉球人は日本人ではないことをもっと強調すべきだ。もっと沖縄語、英語の教育に情熱を注ぐべきである。台湾で会った蔡璋の意見が印象に残った。蔡は強い反日、反共の意見を有している。反共活動を琉球でさらに活発にしたいという蔡を支援すべきだ[42]。

一九五八年四月、台北で行われた崔大使と中華民国の沈昌煥外交部次長との会談において、琉球独立に関して両国が同意見であることが確認された。一九五九年一一月に開かれた、金弘一駐華韓国大使と黄少谷中華民国外交部長との会談において、黄外交部長は、将来共産主義の脅威がなくなりアメリカが極東から撤退する際には琉球を日本に返還せずに、独立させるべきだと述べた。中華民国政府はこうした認識を米政府に通告しており、琉球問題に関して韓国政府と協力することを約束した。[43]

李は一九五九年、ブース高等弁務官に対して琉球独立を主張する次のような書簡を外交部に作成させた。「数世紀の間琉球人は、自らの誇らしい伝統と遺産を持った、独立し、相当に文明化され、教育水準の高い人々であった。近代日本膨張主義の最初の犠牲者として彼らが日本人帝国主義者によって一八七四《ママ》年に隷属させられるまでは、琉球人は事実上日本には何も負っておらず、その文明的な影響は中国大陸から流入したものであった。しかし、日本は韓国、中国、そして最終的に東南アジアへのさらなる侵略のための出口と踏み台を求めて、これらの無力な島々を占領し、容赦のない植民地統治下に置いた[44]」

一九五九年七月にソウルで開催された第五回アジア人民反共連盟年次総会に、琉球代表として参加した蔡は、次のように報告した。極東における共産主義の脅威がなくなるとともに、琉球に政治的な独立が与えられるべきだ。日本による再占領の可能性を取り除くために琉球に対する日本の剰余主権は取り除く必要がある。琉球人は日本の統治に反対しており、あらゆる日本の侵略は、共産主義の琉球占領と同じである[45]。

李は、韓国が日本の植民地下にあったころ独立協会の主要メンバーとなり、寺内正毅朝鮮総督暗殺計画に連座して投獄され、上海におかれた大韓民国臨時政府の初代大統領、戦後は大韓独立促成国民会の総裁に就任するなど、朝鮮・韓国独立運動のリーダー的存在であった。李が琉球独立を支援した理由として反共主義だけではなく、朝鮮と琉球がともに日本の植民地になったという歴史上の共感と、琉球の脱植民地化への期待があったのではないかと考える。李の琉球独立支援の意志を琉球側で受け止め、協力関係を構築したのが蔡であった。蔡の独立運動を通じて韓国は琉球の脱植民地化過程において同志的な関係性を結ぶことができたと言える。

結びに

戦前、中国革命に参加した新垣弓太郎、戦後、インドネシア独立に協力した琉球人や台湾で琉球独立運動を展開した蔡璋そして琉球独立を支援した李承晩について検討してきた。なぜ琉球人はアジアの革命、独立運動に参加し、アジアと密接に関係を持った琉球独立運動が見られたのか。それは、琉球とアジアが地理的にも近く、歴史的に緊密な関係をもち、文化的にも共通点を多分に有する不即不離の関係にあったからと考えられる。とくに、琉球がアジア諸国と同じく「植民地経験」を有し、住民も「被植民者」であるという認識がアジア独立運動への参加を促し、アジアと関連した琉球独立運動が展開された大きな要因になったと言える。新垣は中国と琉球の脱植民地化を互いに呼応させる形で双方の解放運動に身を投じ、蔡は中華民国や韓国政府の支援を得ながら琉球独立運動を展開し、インドネシアの琉球人も被植民者側に立って独立運動に参加した。

太平洋戦争後、アジア太平洋の旧植民地の多くが独立を勝ち取ったにも関わらず、琉球は未だに日本の植民地のままである。日本の帝国主義は清算されたとはいえない。琉球人は日帝植民地主義の被害者であるが、同時にそれからの解放をアジアと連携しながら進めた主体でもあることが本論で明らかになった。アジア独立運動の一つとして琉球独立運動を位置付けることができる。アジア独立運動に琉球人が主体的に関わったという歴史的事実を踏まえて、現代琉球の植民地主義のあり方を考え、それを克服する具体的な道を切り開くことができよう。

謝辞：本稿の作成にあたり南風原文化センターの平良次子氏からは新垣に関する資料のご提供、インドネシア独立運動に参加した琉球人についてお話を伺うことができた。また玉城勇・南風原町議員、新垣邦雄・南風原町宮城公民館館長に新垣について詳しくインタビューをさせて頂いた。心よりお礼を申し上げたい。

【注】

1　南風原村史編集委員会『南風原村史』南風原村役所、一九七一年、五二三頁。
2　同上書五二四頁、『沖縄朝日新聞』一九五〇年七月二四日、『琉球新報』一九六四年三月二一日。
3　赤嶺親助「自由、民権運動の志士　新垣弓太郎翁」『近代』（赤嶺親助編第一巻第三号、一九五四年三月号）、六頁。
4　『沖縄朝日新聞』一九五〇年七月二四日。
5　『琉球新報』一九六四年三月二一日。
6　赤嶺前掲論文、六頁。
7　南風原村史編集委員会前掲書、五二七頁、『琉球新報』一九一六年一二月六日。
8　『琉球新報』一九六四年三月二一日。
9　南風原村史編集委員会前掲書、五二五頁。
10　喜友名嗣正「新垣弓太郎翁の事績」『沖縄タイムス』、一九八四年一二月二四日、南風原文化センター『弓太郎幻想――琉球の男・新垣弓太郎物語』南風原文化センター、二〇〇〇年、一七頁。
11　『琉球新報』一九六四年三月二一日。
12　『琉球新報』一九八五年一月一九日。
13　新垣弓太郎「来たりて謝罪すべし」『月刊沖縄』創刊号、一九六一年、二〇～二一頁。

14 『沖縄朝日新聞』一九五〇年七月二四日。
15 『沖縄日報』一九五四年一〇月一四日。
16 「平良定三さん日本語のガイド独立戦争にも参加」琉球新報社編『世界のウチナーンチュ1』ひるぎ社、一九二頁。
17 同上書、一九〇頁～一九一頁。
18 「徳山清教　わが心のインドネシア」沖縄インドネシア友好協会編『Sahabat　沖縄インドネシア友好協会記念誌』沖縄インドネシア友好協会、一九九九年。
19 稲嶺一郎『世界を舞台に――稲嶺一郎回顧録』沖縄タイムス社、一九八八年、二〇九～二二六頁。
20 「宮城仁四郎　私とインドネシア」沖縄インドネシア友好協会同上書。
21 「『ミスターアセアンの原点』―稲嶺一郎氏とインドネシア―」沖縄インドネシア友好協会同上書、稲嶺前掲書。
22 石井明「中国の琉球・沖縄政策――琉球・沖縄の帰属問題を中心に」『境界研究』No.1、二〇一〇年、七一頁。
23 西里喜行『清末中琉日関係史の研究』京都大学出版会、二〇〇五年、五一二～五一三頁。
24 石井前掲論文、七五頁、七七～七八頁。
25 同上論文、七九頁。
26 赤嶺守「戦後中華民国における対琉球政策――一九四五年～七二年の琉球帰属問題を中心に」『日本東洋文化論集――琉球大学法文学部紀要』第一九号、二〇一三年、三〇頁。
27 同上論文、三五頁。
28 石井前掲論文、八五頁。
29 赤嶺前掲論文、四八～四九頁。
30 同上論文、四二～四三頁。
31 同上論文、四三～四四頁、蔡璋『琉球問題解決點の「再吟味」』琉球獨立協會、一九五七年、二〇～二一頁。

32　同上論文、四九～五〇頁。
33　同上論文、五一頁。
34　'Ryukyu Residents Association in Taiwan' in 1955/2/12, Asian People's Anti-Communist League（T'sai Chang, RG260：USCAR文書、第二次世界大戦米占領司令部文書）引用文は松島訳。
35　赤嶺前掲論文、三九～四〇頁。
36　同上論文四六頁。
37　'Requesting an Appointment with HiCom to Discuss Ryukyuan Politics' in 1961/3/11, Asian People's Anti-Communist League（T'sai Chang op.cit.）引用文は松島訳。
38　蔡璋編著『琉球亡国史譚』正中書局、一九五一年、一六頁、五四頁。
39　'The Statement of the Ryukyuan Revolutionary Association in Formosa in Regard to the Revised Japanese Peace Treaty Plan introduced into Okinawa' in 1951/8/29, Asian People's Anti-Communist League（T'sai Chang Ibid.）引用文は松島訳。
40　高賢来「一九五〇年代の韓国・沖縄関係――反帝国主義、独立、そして米軍基地」『琉球・沖縄研究』第四号、二〇一三年、早稲田大学琉球・沖縄研究所、一一四頁。
41　同上論文、一〇六～一〇七頁。
42　'T'sai Chang' Asian People's Anti-Communist League（T'sai Chang op.cit.）引用文は松島訳。
43　高前掲論文、一一四頁。
44　同上論文、一〇四頁。
45　'The Letter from William G. Jones in American Embassy, Seoul, Korea to Ronald A. Gaiduk in American Consular Unit, Naha, Okinawa' in 1959/7/6, Asian People's Anti-Communist League（T'sai Chang op.cit.）引用文は松島訳。

終章　アジア版NATOではなく東アジア不戦共同体を目指せ

――中国・北朝鮮脅威論を超えて

木村　朗

はじめに

北朝鮮が近年相次いで弾道ミサイル実験を行い、次はグアム近海へのミサイル発射実験を予告したことで、トランプ大統領が「軍事的選択肢（=先制攻撃による予防戦争）」を示唆するなど米国との緊張が高まっている。八月三日に内閣改造を行ったばかりの安倍政権は、北朝鮮によるグアムへのミサイル発射を〝存立危機事態〟とする拡大解釈を行うとともに、小野寺五典新防衛相が持論の対敵基地攻撃能力保有論の検討を表明するなど、政権浮揚のために〝北朝鮮危機〟を政治利用しようとしている。

またトランプ政権は、対北朝鮮制裁問題への中国の消極的対応を理由とした経済制裁を中国に課す動きを見せるとともに、尖閣諸島をめぐって米軍が「航行の自由」作戦の再開に踏み切ったことで米中両国の間で摩擦・対立が表面化している。日本もまた南シナ海問題で米国と歩調を合わせるかのような中国包囲網形成の動き（フィリピンへの大型巡視船二隻の供与など）を見せている。

そして沖縄では、普天間基地に配備されているオスプレイが二〇一六年一二月一三日の沖縄県沖での「墜落」事故（日本政府と本土の大手メディアは「不時着」と発表した！）に続き、二〇一七年八月六日にオーストラリア沖で三名が死亡する重大事故を起こした二日後に同型機の飛行訓練を再開した。日本政府がそれに対して形だけの自粛要請を行っただけで事実上容認している。また、沖縄での辺野古新基地及び高江へリパッド建設反対運動の先頭に立ってきた山城博治・沖縄平和運動センター議長らの不当逮捕と五カ月以上もの長期拘束など、まさに異常事態といえる状況が生じている。

このように東アジアにおける安全保障環境が揺れ動くなかで、中国・北朝鮮脅威論が日米韓三カ国で急速に台頭して軍事的解決の選択肢が取り沙汰されるようになっている。しかし、急浮上している中国・北朝鮮脅威論の実態はどうなのか、またはたして平和的解決は不可能なのか、を特に北朝鮮ミサイル問題や沖縄の視点を重視しながらあらためて考えてみたい。

一　日米首脳会談時に合わせた北朝鮮によるミサイル発射の波紋

二〇一七年二月一〇日に行われた日米首脳会談は「強固な日米同盟」の意義を強調し、名護市辺野古への米軍新基地建設を「唯一の解決策」として推進することが確認されるなどほとんどが想定通りの内容になった。しかし、今回の日米首脳会談で、事前のシナリオになかった想定外の出来事が北朝鮮のミサイル発射であった。日米両首脳はフロリダで緊急の記者会見を行ったが、きわめて異例なものとなった。記者会見では、安倍首相が真っ先に口を開いて、「北朝鮮のミサイル発射は断じて容認できない。北朝鮮は国連決議を完全に順守すべきだ」、「先ほど大統領との首脳会談で米国は常に一〇〇％日本と共にあることを明言された。大統領はその意思を示すために私の隣に立っている」と表明した後で、トランプ大統領が「米国は偉大な同盟国、日本を一〇〇％支持する」と一言語っただけで記者の質問を一切無視して共同記者会見は打ち切られたのである[1]。

この予定外の異様な共同記者会見の背景には、トランプ大統領自身と政権内部で内紛、意見の食い違いが生じている可能性がある。というのは、トランプ氏は、大統領選挙中の討論会で、核実験やミサイル実験を繰り返す北朝鮮に対して、ジェブ・ブッシュ氏（元フロリダ州知事）の「もし、アメリカの安全を確保するために、先制攻撃が必要であれば、そうするべきだ」やクルーズ上院議員の「ミサイル防衛を強化するために、韓国に迎撃機を配備する必要がある」といった強硬発言とは距離をおいて、「中国は事実上、北朝鮮に対し絶対的な影響力を持っている。中国も行動すべきだ」とあくまでも冷静に対応すべきだと主張している[2]。

また、北朝鮮が二〇一六年一月六日に「水爆実験」と主張する四回目の核実験を行った直後の一月七日、トランプ氏はＦＯＸニュースとのインタビューで、「中国が北朝鮮に対する影響力を持っているが、その中国がこの状況を正さなければならない」と北朝鮮の核問題を解決するための中国の影響力と責任を強調し、「中国に対しては、われわれは貿易のおかげで力を持っている。正直なところ、われわれが対中貿易を中断すれば、中国で前例のない経済沈滞が起きるのを見ることができるだろう」と述べている。ここには、中国に経済的な圧力を加えて、北朝鮮への影響力を行使させるような発想が示されている。

さらに、トランプ氏は五月一七日にニューヨークでロイター通信の取材に対して、金正恩《キムジョンウン》党委員長との会談について「金氏と話し合うことになるだろう。彼と対話することに何も問題は感じていない」という米朝直接対話を首脳レベルで行う意向を表明する重要な発言を行っている。[3]

ところが、このような北朝鮮問題へ冷静かつ柔軟な姿勢をとるトランプ大統領の意向・立場とは異なった動き・主張がトランプ政権内部で見られる。トランプ政権には、制裁の包囲網を築いて北の態度が変わるのを待つオバマ前政権の従来の「戦略的忍耐」とは異なる方向性を求める意見も根強い、と指摘がされてきた。そうした強硬派の中心人物の一人だとされていたマイケル・フリン安全保障担当・大統領補佐官がロシア当局者との不適切な接触疑惑で辞任したあとでもそれは変わらない。

対北強硬派の一人であるジェームズ・Ｎ・マティス国防長官は、二月二日に最初の訪問国として韓国を選び、黄教安《ファンギョアン》大統領権限代行首相や金寛鎮《キムグァンジン》国家安保室長、韓民求《ハンミング》国防相などと相次いで会談して、北朝鮮の脅威に対抗する米韓同盟の重要性を強調し、高高度防衛ミサイル（ＴＨＡＡＤ）年内配備もお互い確認したと伝えられている。今回のマティス国防長官の突然の訪韓は、トランプ政権が韓国を「対北前哨基地」として重視していることを示し、韓国で米軍の迎撃システム高高度ＴＨＡＡＤ配備に対する反対論が強まる中で、それを牽制する狙いもあったといえよう。[4]

マティス国防長官は、二〇一七年八月以降の北朝鮮のグアム近海へのミサイル発射予告に対しても、八月一四日の記者会見で、北朝鮮が米国のグアムをミサイル攻撃すれば直ちに戦争に発展する恐れがあると強調している。その一方で、ティラーソン国務長官は、政権としては、最大限の圧力を加える一方、北朝鮮との対話も排除しないという方針を改めて示している。このように、五月の韓国大統領選挙で北朝鮮との対話路線を主張する文在寅《ムンジェイン》大統領が登場したいまもトランプ政権内部での対北朝鮮政策をめぐる不協和音はそのままである。米国・北朝鮮首脳同士による「威嚇の応酬」はとりあえずひと段落したように見えるが、いまでも最悪の事態が生じる可能性がゼロとなったとは言えないのが現実だ。

二　対北朝鮮先制攻撃論の欺瞞性と危険性

対北先制攻撃論は、二〇一六年九月にマイク・マレン元米統合参謀本部議長が、「北朝鮮が米国を攻撃する能力に近接して米国を脅かすなら、自衛的側面で北朝鮮を先制攻撃できる」と述べて以降、米国で公然化している。二〇一六年一〇月には、当時トランプ氏の外交諮問を務めていたピーター・フックストラ元下院情報特別委員長が、先制攻撃論について、「トランプ氏は米国の安全に脅威を与えることに対していかなるオプションも排除しないだろう」と記者会見で強調している。また、米国の民間シンクタンク「ストラトフォー」は二〇一六年五月に公開した、北朝鮮の核とミサイルに対する武力による抑止や北朝鮮への攻撃方法を含む報告書「（北朝鮮の）核の脅威除去（Removing The Nuclear Threat）」を二〇一七年一月三日からホームページに再び掲載したが、これも保守系要人を中心に対北先制攻撃論が再び浮上している証拠であると指摘されている。[5]

いまやトランプ大統領には政権内部からではなく議会やメディアからも大きな圧力がかかっている。「米国は発射台にある北朝鮮の大陸間弾道ミサイル（ICBM）を攻撃する準備をすべきか」これは、一月三一日に行われた米上院外交委員会の公聴会での共和党のコーカー委員長の発言である。対北先制攻撃論が議会で積極的に議論されたのは一九九〇年代以降、久々のことであり、オバマ前政権が「戦略的忍耐」の下、北朝鮮の核・ミサイル開発を見過ごしてきたことに対する米保守派のいらだちの表れだったという。[6]

二〇一七年一月三日の『USAトゥデー』（電子版）は、政策の選択肢として、「新たな制裁」や「地域防衛の強化」と並んで、「核兵器による先制攻撃」を挙げ、先制攻撃が、大量の米兵を動員することなく「平壌の指導層を除去する」手段になるとの米国人の国際原子力機関（IAEA）元幹部、ロバート・ケリー氏の見解を紹介している。また、同じ三日のCNNや四日のブルームバーグ（いずれも電子版）も、ミサイル防衛や中国を通じた解決策の模索などの選択肢とともに、先制攻撃を挙げてその是非を検証している。さらに、米ジョンズ・ホプキンズ大高等国際問題研究大学院（SAIS）が二〇一六年一二月に公表した政策提言は、トランプ政権が取り得る選択肢として、第三国による金融遮断などの措置を含む「対イラン型」経済・金融制裁や、軍事的な威嚇をちらつかせつつ交渉を迫る「強制外交」に加え、ICBMが実践配備段階に至る以前の先制攻撃を求めていた。[7]

また、これに関連して注目されるのが米国による北朝鮮へのサイバー攻撃計画である。

それはオバマ政権から続く「Left-of-launch（発射寸前）」作戦と呼ばれているもので、例えば四月五日の弾道ミサイル発射実験はサイバー攻撃によって失敗したとも言われている。[8]

こうした対北朝鮮先制攻撃論がきわめて危険性が高いものであることは言うまでもない。なぜなら、この論理でいけば、このまま北朝鮮を放置すればいずれは北朝鮮が米国を攻撃できるＩＣＢＭ（大陸間弾道ミサイル）を持つことになるのは確実であり、北朝鮮がそうなる前に先制攻撃を掛けて、金正恩政権を崩壊させるという選択をするしかないという結論が導かれる可能性が高いからである。

より重大なのは、北朝鮮・韓国両国においても米国と同様の相手国への先制攻撃を許容する主張・動きがあることだ。北朝鮮の朝鮮中央放送などは二〇一六年二月二三日夜、米韓などに対する先制攻撃もありえるとする「朝鮮人民軍最高司令部重大声明」を報じた。これは米韓が翌三月七日から四月末まで実施した定例の軍事演習をけん制したものとみられた。その声明では敵の特殊部隊がわずかな動きでも見せた場合、「先制的な作戦遂行に入る」とした。「第一次打撃対象」として韓国大統領府など、「第二次打撃対象」としてアジア太平洋地域の米軍基地と米国本土を挙げている（北朝鮮は、同年八月に米韓合同軍事演習が実施された際も「核先制攻撃」を警告していた）。それに対して、韓国国防相は今回の米韓合同軍事演習で、北朝鮮の核・ミサイル施設に対する先制攻撃や、特殊部隊が敵の首脳部を排除する作戦を含むとされる作戦計画「五〇一五」を初めて適用する可能性を示唆していたという事実がある[9]。

もう一つの懸念材料は、日本での敵基地攻撃能力保有論の高まりだ。敵基地攻撃能力保有論は、攻撃こそ最大の防衛という論理であり、従来の専守防衛論からの大転換、憲法九条の完全放棄に他ならない。二〇〇二年一〇月から始まった北朝鮮第二次核危機や二〇〇六年七月北朝鮮の「弾道ミサイル発射」実験、二〇〇九年四月の北朝鮮による「人工衛星」打ち上げ事件などを受けて北朝鮮脅威論が高まるたびに、敵基地攻撃論は、与野党を越えたタカ派政治家から唱えられてきた。二〇一七年一月二六日に開催された衆院予算委員会で、安倍首相は、北朝鮮によるミサイル開発を念頭に、「政府は従来、他に手段がないと認められるものに限り、憲法が認める自衛の範囲に入り可能であると考えている」と述べて、自衛隊の敵基地攻撃能力整備を図る考えを示している。[10]

さらに自民党の高村副総裁は、二月一九日に放送されたＮＨＫ番組の中で「具体的な検討を開始するかどうかという検討はしていっていい」と発言し、他国からのミサイル攻撃を未然に防ぐための自衛隊の敵基地攻撃能力保有は憲法違反ではないとの認識を示している。

しかし、この敵基地攻撃論が防衛措置で専守防衛の逸脱ではないかのように主張するのは明らかな詭弁であり、相手側を挑発して戦争を誘発するという意味において危険でもある。なぜなら、この敵基地攻撃能力とミサイル防衛システムが一体化することで、「防衛」ではなく「攻撃」、すなわち現実的には事実上の先制攻撃戦略として機能することになるからである。また、この敵基地攻撃論は、最初の一撃で敵の反撃能力をすべて奪う保証はなく、むしろ相手の全力をあげての報復で甚大な被害を受け、さらに戦争がエスカレートする可能性がきわめて高くなることは明白だからだ。

二〇一六年八月に二度目の内閣改造を行った安倍政権でも、小野寺五典新防衛相が防衛計画の大綱を見直す中で、持論である敵基地攻撃能力保有論を検討することを表明している。また、小野寺防衛相は、もし北朝鮮が米国領のグアム島をミサイルで攻撃した場合に、日本は集団的自衛権を行使してそれを迎撃する可能性を否定せずに、「存立危機事態」だけでなく「重要影響事態」にも言及したことが注目される。[11]

それでは、現在米韓両国で高まりつつある北朝鮮先制攻撃論が本当に実施された場合、日本はどのような対応を迫られるのであろうか。すでに二〇一六年六月の段階で、ジャーナリストの高島康司氏は、ＣＩＡ系シンクタンク「ストラトフォー」による北朝鮮攻撃のシミュレーションでは、非常に近い将来、北朝鮮は核弾頭を搭載できる大陸間弾道弾の開発に成功してしまい、戦争を先延ばしにすると将来もっと悲惨な核戦争が起こる危険性が増す、この核戦争を回避したいのであれば、攻撃のタイミングは今しかないと早期の攻撃を促す結論になっていると指摘している。また、「そのような攻撃が実施されると、日本には『集団的自衛権』があるので、機雷掃討やロジスティックスを担当する後方部隊として自衛隊も戦闘に参加することになるのは間違いない」と「米韓合同軍＋日本による北朝鮮攻撃」が現実化することを明言している。そして、「北の反撃は韓国に甚大な被害を与えることになる。多くの民間人の人命が失われ、韓国経済は長期にわたって低迷することだろう。また、日本も攻撃対象となり被害が出るはずだ」と予測している。[12]

米国による本格的な先制攻撃で、北朝鮮からの報復攻撃を受けるのは米国ではなく、韓国や日本となる可能性が高い。「（金正恩が）報復として直ちに在韓米軍基地、在日米軍基地へのミサイル攻撃を指示するのは確実だろう。日本では、在日米軍施設の約七四％が集中する沖縄などが攻撃目標とされる。日本はミサイル防衛システムでこれを迎撃することになるが、本当に撃ち落とせるかどうかは疑問だ」という別の指摘もある。[13]

しかし、こうした被害が予想されるにもかかわらず、朝鮮半島危機を政治的に利用しようとしているのが、いまの安倍政権であろう。安倍政権は、緊急事態条項を最優先した改憲やテロ対策を口実とした共謀罪新設を一挙に実現するチャンスとして朝鮮半島情勢の悪化と戦争勃発を待望しているかのように見える。また、こうした危機が迫る状況の中で、戦争勃発を阻止し朝鮮半島危機を話し合いで解決しようとする声・勢力はあまりにも小さく弱い。メディアの劣化と議会の翼賛状況も目を覆うばかりである。このままでは、「実際に事態が動いてしまったら、これに抗することはかなり難しいだろう。新聞もテレビも先制攻撃論と九条改正一色に染まり、北朝鮮への武力行使に反対するものは『非国民』『反日』扱いされて排除される。そんな事態が現出するはずだ[14]」という悪夢が到来するのもそう遠くないのかもしれない。

三　北朝鮮脅威論の虚構性と核抑止論の不毛性──「アジア版NATO」への危険な執着

北朝鮮先制攻撃論が日米韓三カ国から出てくる根拠とされているのが、北朝鮮脅威論である。二〇一七年版防衛白書でも、核・ミサイル開発を進める北朝鮮について「新たな段階の脅威」になったと明記されている。しかし、そもそも何をもって北朝鮮の脅威といえるのか、という問題が正面から論じられるような機会はほとんどなかったように思う。

筆者は、二〇一六年一月六日に行われた北朝鮮による四回目の核実験の後で、「北朝鮮の核実験をめぐる議論で隠された重要な論点」として、①北朝鮮が一体何を求めているのか、②北朝鮮がここまで事態をエスカレートさせるに至った理由は何か、③北朝鮮は本当に脅威なのか、④周辺諸国に与える本質的な影響とは何か、⑤この問題と他の国際的出来事との関連をどうみるか、の五点を挙げて論じている[15]。ここでは、今日の事態にも直接関連すると思われる、①と③の二点に絞って紹介する。

《第一点は、米国との直接対話で両国の敵対関係に終止符を打ち休戦協定を平和条約に改定することである。具体的には、北朝鮮への敵対政策の転換、すなわち、毎年、春に実施している北朝鮮を仮想敵国とした米韓合同軍事演習の中止、北朝鮮への先制攻撃を行わないという体制保証を米国など関係各国から取り付けることである。……（中略）第三点は、北朝鮮の軍事的脅威であるが、核実験を行うことと、核兵器を実際に使用して相手国を攻撃する意思があるかどうかは区別しなければならない。米日韓三カ国は今回の核実験を北朝鮮の主張する水爆ではなく強化原爆とみなすとともに、ミサイルに搭載できる小型原爆の開発にもいたっていないと判断している。能力の点では、次第に射程距離を伸ばしつつあるミサイル技術の方がより脅威となろう。本当の脅威が生まれるのは、北朝鮮が先制攻撃をあえて行うような意思を持っている場合である。》

ここで強調しておきたいのは、①北朝鮮は確かに核・ミサイル技術開発で周囲の国を警戒させるだけの軍事的な「能力」を徐々に育成しつつあるが、北朝鮮の側から「予防的先制攻撃」を行うような好戦的な「意思」はもっていないということである。北朝鮮が望んでいるのはあくまでも体制保証であり、米日韓三カ国（特に米国）が先制攻撃による体制転覆を行わないことである。この点に関連して、中ロ両国の「北朝鮮の核・ミサイル実験の凍結と米韓合同演習の中止」を同時に行うことで米朝の直接交渉を始める、との具体的提案は説得力があるといえよう。

また最近米国内で、北朝鮮の核保有を認めることで平和的解決の糸口をつかむという主張が出ていることが注目される。オバマ前政権で国家安全保障担当大統領補佐官を務めたスーザン・ライス氏は、「米国や同盟国に対する核兵器の使用は、北朝鮮の崩壊につながると明確にしておくことにより、伝統的な抑止力をあてにすることができる」と語り、現実のものとなりつつある北朝鮮の核保有を容認しつつ、抑止力でその使用を防ぐことを提案している。[16]もし事態がそうした方向に動き始めれば、北朝鮮の核・ミサイル問題も自ずと解決の道が開かれ、それとともに北朝鮮脅威論も解消するであろう。

また、これとは逆の方向に向けた動きとして見逃せないのが、北朝鮮による核実験やミサイル発射を受けて徐々に輪郭が明らかになってきているのが、米日韓三カ国間の軍事的連携を一挙に深めようとする試みである。特に、日本の安倍政権は、米国の東アジア安全保障政策に迎合する対米従属を韓国と競い合うかたちで「アジア版NATO（北大西洋条約機構）」の結成に向けて積極的に動こうとしている。この「アジア版NATO」とは、二〇一四年三月七日の記者会見で石破茂幹事長（当時）が軍事的な台頭を続ける中国への抑止力として「アジア版NATO創設構想」として打ち上げたもので、国際社会で主導的な役割を担う安倍政権の「積極的平和主義」を具現化する構想ともいわれている。[17]

しかし、このような抑止論に基づく事実上の米日韓三国同盟による軍事的威嚇を中心とした対北強硬策一辺倒ではたして本当に北朝鮮の「脅威」は取り除かれるのであろうか。これまで述べてきた通り、それは敵対国の暴走を防ぐどころか、いたずらに相手を挑発して軍事力強化に向かわせるだけでなく、敵対国相互の不信感を増大させて結果的に戦争を勃発させて導く可能性が高いということが明白である。これこそが、いわゆる「安全保障のジレンマ」の罠であり、抑止力論の不毛性、すなわち抑止力なるものが「幻想」であることを物語っているといえよう。[18]また、そもそも特定の相手国に対する武力の威嚇は国連憲章を含む国際法違反であることは言うまでもない。孫崎享氏もブログで、「北朝鮮の体制崩壊を軍事的に行わないことを約束する前に、北朝鮮は核兵器開発、ミサイル開発を止めることを確約すべきだ」という「特定条件をのまなければ、軍事行動の可能性がある」という米国の主張・立場は「武力による威嚇又は武力の行使」を禁じた国連憲章に違反すると指摘している。[19]

米日韓三カ国の軍事連携と対北制裁の強化によって北朝鮮の「脅威」を根底から取り除き、北朝鮮「核・ミサイル」問題の全面解決を導けるかは過去の一連の経緯からみてもはなはだ疑問である。すでに経済制裁はかなり出尽くしており、追加制裁には限界があるだけでなく北朝鮮をさらに硬化させるだけで逆効果であろう。

米国のトランプ政権も決して一枚岩ではないが、状況次第では北朝鮮の核・ミサイル関連施設への空爆（柳澤協二氏の指摘する「外科的先制攻撃」）に踏み切る可能性は否定しきれない。朝鮮半島の南北境界線あるいは海上での軍事境界線での軍事衝突が偶発的に発生して全面的な戦争へとエスカレートする可能性も完全には排除できない。その場合は、米韓合同軍に日本の自衛隊も参加することになろう。日本独自の追加制裁を盛り込んだ参議院での北朝鮮非難決議にただ一人棄権した山本太郎議員が公式ブログ（二〇一六年一月八日）で、「ターゲットになりうる脆弱な原発施設に、ミサイルなどが着弾しても、政府はそれ自体の想定も、被曝防護の具体策も準備していない。驚くほどのお粗末ぶりである」と言及している。また、なぜ原発を〝無防備〟のまま再稼働させるのかという問題については、藤岡惇氏（立命館大学名誉教授）や豊下楢彦氏（元関西学院大学教授）が早くから警鐘を鳴らしていることも注目される。[20]

このタブー視されてきた根本問題を我々はもっと直視すべきである。

四　中国脅威論台頭の背景と沖縄で続く異常事態

現在、日中関係もまた戦後最悪と言っても過言ではない深刻な局面を迎えている。日本側が行った尖閣諸島問題をめぐる中国漁船船長逮捕や国有化措置などの一連の強硬かつ稚拙な対応によって日中両国の国家関係に緊張が高まっただけではなく、国民レベルでも対立感情の悪化が生まれ、尖閣諸島や沖縄がいまにも中国に占領・奪取されるかのような根拠のない中国脅威論が高まる傾向さえ生まれているのが現実だ。[21]そして、二〇一二年に再び登場した安倍政権は、中国による脅威の存在を前提に「南西諸島防衛」を全面に打ち出し、防衛費の関連予算を増額するとともに、沖縄の石垣島や与那国島、宮古島などの南西諸島だけでなく、奄美本島や種子島、馬毛島など奄美諸島にも自衛隊を配備してミサイル基地を設置する計画を進めようとしている。

具体的には、南西諸島への陸上自衛隊の部隊配備では、二〇一六年三月、日本最西端である与那国島に、付近の船舶や航空機を監視する一六〇人の沿岸監視部隊を発足。また宮古島に、二年後をめどに、地対艦ミサイル部隊を含む七〇〇人から八〇〇人規模の部隊を、さらに石垣島にも五〇〇人から六〇〇人規模の地対艦ミサイル部隊を新たに配備する方針で、地元との調整を進めている。また、海上保安庁も昨年、石垣島にある海上保安部に「尖閣専従班」を設置し、それまでの巡視船二隻の態勢から、新型の巡視船一〇隻を投入して、一気に一二隻態勢に拡充。石垣海上保安部は、全国最大規模のおよそ七〇〇人となった。[22]

また、二〇一八年度末までに鹿児島県奄美市大熊地区に約三五〇人規模の警備部隊と中距離地対空誘導弾部隊、同県瀬戸内町節子地区に約二〇〇人規模の警備部隊と地対艦誘導弾部隊を配備する予定。それぞれ部隊庁舎や貯蔵庫、訓練施設などを整備する。さらに、種子島に自衛隊の常駐基地と港湾を新設し、馬毛島には自衛隊の島嶼防衛訓練場（演習場）や、厚木から岩国に移駐してくる米空母艦載機の陸上空母離着陸訓練（ＦＣＬＰ）のための一時的な米軍宿舎（管制、救難、整備部隊）を馬毛島に建設することも予定されている。[23]

こうした尖閣諸島問題をめぐる緊張をはらむ深刻な現状から抜け出すにはどうすればいいのか。まず、安倍政権が推進している中国を敵視する中国包囲網形成外交を止めて、日中友好をアジア外交の柱とする根本的転換を行うことである。具体的には、日本政府が尖閣諸島問題で「そもそも尖閣諸島をめぐって解決すべき領有権の問題は存在しない」というこれまでの原則的な立場を見直し、国交正常化した一九七二年の日中共同声明や一九七八年の日中平和友好条約の際に交わされたとされる「（尖閣諸島問題）棚上げ」の基本合意に戻る必要がある。多くの論者が指摘しているように、尖閣諸島問題をめぐる「棚上げ」という措置は、実効支配を続けている日本側に有利になることはあっても不利になることはないからである。そのうえで、日中両国が二〇一〇年七月以来中断したままになっている共同開発の条約締結交渉を再開し、東シナ海を「平和・協力・友好の海」にするという本来の目標に向けて歩みだすことである。鳩山政権時代に条約交渉入りに同意するなど進展が見られたがその後中断されている日中両国による東シナ海油ガス田共同開発計画の再起動・具体化も有効な選択肢の一つであろう。

また、トランプ政権になって二〇一七年五月二五日に米海軍が南シナ海南沙諸島のミスチーフ（中国名・美済）礁で中国が造成した人工島の一二カイリ内に艦艇を派遣する「航行の自由」作戦を初めて実行した。さらに、八月一〇日にも同様な作戦を実施しており、中国による一方的な主権の主張を牽制する狙いが米国にあると思われるが、北朝鮮問題で米国との協調を重視してきた中国との関係が緊張につながる可能性がある。このような南シナ海と米中のせめぎ合いを軍事衝突や戦争といった最悪の事態にエスカレートさせないためには何が必要であろうか。

この問題については、当事者である東南アジア諸国連合（ＡＳＥＡＮ）諸国と中国との間で結ばれた二〇〇二年の「南シナ海に関する関係国の行動宣言（ＤＯＣ）」（領有権をめぐる紛争の平和的解決を目指し、敵対的行動を自制すること、軍関係者の相互交流や環境調査協力を実施することで信頼醸成を高めていくことを主な内容とする）をはじめ、二〇一七年八月六日に合意された南シナ海の紛争解決に向けた「行動規範（ＣＯＣ）」の枠組みなどを尊重してあくまでも話し合いによる平和的解決を目指して関係諸国が努力することが最優先課題である。それと同時に、周辺諸国が過剰な介入や反応をするのを止めて、こうした平和解決に向けた取り組みに全面協力することが求められているといえよう。[24]

五　日本本土と沖縄の関係見直しの提起――「構造的沖縄差別」から「自己決定権」へ

沖縄の民意に沿う形での「最低でも県外移設、できれば国外移設」という方針を掲げて普天間基地問題に取り組んだ鳩山民主党政権の崩壊から菅・野田両政権を経て再び登場した第二次安倍政権登場以降、沖縄では二〇一二～一三年のオスプレイの強行配備、そして辺野古への新基地建設強行などの事態を受けて「構造的沖縄差別」という言葉が定着した。そして、沖縄のアイデンティティー、沖縄の自己決定権、あるいは沖縄（琉球）の独立という主張・選択肢が静かながらも確かな底流として生まれている。[25]

沖縄県の翁長雄志知事が、二〇一五年九月二一日にスイス・ジュネーブで開かれた国連人権委員会で、「沖縄の人々は、自己決定権や人権をないがしろにされている」「米軍基地の集中は人権侵害」と表明した。また、この間の安倍政権による辺野古新基地建設強行を「強権ここに極まれり」と糾弾してもいる。その翁長知事は、那覇市長時代の二〇一三年一月に、オール沖縄の代表団団長としてオスプレイ強行配備への反対や日米地位協定改定などを要求する「建白書」を携えて上京した際に、「お前たちは日本人じゃない！」「非国民！」「売国奴！」「ゴキブリ！」「スパイ！」といったヘイトスピーチ、侮蔑的な言葉が自分たちに容赦なく浴びせられたという体験をしている。

その時の屈辱を翁長さんだけでなく沖縄の人々は深く胸に刻んで決して忘れていない。また二〇一三年一一月二五日、その辺野古問題で県外移設を公約して当選した自民党選出の五人の国会議員が、自民党本部の圧力で壇上に並べさせられて、当時の石破茂幹事長に辺野古移設を容認する選択を強制されてうなだれている姿を目撃した沖縄の方々は、この時も沖縄差別に対する深い憤りを覚えたといわれる。そして、安倍政権が、沖縄が日本から切り離された、沖縄にとっては「屈辱の日」とされている四月二八日を「主権回復の日」として二〇一三年に祝ったということにも沖縄の人々は当然ながら強く反発した。

さらに、沖縄の民意を踏みにじる形で日米両政府が行った二〇一二年から翌一三年にかけて「未亡人製造機」とも揶揄される欠陥機オスプレイ二四機の「世界一危険な米軍基地」と言われる沖縄・普天間基地への強行配備という蛮行は、あまりにも理不尽かつ不条理な仕打ちである。そのオスプレイは、二〇一六年一二月一三日に沖縄県沖で「墜落」事故（日本政府と本土メディアは「不時着」事故と公表・報道した！）を起こすと同時に、同日、普天間飛行場に別のオスプレイの機体が胴体着陸を行っている。二〇一七年一月二八日にも、中東のイエメンで米軍がイスラム過激派を攻撃中に、米海兵隊のオスプレイ一機が墜落し、三人の負傷者が出す事故が起きている。そして、普天間基地所属の垂直離着陸輸送機MV22オスプレイが現地時間の八月五日午後四時ごろオーストラリア沖合墜落し乗組員三人が死亡する重大事故を起こしている。

このような相次ぐ事故が起きたにもかかわらず、沖縄県民からの抗議の声を無視して、米軍は何事もなかったかのように早期の訓練（事故の原因となった危険な空中給油訓練を含む）再開に踏み切り、日本政府はかたちだけの訓練自粛を要請はしたもののそれを事実上容認している有様である。その一方で、北海道で八月に実施する予定の米海兵隊と陸上自衛隊の日米共同演習では当初から想定されていたオスプレイの参加が延期されることが決まり、沖縄から二重基準・差別であるとの強い怒りと嘆きの声が上がっている。[26]

このような沖縄のおかれている深刻な状況を本土の大手メディアはほとんど伝えず、そのためもあって本土の多くの人びとは沖縄の問題に無関心で実情を知らぬままである。これはまさに沖縄に対する根本的な認識の誤りと理解不足をあらわしており、「内なる（無意識の）植民地主義」が政府、与党だけでなく、本土の私たち一般市民の中にも深く根付いていることを物語っている。こうした「米国と日本本土による二重の植民地支配」という現状を根本的に改めるためには、日本の二重の意味での脱植民地化、すなわち日本が「米国の属国」から脱して真の独立を達成するとともに、沖縄の自己決定権を尊重するかたちで沖縄との不平等な支配・従属関係を根本的に見直すことがいまこそ必要であろう。

六　日米安保不要論――アジア版NATOではなく東アジア共同体を目指せ

一九八九年から一九九一年にかけてソ連・東欧圏の崩壊という形で冷戦が終了するのと合わせて、新たな世界秩序と社会秩序が模索され始めた。本来ならば、「ソ連」「共産主義」という強大な敵・脅威がなくなった冷戦終結時において、ワルシャワ条約機構のみならずNATOも日米安保条約も消滅するはずであった。しかし、実際には、解体の危機に瀕した世界的規模の軍産複合体による死にもの狂いの巻き返しが行われた結果、「冷戦時代の遺物」である軍事同盟と巨大な軍産複合体がそのまま存続することになった。

最近になって急速に高まっている中国脅威論や北朝鮮脅威論の背景にこうした軍産複合体や軍事同盟の存在とその影響があることは言うまでもない。このまま北朝鮮との緊張関係が高まればどういう事態が生じるのか。我々は米国の「限定的先制攻撃」による予防戦争や偶発的な軍事衝突が全面戦争へとエスカレートする最悪の事態さえ想定しなければならない。「積極的平和主義」を掲げる日本の安倍政権はこの危機的な状況を違憲・違法である安保法制の正当化や憲法改正の追い風として最大限利用して「圧迫外交」を推進するなどきわめて危うい対応・姿勢を示していること、最大の鍵を握る中国が北朝鮮との関係をここ数年急速に悪化させており経済制裁や軍事的措置に慎重であった従来の姿勢・立場を転換する兆しを見せていることなども懸念材料である。

最後に結論的に言えることは、東アジア情勢を全般的に見渡した時に、虚構の抑止力論に基づく日米安保体制および事実上の米日韓三国同盟である「アジア版ＮＡＴＯ」は東アジアに平和と安定をもたらすのではなく、逆に平和を破壊し戦争を誘発する最大の脅威・不安定要因になっているということである。安倍政権は、トランプ政権になってからも対米従属を一層強めつつ、「強固な同盟」「希望の同盟」を掲げて日本を米国の軍事的一体化を拡大・強化しようとしている。しかし、その実態は、日米合同員会の存在が示しているように、日本がもはや法治国家でも独立国家でもないことを如実に物語っているといえよう。[27]

そのことは、沖縄の米軍基地問題でより典型的にあらわれている。トランプ新大統領の登場は、日本、特に沖縄にとって米軍基地の縮小・撤退の絶好のチャンスにもなりえるはずだ。トランプ氏は、日本が在日米軍駐留経費の負担増に応じない場合、米軍を撤退させる可能性について言及してきた。このトランプ氏の「安保タダ乗り論」は、沖縄の海兵隊をはじめとする在日米軍が日本防衛を主任務としていないことや米軍駐留経費の七割以上を日本側が負担していることを考えれば大きな錯覚であり、これ以上の負担はあり得ない。

トランプ氏の発言は、日本側の「思いやり予算」がなければ米軍が撤退することになることを明らかにした点で大きな意味がある。つまり、在日米軍の縮小・撤退を阻んでいるのは日本側の自発的従属派ともいわれる官僚・政治家であるという、これまで隠されてきた都合の悪い真実を期せずして露呈させたからだ。普天間飛行場移設問題が二〇年以上経ったいまでも未解決なのもそこに根本原因があるといえる。トランプ氏は、「米国は世界の警察官を止める」「NATOは時代錯誤である」と大統領選挙中に繰り返し述べていたことからもわかるように、この問題については実は今でも白紙状態である可能性が高い。また、これまで米国の対日安保政策を牛耳ってきたリチャード・アーミテージ氏やマイケル・グリーン氏などジャパン・ハンドラーたちの失脚も伝えられている。そうであれば、辺野古案が「唯一の解決策」であるとしてきた米国の普天間問題への姿勢にも変化は望めるはずである。[28]

ここで沖縄問題とは何かを根底から問うならば、その本質は沖縄独自の問題でも米国問題でもなく、日本問題に他ならない。また沖縄の基地問題は、安全保障の問題である以上に、人権・民主主義、地方自治・地方主権の問題であり、潜在的な民族問題でもある。そうした本質を理解しようとせず、日米安保体制を容認する立場からまさにひとごとのように「辺野古移設は仕方がない」とする本土の人々のゆがんだ「常識」こそが、あらためて問われている。私たちは、権力とメディアが一体化した言論統制・情報操作によって不可視化されてはいるが、沖縄でいま起きている異常事態は、まさに近未来の日本本土の姿でもあることを直視すべきである。

最も喫緊の課題は、東アジア地域で起きつつある異常事態の冷静な把握と最悪の事態である戦争を避けるための具体的方策を実行していくことである。日本が今なすべきことは、安倍政権が行っているような中国包囲網形成外交や北朝鮮に対する圧迫外交ではなく平和外交に徹することである。軍事的威嚇を繰り返して緊張をいたずらに激化させるのではなく、あくまでも対話を重視して緊張緩和と信頼醸成を関係各国の間に築かなければならない。

とりわけ沖縄問題が日米安保体制の存続や日本という国家統合のあり方にも関わる危機的状況を見せ始めて

いる現状の中で、いまこそ日本政府は、鳩山元総理などが唱えていた対米従属からの脱却と「有事駐留（常時駐留なき安保）論」の原点に立った積極的対応を直ちに行うべきである。

そして何よりも、東アジアにおける平和と安定を築くためには、米日韓三国同盟である「アジア版ＮＡＴＯ」のような従来の力による抑止を重視する硬直した発想・立場から根本的に転換しなければならない。冷戦時代におけるソ連脅威論に代わる中国脅威論や北朝鮮脅威論を誇張・宣伝することで日米安保を継続するのか、それとも国連主導や東アジア構想などに基づく新たな安全保障政策を打ち出すのか、日本は大きな岐路に立っている。そして、近い将来において日本と沖縄・朝鮮半島を含む東アジアに再び戦火を招かないためにも、沖縄を平和創造の拠点として東アジア地域における不戦共同体の構築を急ぐことが私たちに求められている。

【注】

1　『読売新聞：YOMIURI ONLINE』二〇一七年二月一二日。
2　「北朝鮮のミサイル発射に国際社会は」国際報道二〇一七［特集］、ＮＨＫＢＳ1、二〇一六年二月八日（月）。
3　平井久志「トランプ新体制と朝鮮半島（上）『先制攻撃』か『話し合い』か」『ハフィントンポスト日本版HuffPostJapan』二〇一六年一月一八日、を参照。
4　「トランプ政権、韓国を対北前哨基地として重視、議会では先制攻撃論も復活」『産経ニュース』二〇一七年二月二日一九時一〇分、を参照。
5　「米国で『北朝鮮への先制攻撃論』」『東亜日報』二〇一七年八月二七日、を参照。
6　「トランプ政権、韓国を対北前哨基地として重視、議会では先制攻撃論も復活」『産経ニュース』二〇一七年二月二日一九時一〇分、を参照。
7 「開発が止まらない北朝鮮への『先制攻撃』論の緊迫度、トランプ政権前夜、米国で頭もたげる強硬論」『産経ニュース』二〇一七年一月八日、を参照。
8 「オバマ政権は北朝鮮ミサイル実験をサイバー攻撃で妨害していた」ニューズウィーク日本版ウェブ編集部、二〇一七年四月一七日(月)。
9 「北朝鮮、米韓に『先制攻撃も』」『日本経済新聞』二〇一六年二月二三日、を参照。もう一つの懸念材料が、日本での対敵基地攻撃能力保有論の台頭である。
10 「安倍晋三首相、自衛隊の敵基地攻撃能力整備『検討行うべき』日米首脳会談は『最終調整中』」『産経ニュース』二〇一七年一月二六日、を参照。
11 『東京新聞』二〇一七年八月一一日、朝刊。また小野寺氏は、五月二日のワシントンでの日米同盟に関するシンポジウムで、北朝鮮を念頭に敵基地攻撃能力の保有を検討すべきで、日米同盟にとっても「抑止力が高まる」と述べている(『朝日新聞DIGITAL』二〇一七年五月三日より)。
12 高島康司「ソウルは火の海?米韓日と北朝鮮もし戦わば~ストラトフォー最新予測」『MONEY VOICE』二〇一六年六月五日ニュース、http://www.mag2.com/p/money/14171 を参照。
13 「安倍政権も待望、米軍の『北朝鮮核施設・先制攻撃』が引き起こす悪夢のシナリオ! 沖縄への報復攻撃、泥沼の地上戦、九条改正」『リテラ』二〇一六年九月一三日(野尻民夫)http://lite-ra.com/2016/09/post-2559.html を参照。
14 前掲『リテラ』二〇一六年九月一三日(野尻民夫)、を参照。
15 拙稿「北朝鮮核実験を解く(上)」『琉球新報』二〇一六年一月一八日付。
16 『YOMIURI ONLINE』二〇一七年〇八月一五日。
17 「目指せ『アジア版NATO』首相、石破氏に調整指示、実現へ3つの関門」『産経ニュース』二〇一四年三月七日。

18　柳澤協二他著『抑止力を問う――元政府高官と防衛スペシャリスト達の対話』かもがわ出版、二〇一〇年、を参照。

19　孫崎享「北朝鮮の問題を考える。〝武力による威嚇又は武力の行使を慎む〟との国連憲章条項は、条件付きではない」『孫崎享のつぶやき』二〇一七年八月一七日。

20　藤岡惇「軍事攻撃されると原発はどうなるか：Peace Philosophy Centre: December 12, 2012」豊下楢彦「北朝鮮ミサイルの脅威の中で原発再稼働は許されない」『DIAMOND online』二〇一六年二月二五日を参照。

21　高野孟『安倍政権が弄ぶ〝中国脅威論〟の虚妄』、進藤榮一／木村朗共編著『沖縄自立と東アジア共同体』花伝社、二〇一六年、を参照。

22　増田剛（解説委員）『南西諸島防衛、自衛隊配備に揺れる国境の島』NHK時論公論、二〇一七年一月三一日。

23　『朝日新聞』二〇一五年三月二日付、『読売新聞』二〇一五一一月二四日付、『毎日新聞』二〇一七年一月一日付、などを参照。

24　前掲『沖縄自立と東アジア共同体』に掲載されている各論文、特に鳩山友紀夫「沖縄を軍事の要石から平和の要石へ」を参照。

25　新崎盛暉著『新崎盛暉が説く構造的沖縄差別』高文研、二〇一二年、乗松聡子／ガバン・マコーマック共著『沖縄の〈怒り〉』法律文化社、二〇一三年、孫崎享・木村朗共編著『終わらない占領――対米従属からの脱却を！』法律文化社、二〇一三年、松島泰勝著『琉球独立論』バジリコ、二〇一四年、新垣毅著『沖縄の自己決定権』高文研、二〇一五年、鳩山友紀夫・白井聡・木村朗共著『誰がこの国を動かしているのか』詩想社新書、星雲社出版、二〇一六年、前掲『沖縄自立と東アジア共同体』（特に、拙稿「鳩山政権崩壊と東アジア共同体構想――新しいアジア外交と安保・基地政策を中心に――」）などを参照。

26　「オスプレイ、北海道訓練先延ばし、県幹部、沖縄との落差嘆く」『琉球新報』二〇一七年八月一一日。結局、こうした沖縄の声の影響もあってか、八月一八日からの日米合同訓練へのオスプレイ参加が改めて決まったと一五日の各局テレビ放送で伝えられている。

27 吉田敏弘著『「日米合同委員会」の研究――謎の権力構造の正体に迫る』創元社、二〇一六年、および同著『検証・法治国家崩壊』創元社、二〇一四年、を参照。

28 拙稿「在沖米軍基地撤去の好機」『琉球新報』二〇一六年一一月一六日、および高嶺朝太「トランプ政権登場、残り続ける『辺野古合意』の不条理」『世界』三月号、を参照。

おわりに

「『ツキジデスの罠』なるものは、この世に存在しません。しかし、世界の主要国が、戦略的な判断を繰り返し間違えると、そのような罠を自らつくり、自らそれにはまってしまうことになりかねません」

習近平、二〇一五年九月二二日、シアトルにて

「ハーメルンの笛吹き男」のように、トランプ米国政権は、中国・北朝鮮〝脅威〟論の笛を吹き続けている。その笛の音に従って東アジアの国々は、自ら破滅の道へ進んでいるかのようだ。ヒロシマ、ナガサキ、そしてフクシマに続く第四の核の悲劇への道だ。

元大統領戦略官バノンがホワイトハウスを去った後、かつての米国海兵隊長、〝狂犬〟マティス傘下のペンタゴンと巨大軍需産業界が、中国の脅威に代わって北朝鮮〝体制崩壊〟を視野に、北の脅威を煽り続ける。北の核開発実験は、二〇一一年以来すでに六回を数え、ついにグアムから米国本土を核攻撃できるＩＣＢＭ（大陸間弾道弾ミサイル）開発に成功した。いったい北朝鮮の〝脅威〟とは何であるのか。序章で十分触れられな

かった問いに関して、次の三つの現実を指摘し、「あとがき」に代えたいと思う。

第一。そもそも制裁が、中小国の外交行動を変えさせたり、体制転換を促したりすることは、ありえないという現実。

アメリカは、北の核開発を中止させ核放棄を促すために、北に制裁を課し、その強化を日韓やNATO諸国だけでなく、中、ロにも求め、国連安保理による国際的同意を得ようとしている。

しかし、制裁という名の非外交的〝圧迫〟手段が、中小国の外交行動を変えるのに成功した例は、現代史上いっさい、ない。相互依存と相互補完の深化した二〇世紀後半以後の世界で、制裁の網の目を潜り抜けることは、さほど難しいことではないからだ。

たとえば、一九五九年革命後のキューバ、一九七九年革命後のイラン、一九八八年軍政下のミャンマー、いずれも米国とその同盟国による制裁をはねのけて、彼らはしたたかに生き伸びている。ウクライナ〝侵攻〟を機にNATO制裁下に置かれた核大国ロシアについても、同じことが言える。

経済制裁が持つ機能不全という名の逆説だ。

第二。中小国が核兵器を開発し保持するに至っても、その核は脅威になり得ないという現実。

確かに中小国の核兵器は、米英ロ中仏の五カ国による（大国中心の）核不拡散体制に亀裂をいれ、軍拡レースを加速させる可能性はある。しかし、もしその〝核〟中小国の〝現存体制〟を共同保障し、地域的な安全保障体制を構築して、それに組み込むことができるなら、中小国の核は、けっして軍事的脅威にはなり得ない。

二一世紀情報革命下でグローバル化され、高度に軍事化され相互依存化された冷戦後世界で、いわゆる〝第二世代〟核兵器はそれ自体、周辺諸国にとって軍事的脅威になり得ない。既存核大国の強力で多様な軍事力と、中小国の貧弱な軍事力の差は、余りに大きすぎるからだ。

脅威が真に現実化するなら、それは、大国が中小国の〝体制保障〟を拒んで、その脅威を過大評価し、同盟諸国が、覇権国のハーメルンの笛に踊らされて、巨額の兵器を買い込んで軍拡レースを加速させていく場合だ。

〝第二世代〟核兵器が持つ脅威の不在と現実化いう名の逆説だ。

第三。もし北の〝脅威〟を除去する道があるとするならそれは、北の〝核保有〟を、その現存体制と共に容認することだ。そして体制転換戦略、いわゆる斬首作戦を取り止めて、共産主義であれイスラムであれ、異質な体制、独裁体制との共生戦略へと修正転換させることだ。

マイケル・オースリン（スタンフォード大学フェロー）が示唆するように、まさに「米政府はまず朝鮮半島の非核化という考えを捨て……次に北朝鮮が核保有国だと認めなくてはならない」（『日本経済新聞』二〇一七年九月七日）。

そのためになすべきは、北朝鮮との平和共生と地域協力の枠組み作りを進めることだ。米国ファーストの米日同盟のあり方を見直し、同盟基軸論を相対化する地域協力の制度化を進めること。そこに、東アジア不戦共同体という第三の道がある。

だが私たちが、この第三の道を取らず、北の脅威を過大評価しながらそれを、覇権国交代に伴う中国脅威論と共に煽り立てていくなら、まさに私たちは「ツキジデスの罠」を自らつくり、自らそれにはまっていくことになるだろう。

その意味で、アリソン教授の「ツキジデスの罠」論の最大の陥穽は、二一世紀グローバル化の構造変容した冷戦後世界の現実を捨象していることにある。ちなみに一七世紀以来、一六の覇権国交代事例に伴って戦争になった一二事例はすべて、二〇世紀前半（つまり第二次世界大戦勃発）までの事例であった歴史事実を、想起しておいてよい。

とまれ私たちは、中国脅威論であれ北朝鮮脅威論であれ、ハーメルンの笛の音に踊らされ、明日にも、北のミサイルが本土を直撃するかのようなシナリオを描き続けている。あるいは、勃興する〝軍事大国〟が、琉球列島に上陸し侵略するシナリオを描いて、自衛隊兵力を先島諸島に集結させ、「オキナワ奪還」戦争を想定する。そして〝防衛力〟（つまりは〝攻撃力〟）を増強し、米国産と国産の強力な兵器群を買い続けている。

その現在が、与野党含めた絶対多数で法制化したＪアラート・システムだろう。

いったい北のミサイルが、日本上空を通過した時、Ｊアラートの警告音に従って国民が、堅固な建物や道のくぼみに逃げ込んで、頭を抱えて伏せることに、どれだけの意味があるというのだろう。

かつて関東防空大演習を批判した桐生悠々の言葉を借りるなら、「嗤うべきかな、Ｊアラート防空大演習」である。その大日本帝国の愚行を、今また私たちは繰り返そうとしているのではあるまいか。

グローバル情報革命下で、パクス・アメリカーナの世紀が終焉し、勃興する中国を軸に、パクス・アシアーナの世紀が到来している。その新世紀を生き抜くために求められているのは、軍事中心主義的な同盟基軸論ではない。地球環境や市民社会と共生し、異質な体制と共生しながら、相互にウィンウィンの関係を析出できる、東アジア平和共同体の構築だ。

かつて小泉元首相が提唱し、鳩山元首相が推し進めようとした東アジア地域統合の中に、地域的な平和共同体の道が隠されている。改めて、第三の道としての東アジア地域協力制度化の推進を勧める所以である。

最後になりましたが、出版不況の折、採算の取れにくい硬派の本の出版にご協力いただいた耕文社社長、兵頭圭児氏に、気鋭の共編者、木村朗氏と共に、執筆者一同を代表し心より感謝申し上げます。
また本書のテーマを、誕生まもない脱国家型シンクタンクＧＡＩＡ機構が引き継いでいくことを誓って。

二〇一七年風立ち始めた初秋

共編者　進藤　榮一

編・著者紹介

【編著者】

進藤榮一（しんどう　えいいち）

一九三九年北海道生まれ。京都大学法学部卒、同大学院博士課程修了。鹿児島大助教授、プリンストン大、ハーバード大、オックスフォード大、ジョンズホプキンズ大、フェロー等を歴任。筑波大学名誉教授、国際アジア共同体学会会長、一般社団法人アジア連合大学院機構理事長、国連ＮＧＯ／DEVNET東京・理事。著書に『アメリカ帝国の終焉―勃興するアジアと多極化する世界』（講談社）、『アジア力の世紀』、『アメリカ黄昏の世紀』、『現代紛争の構造』、『分割された領土』（岩波書店）、『国際公共政策』（日本経済評論社）等多数。訳書に『巨龍・中国の新外交戦略』（柏書房）。最近編著に『東アジア連携の道をひらく―脱炭素社会・エネルギー・食料』（花伝社）。

木村　朗（きむら　あきら）

一九五四年北九州市小倉生まれ。鹿児島大学教員、平和学専攻。東アジア共同体・沖縄（琉球）研究会共同代表、日本平和学会理事。平和問題ゼミナール主宰。インターネット新聞ＮＰＪに論評「時代の奔流を見据えて」を連載中。主な著作は、単著『危機の時代の平和学』（法律文化社）、共著『広島・長崎への原爆投下再考―日米の視点』（法律文化社）、『21世紀のグローバルファシズム―侵略戦争と暗黒社会を許さないために―』（耕文社）、『沖縄自立と東アジア共同体』（花伝社）、『核の戦後史―Ｑ＆Ａで学ぶ原爆・原発・被爆の真実』（創元社）、『沖縄謀叛』（かもがわ出版）、など。

【著者】（執筆順）

鳩山友紀夫（由紀夫）（はとやま　ゆきお）

東大工学部計数工学科卒、米スタンフォード大学工学部博士課程修了、工学博士。第九三代内閣総理大臣。二〇一三年アジアの平和構築のため、自ら東アジア共同体研究所を興し理事長に就任、翌二〇一四年には同研究所琉球・沖縄センターを那覇市に開設。現在、国内のみならず、アジア各国での講演等、積極的に活動中。主な著書は、『「成長の限界」に学ぶ』、『新憲法試案』、『なぜ、いま東アジア共同体なのか』（東アジア共同体研究所編）、『「対米従属」という宿痾』（共著）、『抑止力のことを学び抜いたら、究極の正解は「最低でも国外」』（共著）、『沖縄謀反』（共著）、『脱大日本主義』など。

朱　建榮（しゅ　けんえい）

一九五七年中国上海生まれ。華東師範大学外国語学部卒、一九八六年来日。九二年、学習院大学で博士号（政治学）を取得。一九九六年、東洋学園大学教授、現在に至る。著書に『毛沢東の朝鮮戦争』（岩波書店）、『中国２０２０年への道』（日本放送出版協会）、『毛沢東のベトナム戦争』（東京大学出版会）、『中国で尊敬される日本人たち』（中経出版）、『中国外交　苦難と超克の１００年』（ＰＨＰ出版）など多数。近年の訳書に『最後の天朝　毛沢東・金日成時代の中国と北朝鮮』（岩波書店）、『中国と南沙諸島紛争』（花伝社）がある。

岡田　充（おかだ　たかし）

一九四八年北海道美唄市に生まれ、七二年共同通信社に入社。香港、モスクワ、台北各支局長、編集委員、論説委員を経て、二〇〇八年から共同通信客員論説委員、桜美林大非常勤講師。著書に『中国と台湾　対立と共存の両岸関係』（講談社現代新書、二〇〇三年）、『尖

閣諸島問題　領土ナショナリズムの魔力』（蒼蒼社、二〇一二年）。共著に『領土問題の論じ方』（岩波書店、二〇一三年）。『習近平体制の真相に迫る』（花伝社、二〇一六年）など多数。「二一世紀中国総研」のＨＰで「岡田充の海峡両岸論」(http://www.21ccs.jp/ryougan_okada/index.html) を連載中。

矢吹　晋（やぶき　すすむ）
一九三八年生まれ。現代中国論専攻。一九六二年東京大学経済学部卒。アジア経済研究所研究員、横浜市立大学教授を経て、横浜市大名誉教授。二一世紀中国総研ディレクター、朝河貫一顕彰協会代表理事。著書は『沖縄のナワを解く』（世界書院、『習近平の夢』（花伝社）、『南シナ海領土紛争と日本』（花伝社）、『対米従属の原点ペリーの白旗』（花伝社）、『中共政権の爛熟腐敗』（蒼蒼社）、『敗戦・沖縄・天皇』（花伝社）など。

加治宏基（かじ　ひろもと）
一九七四年生まれ。奈良県出身。愛知大学教員（現代中国外交論、東アジア国際関係論）。日本学術振興会特別研究員（ＤＣ１）、三重大学研究員を経て現職。主な著作は、単著「中国の世界遺産政策にみる政治的境界と文化実体の国際的承認」『民主と両岸関係についての東アジアの視点』、「米国が規定した「中華民国」の対外援助政策」『中国21』（ともに東方書店）、共編著『教養としてのジェンダーと平和』（法律文化社）など。

前田哲男（まえだ　てつお）
一九三八年生まれ。長崎放送記者をへて七一年よりフリーランス・ジャーナリストとして安保、自衛隊、基地問題などを取材。一九九五〜二〇〇五年、東京国際大学国際関係学部教授、沖縄大学客員教授。著書に、ビキニ核実験によるマーシャル諸島住民の被爆実態を調査した『棄民の群島』（時事通信社）、重慶爆撃の全容を調べた『戦略爆撃の思想』（朝日新聞社、凱風社）、『自衛隊をどうするか』、『自衛隊　変容のゆくえ』（いずれも岩波新書）、岩波小辞典『現代の戦争』（編集）など。

成澤宗男（なるさわ　むねお）
一九五三年生まれ。新潟県出身。『週刊金曜日』編集部員。中央大学大学院法学研究科政治学専攻課修了。政党機関紙記者を経て、パリでジャーナリスト活動。帰国後、国会議員政策担当秘書等を経て、現職。著書に、『統一協会の犯罪』『統一協会の策謀』（いずれも八月書館）、『ミッテランとロカール　フランス社会党戦国史』（社会新報ブックレット）、『九・一一の謎』『続九・一一の謎』『オバマの危険』（いずれも金曜日刊）等。主要論文として「フランス核実験再開の意味　軍事技術と戦略論争の視点から」（『海外事情』一九九六年一月号）等。

纐纈　厚（こうけつ　あつし）
一九五一年生まれ。現在、山口大学名誉教授・東亜歴史文化学会会長。植民地文化学会副代表。一橋大学大学院博士課程修了。政治学博士。主著に、『近代日本政軍関係の研究』（岩波書店）、『文民統制自衛隊はどこへ行くのか』（同）、『侵略戦争』（筑摩書房）、『暴走する自衛隊』（同）、『日本降伏』（日本評論社）、『逆走する安倍政治』（同）、近刊に『権力者たちの罠』（社会評論社）等多数。

李　昤京（り　りょんぎょん）
立教大学などで非常勤講師。政治学専攻。韓国出身。「済州島四・三事件を考える会・東京」実行委員、「特定非営利活動法人在日韓国人良心囚の再審無罪と原状回復を勝ちとる会」理事。二〇一五年から韓国の週刊誌『時事IN』の編集委員として日本の政治・社会、「在日」、元日本軍「慰安婦」問題、戦争と平和などについて記事を書いている。論文として「韓国における在日韓国人『スパイ』捏造事件から見る、保守政権下民主主義の危機」木村朗・前田朗編『二一世紀のグローバル・ファシズム―侵略戦争と暗黒社会を許さないために―』（耕文社、二〇一三年）など。

屋良朝博（やら　ともひろ）
一九六二年、沖縄県生まれ。フリーライター。沖縄タイムス論説委員、社会部長を経てフリー。沖縄国際大学非常勤講師。沖縄法政研究所特別研究員。北海道大学スラブ・ユーラシア研究センター共同研究員。単著『砂上の同盟―米軍再編が明かすウソ』『誤解だらけの沖縄・米軍基地』、共著『虚像の抑止力　沖縄・東京・ワシントン発　唖然保証政策の新機軸』『改憲と国防　混迷する安全保障のゆくえ』など。

渡辺　豪（わたなべ　つよし）
一九六八年、兵庫県生まれ。ジャーナリスト。毎日新聞記者、沖縄タイムス記者・論説委員を経てフリー。著書に『「アメとムチ」の構図―普天間移設の内幕』『国策のまちおこし―嘉手納からの報告』『私たちの教室からは米軍基地が見えます』『日本はなぜ米軍をもてなすのか』、共著に『普天間・辺野古　歪められた二〇年』『この国はどこで間違えたのか―沖縄と福島から見えた日本』『波よ鎮まれ―尖閣への視座』など。

高嶺朝太（たかみね　ちょうた）
一九七八年沖縄県生まれ。私立サンフランシスコ大学卒（メディアスタディー）。翻訳者、ジャーナリスト。T&CT Office編集責任者。早稲田大学ジャーナリズム研究所招聘研究員。映像作品『Trapped』でカナダ、米国の映画祭で受賞。雑誌『世界』や琉球新報にルポなどを寄稿。翻訳書に『調査報道実践マニュアル』（共訳、旬報社）。

金　成浩（きむ　そんほ）
一九六三年生まれ。琉球大学法文学部教員。専門は国際関係史、平和研究。上智大学外国語学部ロシア語学科卒。東京大学大学院博士課程単位取得満期退学。北海道大学スラブ研究センター講師を経て、現職。高麗大学（韓国）平和研究所、漢陽大学（韓国）アジア太平洋地域研究センター客員研究員歴任。著書に、単著『アフガン戦争の真実―米ソ冷戦下の小国の悲劇』（NHKブックス）、共著『日本の国境・いかにこの「呪縛」を解くか』（北海道大学出版会）等。また、訳書に、共訳『朝鮮戦争の謎と真実―金日成、スターリン、毛沢東の機密電報による』（A・トルクノフ著）（草思社）等がある。

松島泰勝（まつしま　やすかつ）
琉球・石垣島生まれ。在ハガッニャ（グアム）日本国総領事館と在パラオ日本国大使館の専門調査員、東海大学准教授等を経て、龍谷大学教授。主な著書として、『琉球独立への経済学』（法律文化社、二〇一六年）、『琉球独立宣言』（講談社文庫、二〇一五年）、『琉球独立論』（バジリコ、二〇一四年）、『琉球独立』（Ryukyu企画、二〇一四年）、『琉球独立への道』（法律文化社、二〇一二年）、『ミクロネシア』（早稲田大学出版部、二〇〇八年）、『琉球の「自治」』（藤原書店、二〇〇六年）、『沖縄島嶼経済史』（藤原書店、二〇〇二年）など。

中国・北朝鮮脅威論を超えて

東アジア不戦共同体の構築

発行日　2017年10月30日　初版第1刷

編著者　進藤榮一・木村　朗

発行者　兵頭圭児

発行所　株式会社 耕 文 社

大阪市城東区蒲生1丁目3－24

TEL. 06－6933－5001　FAX. 06－6933－5002

http://www.kobunsha.co.jp/

ISBN978-4-86377-050-8　C0031

（落丁・乱丁の場合は、お取替えいたします）

耕文社の本

21世紀のグローバル・ファシズム
侵略戦争と暗黒社会を許さないために

木村朗・前田朗 編著
A 5判　365頁　本体価格2,000円　ISBN978-4-86377-032-4

志布志事件は終わらない
木村朗・野平康博 編著
A 5判　282頁　本体価格1,850円　ISBN978-4-86377-045-4

変容するドイツ政治社会と左翼党
―反貧困・反戦―

木戸衛一 著
A 5判　196頁　本体価格1,700円　ISBN978-4-86377-038-6

パロディのパロディ　井上ひさし再入門
―非国民がやってきた！ Part 3―

前田朗 著
A 5判　252頁　本体価格1,800円　ISBN978-4-86377-042-3

私たちの決断　あの日を境に……
原発賠償京都訴訟原告団 編
A 5判　128頁　本体価格1,200円　ISBN978-4-86377-048-5

つながりを求めて　福島原発避難者の語りから
辰巳頼子・鳫咲子 編著
四六判　160頁　本体価格1,200円　ISBN978-4-86377-047-8